CENTROAMERICA EN CRISIS

COLECCIÓN
CENTRO DE ESTUDIOS INTERNACIONALES
XXI

Centro de Estudios Internacionales

Centroamérica en crisis

El Colegio de México

Primera edición (3 000 ejemplares) 1980

Derechos reservados conforme a la ley
© 1980, EL COLEGIO DE MÉXICO
Camino al Ajusco 20, México 20, D. F.

Impreso y hecho en México
Printed an made in Mexico

ISBN 968-12-0066-7

ÍNDICE

CENTROAMÉRICA EN CRISIS

Rosario Green y René Herrera

Desde el triunfo de la Revolución cubana, el interés por América Latina se centró fundamentalmente en la evolución política de aquellos países del sur de la región donde alternativas reformistas y aun revolucionarias, parecían gozar de cierta viabilidad. Las expectativas de cambio se verían, sin embargo, contrarrestadas en los hechos por la instauración progresiva de regímenes autoritarios opuestos a cualquier transformación social.

En el análisis de la problemática latinoamericana, Centroamérica ocupó tradicionalmente, en cambio, un lugar marginal: su estabilidad interna bajo el férreo control de dictaduras personalistas y regímenes militarizados —con la excepción de Costa Rica— así como la fortaleza del poder oligárquico y la dependencia de sus economías respecto del capital extranjero, difícilmente permitían visualizar posibilidades de cambio.

En estas circunstancias, el interés por los acontecimientos centroamericanos, cuando lo hubo, se mantuvo dentro de una óptica más bien coyuntural. Un primer momento de atención se localiza en la década de los cincuentas, porque dentro del proceso de consolidación de la hegemonía norteamericana en América Latina que se da a partir del término de la segunda Guerra Mundial, fue precisamente un país centroamericano el primero en sufrir las consecuencias. En 1954, el gobierno constitucional de Jacobo Arbenz fue derrocado en Guatemala. Víctima de la Guerra Fría, Guatemala fue el símbolo de una concepción que equiparaba reformismo y comunismo, y que exigía a los gobernantes un anticomunismo feroz y militante y la reafirmación del *statu quo* social. Guatemala se desenvuelve desde entonces en un costoso ciclo que combina violencia y legalismo institucional.

Un segundo momento de atención en Centroamérica surgió como consecuencia de la despectivamente denominada "guerra del futbol" de 1969, entre El Salvador y Honduras, y cuyas causas se localizan más en las dificultades de la integración centroamericana y en las disparidades demográficas y sociales, que en nacionalismos recalcitrantes.

Un tercer momento fundamental lo constituyó la negociación de los nue-

1

vos tratados canaleros Torrijos-Carter, que culminaron en 1977 como reafirmación de la soberanía panameña. Pero es el triunfo de la insurrección sandinista en Nicaragua, en julio de 1979, fruto de una perseverante y larga lucha, el que da su nueva dimensión a Centroamérica. Ello no sólo porque está en cuestión el futuro inmediato de una revolución exitosa, sino también porque contribuye a poner en evidencia las contradicciones sociales de los países vecinos. El proceso de polarización social y su expresión violenta en términos políticos en que no parecen viables la negociación y el compromiso, afecta esencialmente a Guatemala y principalmente a El Salvador, particularmente desde el golpe del 15 de octubre de 1979 en que fue derrocado el presidente Carlos Humberto Romero, constituyéndose la Junta Cívico-Militar.

Es evidente, entonces, que ya no se trata de momentos aislados en la historia centroamericana, sino de un claro y profundo proceso de descomposición que abarca todos los órdenes. Así, hoy, el análisis, o aun la mera lectura, de la información cotidiana sobre el proceso centroamericano hace patente el hecho de que Centroamérica es una región en crisis.

La crisis de la región es total. En su sentido más amplio parece reflejar la ruptura de estructuras de dominación externa, después de más de siglo y medio de independencia formal, y la búsqueda de nuevas formas de inserción internacional. También refleja, la crisis centroamericana, los efectos cualitativos de la crisis internacional de los últimos años, en países escasamente desarrollados, con pequeños e inestables ingresos en divisas por concepto de exportaciones y deudas externas cuantiosas y difíciles de administrar y pagar.

Pero, en su sentido más concreto, la crisis centroamericana expresa el agotamiento tanto del modelo autoritario como del carácter expansivo de las fuerzas productivas que, en el marco de la integración subregional latinoamericana, tuvieron en los años sesentas un gran valor económico y un notable sentido de estabilización socio-política.

El modelo de integración centroamericana tuvo como elementos esenciales, por un lado, la inserción de la región en una economía internacional que en la posguerra se hacía sentir como en constante y segura expansión, y, por el otro, el aprovechamiento de los efectos positivos de esa inserción para favorecer el desarrollo de las fuerzas políticas y sociales internas, a fin de que redujeran los peligros de la expansión revolucionaria en el área. Así, los arreglos de integración fueron de tal manera establecidos por los intereses de las clases dominantes de la región, que los beneficios de la expansión económica acabaron por concentrarse en los estratos altos de la sociedad; si bien en el proceso se logró la constitución y subordinación de los grupos medios, alcanzando con ello, parcialmente, el propósito de la estabilización política y social, que habría de consolidarse a través de la represión de los trabajadores rurales y urbanos.

El modelo de integración asignó al Estado centroamericano —de profundas tendencias autoritarias— la cobertura política del esquema económico: impulsar el gasto público en tanto que base de apoyo del capital local y extranjero que se erigía como puntal del modelo, y reprimir a fondo las expresiones políticas de los sectores obreros y campesinos.

Pero, a finales de los años sesentas, la expansión económica dejó de ser el signo dominante en Centroamérica. Las nuevas empresas industriales de integración alcanzaron su límite de absorción de nuevos empleos; los precios de los productos sobre los que había recaído el peso de la modernización agropecuaria, empezaron a oscilar tendiendo más hacia la baja; y las distintas fuerzas sociales involucradas en el modelo empezaron a manifestar fuertes contradicciones en el interior de sus posiciones. La convergencia inicial de intereses entre el mediano y el gran capital local y entre éste y el capital extranjero, empezó a desaparecer a la luz de la crisis y las políticas emprendidas para amortiguar sus impactos. Pese a la unidad del capital, expresada en brutales políticas de contención obrero-campesinas y aún de alternativas claramente moderadas, los intereses hacia el interior de los grupos dominantes aparecieron cada vez más diferenciados. Esta divergencia interna de los sectores dominantes y la incapacidad política institucional del Estado autoritario para asimilar aun con moderación las presiones populares resultantes de la crisis, crearon el marco de referencia para la violencia política centroamericana, e hicieron patente la urgencia de la necesidad de profundizar en el estudio de los procesos de la región.

Es en este contexto y tomando en consideración los alcances, límites y consecuencias de la crisis centroamericana en el marco de la política internacional, que el Centro de Estudios Internacionales de El Colegio de México quiere hacer patente sus esfuerzos por presentar en este volumen una visión que abarque los grandes temas actualmente abiertos a discusión en torno a Centroamérica.

El carácter esencialmente dinámico de la situación centroamericana podría afectar en algún momento las apreciaciones que sobre la coyuntura hacen los autores que participan en este volumen. Sin embargo, el enfoque utilizado en todos los casos concede vitalidad al análisis, resultando fortalecido el esfuerzo de explicación de lo que está realmente sucediendo en esa convulsionada región.

El trabajo de Gregorio Selser, "Centroamérica: entre la atrocidad y la esperanza", recorre el andar de las formas que asume el ejercicio del poder violento en América Latina y particularmente en Centroamérica. Señala el autor que ni en cantidad y ni en magnitud jamás antes se había producido y difundido con tal creciente prodigalidad tamaña escalada hacia la captura del poder gubernamental por parte de un estamento: el castrense, y construye así el marco dentro del que se desenvuelve la trágica historia de la región.

Edelberto Torres Rivas, en su trabajo "Vida y muerte en Guatemala: reflexiones sobre la crisis y la violencia política", plantea la crisis guatemalteca a raíz del proyecto contrarrevolucionario que se instaura en el país luego de la derrota del movimiento nacional-revolucionario de Arbenz. Las fuerzas sociales que impulsaron ese proyecto buscaron un tipo de control total sobre la sociedad, sin riesgos populistas, que tuvo que ser obligadamente autoritario. El poder contrarrevolucionario buscó ser la expresión de un nuevo pacto de dominación de clase y logró ser siempre violento y represivo, sin que pudiera evitar, sin embargo, ni la inestabilidad al interior de la propia clase dominante, ni la emergencia activa de movimientos populares contestatarios, elementos que se presentan con rigurosa vitalidad en la coyuntura actual.

Fernando Flores Pinell en su trabajo "El Estado de seguridad nacional en El Salvador: un fenómeno de crisis hegemónica", aborda el estudio del militarismo como fenómeno político en América Central y especialmente en El Salvador. El autor acentúa el rol estratégico de Centroamérica para la seguridad norteamericana y las consecuencias de ello en la constitución de las bases ideológicas que, a partir de la revolución cubana, sustentarían la doctrina de la seguridad nacional en manos de los militares centroamericanos.

Gustavo Adolfo Aguilar en su trabajo "Honduras: situación actual y perspectivas políticas", presenta un análisis de la situación hondureña a partir de las contradicciones sociales internas y el impacto que en ellas tiene el triunfo sandinista y la persistencia de la crisis salvadoreña.

René Herrera Zúniga en su trabajo "Nicaragua: el desarrollo capitalista dependiente y la crisis de la dominación burguesa, 1950-1980", apunta los rasgos principales de las modificaciones ocurridas en el seno de la economía, la sociedad y la política nicaragüenses en los últimos treinta años, como un esfuerzo de comprensión de la crisis que desemboca en el triunfo sandinista.

José Luis Vega Carballo presenta en su trabajo "Democracia y dominación en Costa Rica", una serie de reflexiones sobre las tendencias o constantes del proceso de formación del Estado nacional costarricense, que permiten entender no sólo las situaciones que a nivel interno han caracterizado el panorama político costarricense sino también su política exterior en relación a la crisis que afronta la región centroamericana.

Guillermo Castro Herrera, en su trabajo "Panamá en la década de los ochentas", plantea las condiciones en que habrá de definirse el nuevo proyecto nacional luego de las negociaciones que condujeron a la firma de los

Tratados Torrijos-Carter. La definición del nuevo proyecto nacional panameño está influida ahora por el surgimiento de nuevas alternativas derivadas del importante movimiento popular. Pero el autor advierte que su transformación en una nueva fuerza nacional capaz de sugerir un proyecto nacional antagónico al de las fuerzas tradicionales que se disputan la hegemonía, dependerá del grado de madurez política que alcance la clase obrera panameña y de su capacidad para desarrollar un discurso autónomo.

Luis Maira en su trabajo "Fracaso y reacomodo de la política de los Estados Unidos hacia Centroamérica", hace una presentación de las drásticas modificaciones que sufre la política norteamericana hacia Centroamérica, como consecuencia de la pérdida de influencia sobre los acontecimientos en Nicaragua y el difícil escenario de la crisis en El Salvador y Guatemala. Así, el área más segura de la hegemonía norteamericana y los intereses del capital extranjero, ha devenido en incierta y explosiva, precisamente cuando Estados Unidos buscaba una fórmula para emprender la modernización política mediante una transición gradual de los regímenes políticos autoritarios hacia democracias resguardadas o viables.

Finalmente, Roman Mayorga Quirós, en su trabajo "Centroamérica en los años ochenta" hace una presentación sobre las perspectivas de los países centroamericanos para los próximos años, en lo referente a sus sistemas políticos y a sus modelos de desarrollo. El autor destaca las posibilidades existentes para la formación de alianzas entre los grupos revolucionarios y los grupos reformistas frente a los proyectos represivos de las fuerzas armadas y los sectores afines.

CENTROAMÉRICA:
ENTRE LA ATROCIDAD Y LA ESPERANZA

Gregorio Selser

No hemos deseado para esta crónica un título literario.

Brotó naturalmente, quizás del contraste natural que nos sugirió la rampante bestialidad con que el régimen militar guatemalteco, a plena luz del día y frente a las cámaras de televisión, perpetró, ese "jueves negro" 31 de enero de 1980 contra las decenas de personas que consumaban un rito político de protesta pacífica dentro de la Embajada de España, y ese culto respetuoso a la persona humana de que, desde hace más de seis meses, viene oficiando el gobierno revolucionario de Nicaragua respecto de sus más de 7 mil 500 prisioneros, todos ellos ex miembros de la Guardia Nacional que no tuvieron ocasión de huir para seguir el ejemplo de sus jefes, Anastasio Somoza Debayle y Anastasio Somoza Portocarrero.

Entre aquella primera "irresponsabilidad organizada" de que hablaba para otro tema C. Wright Mills, y esta consciente ceremonia de humanismo que procura, contra toda legítima rabia y padecido dolor, dejar de lado la venganza sobre los asesinos de parientes, amigos y camaradas de lucha, media el espacio entre la atrocidad y la esperanza. Centroamérica no tuvo muchas ocasiones, en sus más de ciento cincuenta años de vida "independiente", de optar por esa suerte de alternativas. Excepción hecha de Costa Rica —singularidad que confirma la regla— la historia de Guatemala, El Salvador, Honduras y Nicaragua semeja una continua ordalía unilateral, donde el juicio de Dios de la Edad Media se formaliza sin posible apelación para el débil, el oprimido, el inerme. Dios se transmuta en Gobierno, y generalitos y togados son sus profetas, bajo la denominación de presidentes. ¡Y qué presidentes!

¿Qué maestros hubieran necesitado en Guatemala los Enrique Peralta Azurdia, Carlos Arana Osorio, Kjell Laugerud García y Romeo Lucas García, para aprender algo más de sus ancestros en el poder del tipo de los Rafael Carrera, Manuel Estrada Cabrera,[1] Jorge Ubico y Federico Ponce Vaides?

---

[1] Se trata del personaje inmortalizado por Miguel Ángel Asturias en *El Señor Presidente*. Una caracterización menos literaria figura en Rafael Arévalo Martínez,

¿Cuáles enseñanzas demandarían en El Salvador los Fidel Sánchez Hernández, Arturo A. Molina y Carlos H. Romero a entes tan indescriptibles como el general Maximiliano Hernández Martínez, el "teósofo ametrallador" que desató la matanza genocida de principios de 1932? O en Honduras, ¿qué habrían de aprender los Oswaldo López Arellano y Policarpo Paz García que no estuviera ya trazado mucho antes por Tiburcio Carías Andino? ¿O en Nicaragua los cuatro Somoza de este siglo,[2] de su tío-bisabuelo Bernabé, que terminó sus días de bandolero ahorcado, con dogal al cuello, en la plaza principal de Rivas?

¿De dónde tanto crimen abominable, tanta violencia intermitente que se ceba sobre personas y pueblos con un rigor y una magnitud que supera los devastadores efectos de terremotos y otros cataclismos geológicos? ¿Y por qué tanto, en las dos últimas décadas, sobre nuestra América? ¿Sería el nuestro un continente donde el horror brota como flor silvestre, o es innato en nuestras gentes?

Habría que admitir casos en que la herencia genética o cultural siembra rastros repetibles. Permítasenos incurrir en algún ejemplo:

> Continuó [Bernabé] Somoza durante el mes de mayo haciendo correrías por los pueblos del departamento Oriental, sembrando el espanto y la consternación a su paso. Perdido en él todo sentimiento de honor y moralidad por trastorno mental según unos, y por embriaguez y perversidad según otros, Somoza cometió excesos y atrocidades increíbles y confirmó una vez más la horrible reputación de que ya gozaba [...]
>
> Somoza era un guerrillero terrible y además llegaba seguido de una fama más terrible aún, de ser el bandido más feroz y sanguinario de aquellos tiempos en que se producían muchos. "Su solo nombre —como dice el doctor don Lorenzo Montúfar— causaba espanto, no solamente en Nicaragua, sino en los Estados de Centro América, donde llegaba noticia de las fechorías de aquel malvado. La devastación era su enseña y el pillaje su divisa" [...]
>
> Somoza, mientras tanto, dueño en absoluto de la situación de Rivas, no tardó en repetir sus atrocidades anteriores; parecía poseído de un frenesí que lo exaltaba y que sólo podía calmarlo derramando por

¡Ecce Pericles!, Tipografía Nacional, Guatemala 1945; fue reeditada por EDUCA, San José, Costa Rica, 1971.

[2] Anastasio Somoza García, Luis A. Somoza Debayle, Anastasio Somoza Debayle —estos tres dictadores—, y el hijo de este último, Anastasio Somoza Portocarrero, resumidero paranoide de su padre, tío y abuelo, como lo probaron hasta el hartazgo todas sus actuaciones al frente de la EEBI (Escuela de Entrenamiento Básico de Infantería), organismo especializado militar represivo adiestrado por expertos de Estados Unidos, responsable principal de las matanzas de Estelí, Masaya y otras ciudades en 1978 y 1979.

su propia mano y en abundancia la sangre de sus semejantes, sin consideración al sexo ni a la edad de sus víctimas. Cuentan que llegó a tener, como Nerón, la curiosidad de conocer interiormente el vientre de una mujer en estado interesante y para satisfacerla sacrificó con su propia mano a la primera desgraciada que encontró en su camino, en cuyo cadáver practicó la autopsia con exquisita diligencia; y su locura de sangre llegó al extremo de que una tarde que atravesaba la plaza de Rivas, montado en corpulento y brioso corcel y armado de su descomunal lanza que revoloteaba en su diestra con grande habilidad, observó que mucha gente salía a las puertas a contemplarle, porque realmente llamaba la atención su apostura militar, y deseoso de despertar mayor admiración, picó espuelas al corcel para dar alcance a una infeliz muchacha como de nueve años que caminaba con un plato en la cabeza, a la cual ensartó su lanza por la espalda, y después de un nuevo revoloteo la levantó en alto, aventándola con pujanza por el aire y volviendo en seguida a recibirla con la misma lanza, ufano de su destreza. (Testigos presenciales dicen que Somoza vivía ebrio y que en ese estado perdía la razón).

El Prefecto del departamento de Oriente, que recibía noticias frecuentes de la triste situación de Rivas, informó oficialmente al gobierno, con fecha 25 de mayo, confirmando los horrores que cometían los revolucionarios. "Tengo noticias ciertas, decía aquel empleado, de Nicaragua (Rivas) y sé que Somoza está todavía en aquella ciudad cometiendo excesos; fusiló a todos los heridos, robó hasta los vasos sagrados de las iglesias y acabó de incendiar el resto de la ciudad. Desenterró al Teniente Coronel Martínez y lo paseó arrastrándolo por las calles. En fin, mil y mil horribles hechos han sido ejecutados por este hombre bárbaro."[3]

Si no se mencionara que este "hombre bárbaro" terminó sus días en 1856, y que se llamó Bernabé y no Anastasio, ¿quién dejaría de suponer, no mediando la aclaración, que estas líneas que bien pudo haber "magizado" un Gabriel García Márquez, se referían a los Somoza de hoy y no a un ancestro del siglo XIX?

La historia, empero, no se explica por los ejemplares lombrosianos que cada tanto pueblan sus páginas y si nos hemos distraído en la reproducción de un texto antiguo fue apenas con la intención de ilustrar —creemos que con pertinencia— el fenómeno del reiterado horror que por lo menos desde hace dos décadas —como ya lo apuntamos— diezma a nuestros pueblos —y no solamente a los de Centroamérica— por la vía del asesinato abierto,

[3] José Dolores Gámez, *Historia moderna de Nicaragua. Complemento a mi Historia de Nicaragua*, libro que concluye con los acontecimientos de la década de 1850. Fue reeditado por el Banco de América, Serie Histórica No. 7, Managua, 1975. Los trozos reproducidos figuran en las páginas 460 a 466.

las "desapariciones" que tienen el mismo signo exterminador, la prisión y el obligado y desintegrador exilio.

PERSONAS, CASTAS, CLASES

Todas las sangres, todos los fuegos y todas las terroríficas visiones que tiñen los distintos tiempos del istmo centroamericano y son también el cotidiano padecimiento de nuestros días, se han corrido hacia el Sur en no casual proceso de similitud formal y análoga instancia generadora. No hay límites geográficos para los desbordes de los cuerpos y grupos militares y policiacos a los que sólo por irrisión semántica da en llamarse "fuerzas del orden". Si con mayor propiedad merecerían esa designación, lo deberían a que lo son de un orden conservador, estático, preservador del *statu quo* tradicional en el que se sustentan los principios capitalistas de la propiedad privada y de la acumulación de los beneficios de la plusvalía. Si se cambia "fuerzas del orden" por "organismos de seguridad", el equívoco subsiste a menos que se clarifique que se alude a la seguridad para las clases dirigentes o gobernantes y, más recientemente, para la estructura transnacional de poder.

Por carácter transitivo hemos estado vinculando formas dispares de un ejercicio del poder violento, que se ha ido transformando desde el usufructo personal típico de las satrapías persas —de nuevo pensamos en los guatemaltecos Carrera, Estrada Cabrera y Ubico, o en el dominicano Rafael Leonidas Trujillo y el venezolano José Vicente Gómez— pasando por modelos más recientes del autoritarismo ejercido por aparcería —Carlos Castillo Armas colocado, para complacer a la United Fruit Company, por conjunción operativa de la Casa Blanca, el Departamento de Estado y la CIA; Héctor García Godoy y Joaquín Balaguer en la República Dominicana mediante análoga colusión de lo político, lo económico y lo estratégico—, hasta los regímenes implantados a lo largo y ancho del continente a partir del módulo ejemplificador implantado en Brasil en marzo de 1964.

En cantidad y en magnitud, jamás antes se había producido —y difundido con tan creciente prodigalidad— tamaña escala hacia la captura del poder gubernamental por parte de un estamento, el castrense, que hasta la década de 1960 fungía apenas como uno de los soportes del orden convencional de las clases dirigentes. El golpe de Estado que ubicó en el poder al general Humberto Castelo Branco se convirtió en la primera de las respuestas "científicas" al modelo revolucionario implantado en Cuba en 1959. No hubo improvisación neurótica de algunos mílites de ánimo agriado por ciertas disposiciones "socializantes" del gobernante constitucional João

Goulart. De un modo meticuloso y concienzudo, los planificadores de la "Sorbonne" brasileña[4] armaron el dispositivo sedicioso del cual por vez primera sería complemento obligado un proyecto de gobierno tecnocrático que no dejaría resquicio alguno de la actividad nacional librado al azar.

La burguesía brasileña otorgó así, por primera vez en su historia, su confianza plena al cuerpo militar que, de servidor, pasó a convertirse paulatinamente en socio además de cómplice; de instrumento pasivo, en protagonista activo de un proyecto de gobierno, el de Estado-clase que no se visualiza como excepcional ni de coyuntura efímera, sino intemporal y totalizador de cualquier opción o alternativa posible previsible. Intuidas las formas de la democracia representativa y participativa como un riesgo tras el cual era inevitable el peligro mayor, el de una revolución generada con todos los respetos debidos a los mecanismos regulares de las elecciones cada tantos años, las clases dominantes resolvieron prescindir de esa fachada que se revelaba cada vez más un estorbo en el ejercicio de la dominación de clase. El concepto de "no tenemos plazos, tenemos metas" se convirtió, por lo reiterado, en ésa y la siguiente década, en una contraseña cabalística entre los militares golpistas. La enunciaron los teóricos de la "Sorbonne" brasileña, la repitió el grupo que con el general Juan Carlos Onganía capturó el gobierno de Argentina en 1966, y es ya fórmula consagrada entre los voceros y titulares del poder autoritario en Chile, Argentina y Uruguay desde Augusto Pinochet, Jorge R. Videla y Juan M. Bordaberry en adelante.

Hasta marzo de 1964, los militares que se alzaban contra los regímenes constitucionales y generalmente civilistas, de recambio electoral a intervalos fijos, proclamaban en sus bandos inaugurales su sagrada intención de no ser sino meros transeúntes de un poder que —se apresuraban a reconocerlo— emanaba del pueblo. Junto con ese compromiso de una presencia transitoria se divulgaban las razones de excepción que explicaban —o pretendían hacerlo— las causas de su paso inusual por las casas de gobierno, que habitualmente coincidían en hacer de ellos simples ejecutores de correctivos indispensables para la mejor marcha futura de la nación. En síntesis, aparecían como cirujanos de urgencia, obligados por premuras críticas a convertir los despachos presidenciales en quirófanos. Estirpados los tumores, los improvisados técnicos retornarían a su quehacer cotidiano, en los cuarteles y bases de las tres fuerzas armadas.

Eso fue así, en América del Sur al menos, hasta que la revolución cubana y las expectativas que reproduce a través de su efecto-demostración sobre muchos pueblos del continente, enciende las luces de los semáforos

---

[4] Se trata de una denominación burlona que alude a los jefes y oficiales que siguen los cursos de la Escuela Superior de Guerra del Brasil, uno de los centros de la conspiración que culminó con el cuartelazo contra Goulart.

de la burguesía latinoamericana. Es el toque de somatén que convocará a la contrarrevolución. Los convocados, en primera y en última instancia, serán los militares profesionales. Las teorías de la *counter-insurgency* y de la *national security* serán subproductos de aquella llamada a rebato. En el largo plazo, una de sus consecuencias será la mutación del rol tradicional de los militares. De su función pretoriana de custodios del *establishment* burgués y columna armada de las diversas expresiones de los partidos liberales y conservadores que periódicamente se transmitían la posta de las clases dominantes, pasan a integrar ellos mismos esas clases, insertándose por la vía del matrimonio, la asociación comercial y financiera con sectores clave de la economía por el procedimiento de su inclusión en los directorios de las empresas nacionales privadas y transnacionales o, en casos que no excluyen las opciones que mencionamos precedentemente, por la apropiación de tierras rapiñadas a sus propietarios como en no pocos casos en Guatemala, u otorgadas como premio a la leal servidumbre en los casos de predios fiscales obsequiados por el clan Somoza en Nicaragua.

El fenómeno es nuevo en América Latina

C. Wright Mills figura entre los primeros que llamaron la atención acerca de esa especie de matrimonio de conveniencia que se difundió aceleradamente en Estados Unidos al calor de la Primera Guerra Fría.[5] El Complejo Militar-Industrial (MIL-I-C) al que mencionó con todas sus letras el presidente Dwight Eisenhower en el discurso de despedida a la nación, pronunciado en enero de 1961, descubrió el método de co-optar a los militares de alta graduación a medida que éstos iban ganando estrellas y galones, integrándolos a partir de su pase a retiro en los directorios de empresas, como asesores y relacionadores públicos.

Una tarjeta de presentación que mencione el rango de general, almirante o brigadier causa mucha impresión, sobre todo si se entrega en ciertos despachos vinculados con la tramitación de contratos de provisión de equipos y servicios para la defensa nacional. Esa misma tarjeta, o simples llamadas de teléfono de tales personalidades castrenses a sus amigos personales o ex subordinados que continúan en servicio, en posiciones elevadas en el Pentágono, obran milagros en materia de asignación de pedidos. De hecho, no se concibe hoy una empresa industrial o financiera conectada con el negocio de la guerra, que se permita el lujo o el prejuicio moral de carecer

---

[5] C. Wright Mills, *La élite del poder*. México, Fondo de Cultura Económica, 1957; también, del mismo autor, *Poder, política, pueblo*. México, Fondo de Cultura Económica, 1964.

de uno de tales "goznes" en su nómina de pagos. Solamente teniendo en cuenta la influencia que tales mediadores pueden ejercer en razón de su grado militar, se hace comprensible el grado de corrupción que corporaciones tales como la Lockheed y la McDonnell-Douglas —por no mencionar sino a dos fábricas de aviones de guerra— han utilizado, hasta el punto de sobornar a funcionarios de tan alto nivel como los primeros ministros de Italia y Japón.

Como todos los vicios y corruptelas del imperio, nuestra América hizo una importación tardía del sistema que hace de los coroneles y generales asociados y cómplices del gran capital y de los terratenientes. Del mismo modo que lo hicieron con los elementos de la Guerra Fría y el macartismo, nuestros mílites se apropiaron de los elementos sustantivos o básicos del mecanismo que los co-optaba bajo la máscara respetable de la libre empresa privada, adaptándolos a las condiciones objetivas de sus respectivos países. El "búscate un general" preconizado en los años cincuenta por los colectores de contratos del Pentágono, se mimetizó en nuestras patrias metecas por la variable "militar retirado, disponible para empresas respetables, se ofrece". Ya a fines de los años 60, el fenómeno quedaba descrito, para la Argentina, en un libro de gran éxito, de Rogelio García Lupo.[6] De entonces a ahora, y gracias a la impunidad que confiere a sus pares el poder militar, la colusión se ha hecho un lugar común, al igual que lo venía siendo en Brasil desde antes de 1964. En Uruguay y en Chile las diferencias, si las hay, se deben a sus distintos grados de desarrollo económico. En todo caso, en ninguno de esos países existe un mílite que se sustente sólo con su paga de retirado, a menos que esté enfermo, sea muy viejo ... o muy incapaz.

El caso de la Nicaragua de Somoza se fue haciendo familiar desde que se aflojaron los resortes de la censura y hubo una mayor nube de periodistas extranjeros cubriendo la información de los sucesos en 1978 y 1979. Aquí el escaso desarrollo y la tradición artesanal del país favorecieron el sistema de prebendas, canonjías, privilegios y recompensas a la totalidad del personal de la Guardia Nacional, que hizo de esa singular jerarquía de ingresos un *modus vivendi* adecuado a la languidez impuesta por el clan familiar gobernante.

Un ejemplo típico que podemos referir lo constituyó la asignación de viviendas al personal militar. A comienzos de enero de 1980, durante una estadía en Managua, un embajador amigo, de un país latinoamericano, nos invitó a una velada en su residencia del exclusivo barrio Las Colinas.

[6] Cfr. Rogelio García Lupo, cap. 23, "Los generales de negocios", en *Contra la ocupación extranjera*, Buenos Aires, Editorial Sudestada, 1969, pp. 161-168; y Apéndice 2, "Los militares en las empresas", pp. 179-187.

Como nos llamó la atención la rica *boisserie* de que estaban revestidas las paredes de la residencia, finas maderas talladas de procedencia tailandesa, preguntamos a nuestro amigo qué magnate había vivido allí hasta poco antes. Nos respondió que se trataba del general Armando Fernández, jefe del Estado Mayor de la Guardia Nacional, ahora exiliado en Guatemala o Miami. Cuando averiguamos algo después cuál era su sueldo según planilla, el cálculo traducido en dólares no superaba los 300 mensuales. La diferencia entre esos 300 dólares y los que en verdad percibía en "otros negocios varios" indefinidos, obviamente *non sanctos* ni registrables, fácilmente explicaban la suntuosidad de su casa.

El más conocido de los métodos de los Somoza para premiar a sus oficiales más fieles era el de las funciones públicas en las que éstos pudieran medrar sin que quedaran rastros del "cómo". La Dirección de Tránsito se convirtió así en la lotería mayor. Cada año asumía su jefatura un alto oficial distinto, que con lo que percibía *pro domo sua* en concepto de pago de renovación de placas de automóviles, multas por infracciones y otros mecanismos de percepción de ingresos por los que no se entregaban recibos —ni a nadie se le podía ocurrir pedirlos— podía pasar a retiro sin que en lo sucesivo le asaltaran temores acerca de su seguridad económica.[7]

Con variantes derivadas de la geografía y de las peculiaridades nacionales respectivas, este sistema viene rigiendo en Paraguay desde su implantación, hace más de 25 años, por el general Alfredo Stroessner. Una muy conocida frase que le es atribuida, "el contrabando es el precio de la paz interna", define sobradamente las características más significativas de los mecanismos del poder corrupto en lo que se ha dado en llamar el "Hong Kong de América Latina".[8] El contrabando, el trasiego de drogas, el juego,

---

[7] Cfr. Gregorio Selser, "Por qué los oficiales de la Guardia Nacional siguen sosteniendo a Somoza", en *El Día*, México, 3 de junio de 1979; "El modo de producción Somoza", en *El Día*, México, 10 de junio de 1979; "Las empresas transnacionales en Nicaragua", en *El Día*, México, 10 de julio de 1979 (estas dos últimas notas, también reproducidas en la antología *La batalla de Nicaragua*, juntamente con trabajos de Ernesto Cardenal, Gabriel García Márquez y Daniel Waksman Schinca, México, Bruguera Ediciones, 1979); en "El por qué de la fidelidad de la Guardia Nacional a Somoza", en *El Día*, México, 29 de agosto de 1979, incluimos un plano oficial del Instituto Agrario Nicaragüense, en el que se trazan las asignaciones de tierras en el departamento Zelaya a 32 oficiales de la Guardia Nacional. Es sumamente importante a este respecto, el libro de Richard Millett, *Guardians of the Dynasty. A History of the U. S. Created Guardia Nacional de Nicaragua and the Somoza Family*. New York: Orbis Books, 1977. Su traducción al español, *Guardianes de la dinastía*, en EDUCA, Editorial Universitaria Centroamericana, San José, Costa Rica, 1979.

[8] Cfr. Gregorio Selser, "Paraguay, contrabando y narcotráfico", "Paraguay: drogas con destino a la Argentina", y "Paraguay: enfrentamientos entre militares en torno al contrabando", en *El Día*, México, respectivamente 19 y 20 de septiembre de 1979, y 24 de diciembre de 1979.

la trata de blancas y la prostitución, concedidos como parcelas de dominio privado de ciertos generales y sus asociados familiares civiles, aseguran con más eficacia el mecanismo de lealtades al "jefe supremo de las fuerzas armadas", que toda la literatura sobre los "valores occidentales y cristianos" y el anticomunismo profesional de que están plagados los textos que se utilizan en los institutos militares de países como Paraguay. No es por casualidad ni por irremediable urgencia que el clan Somoza encontró allí refugio y acogida para sus vidas y bienes, luego de su desastroso final de julio de 1979.

En Honduras, el célebre escándalo que implicó a su mandatario, el general Osvaldo López Arellano, y a su ministro de Hacienda, Abraham Benaton Ramos, detonó a principios de 1975 su desalojo del poder y de paso expuso públicamente cierto tipo de mecanismos de corrupción de gobernantes extranjeros por parte de la corporación transnacional United Brands, de la que hoy es parte la antigua United Fruit. Posteriormente, salpicaduras de escandalosas denuncias sobre trasiego de drogas procedentes de Colombia mancharon a otros jefes y oficiales de las fuerzas armadas hondureñas, más la inclusión de muertes no aclaradas de testigos o cómplices molestos.

En Chile,[9] Argentina y Uruguay las colusiones son de características menos groseras y abiertas, puesto que la estructura económica facilita la inserción ya mencionada de los cuadros medios y altos en las empresas privadas a partir del pase a retiro de los mílites, que como promedio lo hacen, por requerimientos del escalafón piramidal, entre los 48 y los 55 años de edad, o sea cuando sus capacidades, supuestas o reales, no han entrado en el periodo generacional de declinación. En Brasil, Argentina y Chile, por otra parte, la intervención del Estado en la economía, incrementada durante y después de la Segunda Guerra Mundial, fue confiriendo al estamento castrense una participación cada vez mayor en los ministerios, secretarías y subsecretarías de Estado, departamentos administrativos y gerenciales, fenómeno que se acentuó con cada ocasión en que por la vía del golpe de Estado los militares accedieron al gobierno *de facto* (Brasil: marzo de 1964; Argentina: septiembre de 1955, marzo de 1962, junio de 1966, marzo de 1976; y Chile: septiembre de 1973).

La gestión pública asumida por los militares al margen de su llamada (cada vez menos) "función específica" en los cuarteles y guarniciones, les ha facilitado el conocimiento directo de los dispositivos del gobierno civil. Junto con ese acceso al ejercicio de la función gubernativa, el estamento

[9] Cfr. Gregorio Selser, "Corrupción en las fuerzas armadas chilenas", en *El Día*, México, 18 de septiembre de 1979.

militar conoció de cerca los goces, privilegios, usufructuos materiales y beneficios de todo orden anexos a aquélla. De hecho, han añadido a su ingreso mensual como militares, sueldos, honorarios, gastos de representación y otros estipendios que multiplican con creces sus ya elevadas remuneraciones, sin contar las expectativas de ascenso social y del prestigio —que los diversos medios masivos de comunicación refuerzan cotidianamente— que se vinculan naturalmente a su actuación pública. Pocos registros serían tan concluyentes en este sentido, como las secciones "sociales" de periódicos como *La Prensa, La Nación* y *Clarín* de Buenos Aires, o *El Mercurio* de Santiago de Chile. En forma sumamente veloz el estamento castrense supera las tentaciones de casta y tiende a subsumirse como clase en el engranaje más activo de dominación de la burguesía.

Esto explica más que sobradamente aquello de que "no tenemos plazos, sino metas". Programas tales como los puestos en práctica por los tecnócratas latinoamericanos educados en la Escuela de Economía de la Universidad de Chicago se insertan en el proyecto transnacional de dominación en el cual la abolición de las libertades democráticas que alguna vez fueron timbre de orgullo de ciertos países de América del Sur es el precio necesario para la instauración *sine die* de regímenes militares autoritarios, a la vez que el premio que éstos cosechan por su complicidad participativa. Al prescindir, como antaño, de la obligatoriedad de fijarse plazos para la devolución del gobierno a los políticos y funcionarios civiles, los mílites sólo se sienten obligados para con los objetivos de mediano y largo plazo de la clase dominante, de cuyos beneficios, réditos y plusvalías ellos perciben porciones significativas que alimentan su proclividad a la retención indefinida del poder.

El proceso militarista en Centroamérica

Si nos hemos detenido con alguna morosidad en la descripción de los mecanismos del reciente proceso de afianzamiento de ciertos regímenes autoritarios militares en la porción sur del continente, ha sido para destacar el contraste que expresan con sus pares de Centroamérica.

Fuera de la obvia y neta diferenciación entre países en proceso de fuerte industrialización como Brasil y Argentina y los que se caracterizan por su vigente estructura toral agraria, como Guatemala, Nicaragua y Honduras, lo significativo reside en que la asunción del poder por los militares en algunos países de América del Sur, que otrora fue coyuntural y se autolimitó en el tiempo, hoy tiende a congelarse sobre la base del más contundente de los fundamentos: el de la fuerza armada. Asimétricamente, países como Panamá y Nicaragua se orientan hacia direcciones de naturaleza civil; El Salvador se debate cruentamente en la resolución de su futuro inmediato luego de que su último dictador, el general Carlos H. Romero, se vio derrocado por un golpe surgido de las propias filas castrenses en octubre de 1979, y la junta cívico-militar que le reemplazó ha anunciado reiteradamente su intención de convocar a elecciones limpias como una de las vías para marginar a las fuerzas armadas del ejercicio del poder; en Honduras, el actual clan castrense sustentado sobre un funcionariado provisto por el Partido Conservador, también se ha comprometido públicamente a no hacer trampas en las elecciones previstas para comienzos de 1980, una promesa que sigue siendo considerada con escepticismo por la oposición, la clase obrera y campesina sindicalizada y por el sector estudiantil más radicalizado. Finalmente, Guatemal se ofrece como el modelo de más pertinaz renuncia al cambio de fachada institucional, lo cual es un indicador mayor de la inmutabilidad de objetivos de su clase dominante aliada al Estado como administrador formal y a las corporaciones transnacionales que se han asociado, especialmente a partir de la década de 1960, a la explotación neocolonialista del país con apoyo en un organigrama represivo sólo comparable al vigente en Uruguay, Argentina y Chile.

La mención de la masacre del "jueves negro" con que iniciamos este ensayo respondió a un propósito de ubicación de ese fenómeno de irracional y desatada violencia sanguinaria, con apoyo en un episodio de resonancia internacional. Pero ese previsible clímax es apenas un dato más que se añade a un cuadro de permanente brutalidad y salvajismo inaugurado a partir del derrocamiento del presidente Jacobo Arbenz Guzmán, a fines de junio de 1954. Con lo cual, de paso, apuntamos que la matanza de la Embajada de España podrá no ser el último ni tampoco el más atroz de los episodios que vienen jalonando los últimos veinticinco años de historia de Guatemala, donde el terrorismo de Estado, la violencia institucional y el horror cotidiano son la expresión congelada de un ejercicio rutinario del poder omnímodo de la clase dirigente, que se resiste a ceder un milímetro, siquiera a la manera postulada por Lampedusa en *El Gatopardo,* cambiando algo para que todo siga igual. En este sentido, ni las presiones de la administración Carter, ni el crecimiento ostensible de la resistencia popular, inclinan a esa clase a aminorar las expresiones de su dominación.

Por lo que pueda tener de ilustrativo para la comprensión de esa obstinada resistencia al cambio de la oligarquía guatemalteca, incluiremos seguidamente la nómina de los gobernantes que se han sucedido en el ejercicio del poder en los últimos sesenta años:

Periodo	Gobierno de
1921-1926	General José María Orellana
1926-1930	General Lázaro Chacón
1930-1931	General Manuel Orellana
1931	Doctor José María Reyna Andrade
1931-1944	General Jorge Ubico
1944	General Federico Ponce Vaides
1944-1945	Junta Cívico-Militar, integrada por el doctor Jorge Toriello y los oficiales Francisco Javier Arana y Jacobo Arbenz Guzmán
1945-1951	Doctor Juan José Arévalo
1951-1954	Coronel Jacobo Arbenz Guzmán
1954-1957	Coronel Carlos Castillo Armas
1957	Doctor Luis Arturo González López
1957	Junta Militar integrada por los coroneles Óscar Mendoza Azurdia, Roberto Lorenzana y Gonzalo Yurrita
1957-1958	Coronel Guillermo Flores Avendaño
1958-1963	General Miguel Ydígoras Fuentes
1963-1966	General Enrique Peralta Azurdia
1966-1970	Doctor Julio César Méndez Montenegro
1970-1974	General Carlos Manuel Arana Osorio
1974-1978	General Kjell Laugerud García
1978	General Romeo Lucas García

El simple cálculo comparativo arroja una abrumadora predominancia de generales y coroneles sobre los "doctores". A fuer de exactos, el abogado Reyna Andrade estuvo en el poder desde el 2 de enero hasta el 14 de febrero de 1931, o sea algo más de un mes; el doctor Jorge Toriello compartió el poder con dos militares algo menos de un año; el doctor González López se mantuvo entre fines de julio y octubre de 1957, contados meses por cierto, pero suficientes como para alzarse con beneficios que le asegurarían una tranquila vejez. Y eso fue todo, salvo los excepcionales seis años de Constitución del maestro Juan José Arévalo, el primero de toda la historia de Guatemala que además de resultar elegido con todas las de la ley, entregó la presidencia con todas las de la ley también, a su sucesor consagrado en comicios limpios, el coronel Jacobo Arbenz, el único caso de militar de ejecutoria popular y democrática y que por serlo fue despojado del cargo, en operación en la que se conjugó la traición de sus camaradas de armas y la ofensiva múltiple de los organismos gubernamentales decisorios de los Estados Unidos —especialmente la CIA—, con no disimulado respaldo y apoyo de los gobiernos de Costa Rica, Nicaragua, Honduras y El Salvador.

Sobre un total de sesenta años, por lo tanto, no llegaron a ocho los años en que Guatemala estuvo gobernada por civiles, y duró un poco más de tres años el periodo en que la gobernó un militar que no sólo no masacró a su pueblo individual o colectivamente, sino que se propuso llevarlo, a través de una experiencia de democracia burguesa, hacia un destino de progreso con herramientas tales como la educación, la reforma agraria, la nacionalización de bienes improductivos y la redistribución del ingreso en beneficio de la clase trabajadora y de las masas indígenas hasta entonces despreciadas y marginadas. Agréguese a esa experiencia frustrada la participación colegiada de Arana y Arbenz junto al civil Toriello en el triunvirato que gobernó a la caída del general Ponce Vaides en octubre de 1944, y se tendrá que en total apenas si supera el 15 por ciento el lapso durante el cual el país no estuvo bajo la férula de las "panteras galonadas" de que hablaba Rubén Darío.

Galones y charreteras, sables y ametralladoras, botas como remate de uniformes, fueron también lo característico de la República de El Salvador. Con muy contadas excepciones, la norma castrense prevaleció en la conducción gubernamental en los últimos cincuenta años, con la diferencia respecto de su vecino Guatemala, de que la casta militar se forjó con conciencia de que lo era al modo pretoriano, y que por serlo se hacía acreedora a un disfrute del segmento de dominación. Si en Guatemala el general Ubico inauguró la réplica castrense de la perdurabilidad en el poder, señalada por el civil Estrada Cabrera, en El Salvador le imitó su compadre Hernández Martínez. Casualidad o premonición, ambos se instalaron en 1931 y ambos fueron derrocados en 1944. Permítasenos, al calor de esa coincidencia, ilustrar el parecido fenómeno de la preeminencia de los militares en el poder, en los últimos cincuenta años (véase cuadro siguiente).

El derrocamiento del general Romero el 15 de octubre de 1979 fue visualizado como un golpe preventivo destinado a impedir la repetición del vecino ejemplo de Nicaragua, donde el 19 de julio una formidable rebelión popular armada bajo la dirección del Frente Sandinista de Liberación Nacional (FSLN), puso fin a más de cuatro décadas de ordeñamiento del país por una familia. Al momento en que redactamos estas páginas, hay incertidumbre sobre los próximos pasos de la junta salvadoreña, ya que su presencia en el poder, por otra parte controvertida por los sectores populares y de izquierda, no ha puesto fin a la larga serie de matanzas de obreros, campesinos, estudiantes y militantes políticos contestatarios.

Periodo	Gobierno de
1931-1934	General Maximiliano Hernández Martínez
1934-1935	General Andrés Ignacio Menéndez
1935-1944	General Maximiliano Hernández Martínez
1944	General Andrés Ignacio Menéndez
1945	Coronel Osmín Aguirre Salinas
1945-1948	General Salvador Castañeda Castro
1948-1950	Consejo de Gobierno Revolucionario (3 militares y 2 civiles).
1950-1956	Coronel Óscar Osorio
1956-1960	Coronel José María Lemus
1960-1961	Junta Revolucionaria de Gobierno (3 civiles)
1961-1962	Directorio Cívico-Militar (participan 3 civiles)
1962	Doctor Rodolfo E. Cordón
1962-1967	Coronel Julio Adalberto Rivera
1967-1972	Coronel Fidel Sánchez Hernández
1972-1977	Coronel Arturo Armando Molina
1977-1979	General Carlos Humberto Romero
1979	Junta Cívico-Militar (2 militares y 3 civiles)

Corresponde destacar que es la primera vez, en cincuenta años de repetidos generales, coroneles y mayores, que el futuro político del país se encuentra tan indefinido e irresuelto. Las célebres decenas de familias que tradicionalmente detentaron el poder económico del país y a cuyo servicio se sucedieron casi ininterrumpidamente los representantes de la casta militar —ésta sí autoasumida como tal—, sienten por vez primera en medio siglo que la tierra tiembla bajo sus pies. Muchas familias han preferido emigrar, precediéndoles en el viaje cuantiosas exportaciones de divisas, presumiblemente ahorros para tiempos impredecibles. Pero esto no quiere decir necesariamente que hayan dejado el campo libre al pueblo. La batalla, los enfrentamientos entre los cuerpos represivos, militares y civiles de la burguesía, no ha cesado desde octubre y cuenta ya miles de bajas, entre muertos, heridos y "desaparecidos".

Nicaragua ha resuelto, en su primer paso hacia la reconstrucción de un país destruido por el terremoto geológico y el mucho más destructivo sismo que durante casi año y medio desató la Guardia Nacional al servicio de los Somoza, el problema del estamento militar-policiaco inserto en su seno. Del mismo modo conque lo hizo la revolución cubana en 1959 con el ejército de Fulgencio Batista, la nueva Nicaragua ha decidido prescindir totalmente de los efectivos que sirvieron a la familia gobernante, reemplazándolos con cuadros totalmente nuevos y, de hecho, a partir de cero. Sin esa especie de purga radical que afecta a aproximadamente 15 mil agentes, el riesgo de recidivas castrenses sería una espada de Damocles pendiente sobre cualquier proyecto civilista progresivo, revolucionario, nacional y popular.

En esa dirección, el anuncio, formulado a los pocos días de asumir el poder la junta de civiles, sobre la cancelación de cualquier nexo que pudiese subsistir con el Consejo de Defensa Centroamericano (CONDECA), es una ratificación indispensable para la clarificación de dudas y timideces. Aunque en la práctica el CONDECA se hallaba en coma desde la última de sus operaciones conjuntas ("Águila VI", Nicaragua, noviembre de 1976), de la que participaron sólo tres de sus miembros (Honduras, Costa Rica y Panamá se limitaron a enviar observadores), se requería declarar el *rigor mortis* del organismo militar subregional que sobrevivía como resabio de la primera guerra fría. Nicaragua lo hizo con tal contundencia que provocó que fuese excluido de la reunión que en Bogotá celebraron a fines de 1979 los comandantes en jefe de los ejércitos de Iberoamérica. Hoy son miembros activos del CONDECA solamente los regímenes militares de Guatemala y El Salvador.

En Honduras la presencia militar en el aparato gubernamental se viene arrastrando desde 1963, salvo el breve interregno constitucional del ingeniero Ramón Ernesto Cruz, a quien privó de la presidencia el mismo que le había precedido en ella, el general Oswaldo López Arellano. A su vez, este prócer redentor fue desalojado luego de que organismos oficiales de Estados Unidos expusieran a la luz pública que tanto él como su ministro de Hacienda habían sido sobornados por la United Brands con algunos millones de dólares, para que accedieran a reducir ciertos impuestos que gravaban la exportación del banano. Las versiones sobre la persistencia de prácticas de corrupción que alcanzan todos los niveles del estamento militar no han desaparecido con el relevo de López Arellano.

En apariencia el régimen está conducido por un triunvirato del cual sobresale el general Policarpo Paz García; en la práctica, el trío parece sujetarse y/o subordinarse al cuerpo de 27 tenientes coroneles y coroneles, comandantes de unidades militares en la capital y el interior del país, que se reúnen periódicamente para decidir en problemas de importancia. Ese sistema colegiado de cuadros medios de la oficialidad confiere al gobierno una singularidad que se asocia a la imagen idealizada de lo que fue el "peruanismo" en tiempos del general Juan Velasco Alvarado. Se trata, empero, de una versión distorsionada: a diferencia del llamado "modelo peruano", sobre todo el de la primera etapa (1968-1974), la oficialidad joven hondureña no ha realizado un solo acto concreto tendente a alterar la estructura económica tradicional, ni a restar a la clase dominante algunos de sus privilegios y beneficios, en favor del campesinado y de la incipiente clase obrera y su muy mal remunerado funcionariado civil. El monocultivo y la dependencia respecto de las corporaciones transnacionales fruteras continúan sumiendo al país en un modelo de marasmo y languidez que ya a principios de siglo hiciera las delicias del escritor norteamericano O'Henry. Ese letargo ni siquiera resultó sacudido por la guerra de cien horas con El Salvador (julio de 1969), excepción hecha de que sirvió de pretexto para adquirir en Estados Unidos —al igual que lo hizo el belicoso vecino— material bélico más sofisticado, especialmente para la aviación.

Costa Rica, sin salirse de su fama de país con más maestros que soldados, acopió por donación o compra modernos equipos bélicos entre 1978 y 1979, con motivo de las agresiones y amenazas de invasión de que le hizo objeto el régimen de Somoza. Su policía militarizada continúa siendo la de menor cuantía y poder efectivo en el istmo centroamericano, lo que no ha evitado, sin embargo, que haya enfrentado con rigor y armas en mano huelgas obreras en su sector bananero, produciéndole muertos y heridos. De todos modos, en el cuadro comparativo subregional sigue ostentando legítimamente el récord en lo que va del siglo: sólo en el breve periodo de los hermanos Tinoco (1917-1919) soportó una experiencia de "dictablanda" militar.

Panamá emergió de su nuevo tratado canalero con Estados Unidos (septiembre de 1977) con un espacio político interno agotado en cuanto a expectativas populares. A los diez años de producido el golpe de Estado de la Guardia Nacional contra el presidente constitucional Arnulfo Arias, el estamento militar personificado en el "hombre fuerte", general Omar Torrijos, ha resignado posiciones de preeminencia gubernativa en favor del civil Arístides Royo. La oposición —mayormente de derecha pero que no excluye sectores de izquierda— considera que los cambios son cosméticos y que en verdad es Torrijos quien continúa ejerciendo el poder detrás del sillón presidencial. Se está haciendo cada vez más evidente que los tratados Carter-Torrijos fueron una muestra palpable de la aplicación del principio *gatopardista* al que nos referimos páginas atrás. Estados Unidos consintió en ceder algo —lo menos decisivo— logrando a cambio que lo realmente sustantivo —la retención de las bases en la Zona del Canal y el "derecho" a intervenir militarmente en esa franja aún después de la transferencia devolutoria del territorio a su legítimo dueño, Panamá— continúe intangible. Los sentimientos nacionalistas del pueblo, así lo creemos, permanecerán latentes hasta que se produzcan los inevitables estallidos que se derivarán de la percepción de cuán aparentes fueron los logros tras la trabajosa negociación bilateral. Esos estallidos se vincularán a dos elementos claves de la socioeconomía local: el inmovilismo de las clases dominantes y la creciente pauperización de la clase trabajadora, y el factor distorsionante, en todo proyecto nacionalizador, de la presencia de un centro financiero internacional en su seno, a modo de enclave no menos neocolonial que las bases y guarniciones del antiguo Canal Zone.

Entre la atrocidad y la esperanza

Todas las sangres y todos los fuegos que han estado nutriendo las páginas principales de los periódicos de todo el mundo, durante la trágica década que ha fenecido y la no menos trágica que promete ser ésta de 1980 en que ingresamos, no se habrían multiplicado de no haber tenido bases de generación y sustento.

Nuestra tierra iberoamericana prefigura una sola y única tragedia en la que las diferencias del padecer resultan sutilezas bizantinas. Un rayo que no cesa fulgura, incendia, hiere y hace horno crematorio para individuos, grupos, colectividades y pueblos. Lo atroz ya no desciende sólo desde los olimpos individuales donde la sífilis, el alcohol y la locura fueron simiente de Nerones, Calígulas, Ubicos y Trujillos, o de lúgubres Arana Osorio, Laugerud y Lucas, cargándoles manos y zarpas con el puñal, el veneno, la pistola o la tea, o produciendo el brillo de los ojos fascinados por la agonía de las víctimas sometidas a sádico tormento. Sin despreciar el dato de que tales voluntades individuales aún deciden, importa no engañarse sobre la naturaleza de su papel. Los Arana Osorio y los Lucas, bestiales y vesánicos son escogidos por su eficacia como represores inmisericordes de protestas y rebeldías populares y nacionales. Es cierto que los Somoza se autoescogieron, forjando sobre la marcha el sistema de adhesiones a sus personas y a sus bienes, que hicieron de la Guardia Nacional un cuerpo policiaco con apariencia militar, lanzado a autoabastecerse mediante un dispositivo de complicidades jerárquicas de tipo piramidal en cuya cúspide brillaba el dador de bienes y el exculpador de excesos y crímenes. Pero los Somoza eran, como clan, la clase dominante por antonomasia, no una parte de ella, y la guardia, más que nacional, era la guardia de ese clan y custodio de sus bienes.

En cambio, los muy tecnocratizados y profesionalizados ejércitos de la mayor parte de los países de nuestra América no custodian familias ni clanes, sino clases dominantes cada vez más engarzadas en los mecanismos de la estructura transnacional de poder. Calidades y perfecciones que se adquieren con dineros que pagan pueblos sometidos, para remachar las cadenas de su sujeción. Son ejércitos policías cuya función no es la de preservar la intangibilidad de las fronteras patrias, sino tutelar las muy bastas y sacrosantas arcas de la propiedad privada de grupos de poder. Por las técnicas de la *counter-insurgency* y las pseudo doctrinas de la "seguridad nacional", el Estado-gendarme vela armas para que oligarquías cada vez más desnacionalizadas conserven algunos meses, algunos años más los frutos de sus latrocinios. En países más pequeños, los de Centroamérica por ejemplo, calidades y perfecciones en el arte militar-policiaco, sólo son herramientas algo más complicadas que el sable y el fusil de los años 20 y 30, sin que haya sido alterado sustancialmente el papel de *Constabulary* que asignó a las guardias locales el Imperio, antes de retirar sus propias fuerzas de ocupación.

Sin embargo, los pueblos se están desembarazando de cargas y sofocones opresores. León Tolstoy decía que los ricos harían cualquier cosa por los pobres, menos bajarse de sus espaldas. Los pobres han estado asimilando las experiencias de esa verdad tan elemental y a su propio costo han producido consecuencias cotidianas que son algo muy distinto de la resignada y pasiva aceptación de antaño:

Queremos comenzar con una palabra sobre los logros del proceso revolucionario que nos llevan a:

a) Reconocer que nuestro pueblo ha venido acumulando a través de años de sufrimiento y marginación social, la experiencia necesaria para convertirla ahora en una acción amplia y profundamente liberadora.

Nuestro pueblo luchó heroicamente por defender su derecho a vivir con dignidad, en paz y en justicia. Este ha sido el significado profundo de esa acción vivida contra un régimen que violaba y reprimía los derechos humanos, personales y sociales [. . .]

b) Reconocer que la sangre de aquellos que dieron su vida en ese prolongado combate, la entrega de una juventud que desea forjar una sociedad justa, así como el papel sobresaliente de la mujer —secularmente postergada— en todo este proceso, significan el despliegue de fuerzas nuevas en la construcción de una nueva Nicaragua. Todo esto subraya la originalidad de la experiencia histórica que estamos viviendo [. . .]

c) Ver en la alegría de un pueblo pobre que, por primera vez en mucho tiempo, se siente dueño de su país, la expresión de una creatividad revolucionaria que abre espacios amplios y fecundos al compromiso de todos los que quieren luchar contra un sistema injusto y opresor y construir un hombre nuevo [...].[10]

Los párrafos precedentes pertenecen a los altos dignatarios eclesiásticos de Nicaragua, monseñores Miguel Obando Bravo, arzobispo de Managua; Pablo A. Vega M., obispo prelado de Juigalpa; Manuel Salazar Espinoza, obispo de León; Julián Barní, obispo de Matagalpa; Rubén López Ardón, obispo de Estelí; Leovigildo López F., obispo de Granada, y Salvador Schleefer, obispo del Vicariato de Bluefields, en documento redactado muchos meses después de derrocado el corrupto régimen del clan Somoza, sin urgencias ni compulsiones. En ese texto extenso, en el cual la jerarquía católica advierte sobre ciertos riesgos del proceso revolucionario, no está empero ausente esta observación totalmente inusual en documentos de cúpulas eclesiales:

Si, en cambio, el socialismo significa, como debe significar, preeminencia de los intereses de la mayoría de los nicaragüenses y un modelo de economía planificada nacionalmente, solidaria y progresivamente participativa, nada tenemos que objetar. Un proyecto nacional que garantice el destino común de los bienes y recursos del país y permita que, sobre esta base de satisfacción de las necesidades fundamentales de bases, vaya progresando la calidad humana de la vida, nos parece justa. Si socialismo implica una creciente disminución de las injusticias y de las tradicionales desigualdades entre las ciudades y el campo, entre la remuneración del trabajo intelectual y del manual; si significa participación del trabajador en los productos de su trabajo, superando la alienación económica, nada hay en el cristianismo que implique contradicción con este proceso. Más bien el Papa Juan Pablo II acaba de recordar en la ONU la preocupación causada por la separación radical entre el trabajo y la propiedad.
Si socialismo supone poder ejecutivo desde la perspectiva de las grandes mayorías y compartido crecientemente por el pueblo organizado, de modo que vaya hacia una verdadera transferencia del poder hacia las clases populares, de nuevo no encontrará en la fe sino motivación y apoyo.
Si el socialismo lleva a procesos culturales que despierten la dignidad de nuestras masas y les comunique el coraje para asumir responsabilidades y exigir sus derechos, se trata de una humanización convergente con la dignidad humana que proclama nuestra fe.[11]

---

[10] "Carta pastoral de los obispos nicaragüenses" fechada en Managua el 17 de noviembre de 1979 y leída en todas las iglesias del país. Consta de tres partes: "Compromiso cristiano por una Nicaragua nueva", "Motivación evangélica" y "Responsabilidad y desafío en la hora presente".
[11] *Ibid.*

Lo nuevo en materia de cartas pastorales está dado en este caso por un desinhibido reconocimiento de los valores materiales y espirituales del socialismo, encarado como una fórmula de sistema de gobierno carente de las imputaciones demoniacas y satanizadoras típicas de los textos de las iglesias conservadoras. No hay reparo, en este documento, en aludir al "hecho dinámico de la lucha de clases, que debe llevar a una justa transformación de las estructuras", ni tampoco en declarar la confianza de los obispos en que "el proceso revolucionario será algo original, creativo, profundamente nacional y de ninguna manera imitativo", porque lo que les importa y pretenden "con las mayorías nicaragüenses" —dicen— "es un proceso que camine firmemente hacia una sociedad plena y auténticamente nicaragüense, no capitalista, ni dependiente, ni totalitaria".

Semanas después de expedido el documento que glosamos, otro documento de similar factura y entraña cristiana, producido por la comunidad de jesuitas de Centroamérica y Panamá, sacudió de una manera totalmente distinta a las clases dirigentes de Guatemala:

[...] Basta abril los ojos en Guatemala para darnos cuenta de que aquí domina un sistema de poder anticristiano que mata la vida y persigue a quienes luchan por esa misma vida [...]

Las ganancias de las grandes fincas de café, caña y algodón, dentro de este sistema, han ido en aumento cada día [...] Mientras tanto los salarios son mantenidos estables para los trabajadores del campo. Las ganancias que de esta relación se derivan son millonarias (y en el caso del algodón con reiterado desprecio de la salud y aun de la vida de numerosos guatemaltecos). No se trata más que de un ejemplo de lo que el Papa Juan Pablo II llama el surgimiento de "ricos cada vez más ricos a costa de pobres cada vez más pobres" [...] En Guatemala se promete subir los salarios de los empleados públicos, pero se anuncia inmediatamente el ascenso en los precios del pan, del gas, de la luz, del agua...; y en general las condiciones de vida en las ciudades, p. ej. el desempleo, la vivienda escasa y miserable, etc., hunden a los asalariados cada día más en una miseria comparable relativamente a la del agro.

Esta situación angustiosa se mantiene con una represión que emula a las más grandes que ha conocido la historia reciente de Guatemala. Un régimen de fuerza injusta trata así de evitar que el pueblo trabajador reclame sus justos derechos. En nuestro país se secuestra, tortura y asesina al amparo de vehículos sin placa, emboscadas nocturnas y terror selectivo y a la vez masivo e indiscriminado. Las autoridades informaron recientemente que en los diez primeros meses del año 1979 ha habido en este país 3 252 asesinados por el así llamado "Escuadrón de la Muerte" [...] Todos estos crímenes horrendos quedan en absoluta impunidad. Por otro lado, ya es proverbial que en Guatemala no hay presos políticos, sólo muertos y desaparecidos.

Los indígenas de Guatemala, más de la mitad de la población y productores de la mayor parte de la riqueza nacional, son explotados y discriminados tanto en las grandes fincas a donde se dirigen para el trabajo de las cosechas de agroexportación como en sus comunidades de origen, donde la tierra pobre y escasa ya no les ofrece ni trabajo ni sustento [. . .]

Sabemos que declaraciones como la presente disgustan a los poderosos y pueden atraer la represión hacia nosotros. Pero somos seguidores de Jesucristo y Él mismo anunció persecución para quienes siguieran sus pasos . . . La Iglesia latinoamericana nos ha exhortado a todos los cristianos de este continente, sin distinción de clases, "a aceptar y asumir la causa de los pobres", a la cual llama "la causa de Cristo" [. . .].[12]

La violentísima reacción que la publicación de este documento produjo en Guatemala anticipó, no obstante la ponderación y mesura de su redacción, la sanguinaria represalia del "jueves negro" (31 de enero de 1979) contra los pacíficos intrusos de la Embajada de España, en su mayor parte indios de la región de El Quiché. Aunque la operación le tocó a la policía del régimen de Lucas, la respuesta fue de la clase dominante, que dispuso así sentar un escarmiento a la vez que un disuasivo ejemplarizador, de una magnitud que por sus características atroces superara la matanza anterior de Panzós (mayo de 1978), en la que perecieron no menos de 115 indígenas por obra del ejército.[13]

Retornamos así al punto inicial de nuestra exposición, en la que se confundieron la historia y la socioeconomía, y a veces se vincularon, para las semejanzas y las asimetrías, países y pueblos del centro y del sur de nuestra América. El hecho de que la hayamos iniciado con la reproducción de un texto del siglo pasado referente a un personaje bestial, ancestro colateral de los Somoza de este siglo, y que le pongamos fin con párrafos seleccionados de sendos documentos eclesiales de muy reciente data, ilustra frag-

---

[12] "Ante el dolor y la esperanza del pueblo de Guatemala", documento expedido por el Supremo Provincial de la Compañía de Jesús en Centroamérica y Panamá, el Consejo Nacional de los Jesuitas de Guatemala y los Superiores de Comunidades de Jesuitas en Centroamérica y Panamá, y publicado solidariamente —como aviso pago— por el periódico *El Gráfico*, Guatemala, 15 de enero de 1980, p. 22. El documento en sí está fechado el 11 del mismo mes y año.

[13] Cfr. Gregorio Selser, "El régimen militar de Guatemala quiso escarmentar a los campesinos", "Guatemala: la matanza de indígenas como un modo de apropiación de sus tierras" y "Una explicación de por qué Lucas ordenó la matanza en la embajada", artículos publicados en *El Día*, México, los días 4, 5 y 6 de febrero de 1979, respectivamente.

mentariamente acerca de la pervivencia de problemas sociales en la misma
subregión centroamericana, no obstante el lapso secular que los separa. En
un caso la barbarie de individuos, en otros la barbarie de las clases dominantes vinculadas con la estructura transnacional de poder. Guatemala,
El Salvador y Honduras mantienen arcaicas y obsoletas estructuras económicas que reclaman urgentes cambios. Instituciones tradicionales como la
Iglesia, por la vía de algunos de sus sectores jerárquicos más sensibles y
concientizados, se han sumado al clamor y a la acción de las organizaciones obrera, campesina, profesional y política en la demanda de transformaciones revolucionarias, entendidas éstas como alteraciones sustantivas del
régimen de propiedad y producción y ya no como reemplazos epidérmicos
o cosméticos de militares y civiles en la cúspide del poder político. Los
obispos de Nicaragua, los jesuitas de Centroamérica, los sacerdotes de Honduras y El Salvador (en este último caso el arzobispo Romero ha llegado
a la "temeridad" de justificar la "violencia" revolucionaria de las masas,
si se cierra toda otra alternativa de cambio pacífico) y el clero de Costa
Rica, se suman crecientemente al clamor "de los que no tienen voz", y no
es casual que curas y monjas hayan sido asesinados o "desaparecidos" del
mismo modo nada sutil con que lo fueron estudiantes, campesinos, obreros
y dirigentes políticos.

Los plazos son cada vez más cortos. La historia ni se detiene ni retro-
cede. La violencia de arriba, el terrorismo de Estado, abierto o disfrazado,
es cada vez menos efectivo aunque los instrumentos de la represión resul-
ten cada vez más groseros, aberrantes y bárbaros. Y no es difícil deducir
que esas formas extremas de la violencia de clase preanuncien los síntomas
de la desesperación final de las minorías que se resisten al cambio, tanto
como a renunciar a sus privilegios. Lenta e inexorablemente, los pueblos
más postergados inician o prosiguen la tarea de su redención. Centenares
o miles de gentes, con conciencia de clase o sin ella, van dejando sangre y
huesos en la brega. Otrora eran exterminados sin que llegaran a saber por-
qué policías y soldados se ensañaban con ellos y sus familias. Hoy, que ya
lo saben de sobra, se niegan a ser pacíficos corderos, y de hecho lo son
cada vez menos, para portarse como leones.

Es, sin duda, esta diferencia, la que está decidiendo la suerte de los pueblos y naciones de nuestra América. Esa diferencia es la que marca la
distancia, cada vez más estrecha, entre la atrocidad y la esperanza.

VIDA Y MUERTE EN GUATEMALA: REFLEXIONES SOBRE LA CRISIS Y LA VIOLENCIA POLÍTICA

EDELBERTO TORRES-RIVAS

1. DESPOTISMO Y DEMOCRACIA EN GUATEMALA

SI LA EXPERIENCIA de otras sociedades no bastara, la de Centroamérica es suficiente para vigorizar la convicción política —y también el razonamiento teórico— de que la democracia representativa o democracia burguesa no es un resultado históricamente necesario del desarrollo capitalista. Es sólo una posibilidad social, en el espacio de coyunturas políticas que pueden ampliarse o fracasar. En el seno de una cultura política autoritaria se explica que las formas de vida democrática aparezcan siempre como objetivo de tirios y troyanos. Unos, desde el poder, posponiendo su utilización a la espera de una madurez cívica popular que nunca reconocen. Otros, desde la oposición, proponiendo su aplicación para alcanzar el acceso al poder que se escapa.

En 1954 fracasó en Guatemala un intento por establecer un equilibrio entre democracia política e igualitarismo económico y a partir de esa pérdida reaparecieron con desigual vitalidad los rasgos autoritarios y despóticos de nuestra vida política, pero ahora en el cuadro de un crecimiento capitalista relativamente importante. Así, capitalismo y democracia se disocian como si ambos fueran, recíprocamente, la condición negativa del otro. Los diversos movimientos nacionales anticomunistas —como gustan autodefinirse— han cristalizado en un tipo de gobierno militar que expresa una abierta dictadura reaccionaria de clase. Se trata, no obstante, de gobiernos *electos y constitucionales,* y al mismo tiempo *represivos* y *antidemocráticos*, prueba elemental de que cuando forma y contenido se divorcian, pueden surgir mecanismos no democráticos de legitimación y control.

El "dictum" bien conocido de la sociología política de que la democracia (burguesa) en la forma como mejor se disimula la dictadura (de clase), es cierto sólo a condición de especificar su sentido final. La *forma* como se ordena políticamente una sociedad tiene que ver con el *contenido* de esa objetivación, cual es el interés económico de clase que se vuelve predominante. En tanto solamente en última instancia aquel predicamento es cierto, esa simulación no sólo es un juego de apariencias.

Para disfrazar la dictadura tiene que aparecer la democracia. Ésta, burguesa, clasista, descansa antes de ser exclusivamente una mera formalidad, en una sustancialidad real: una ciudadanía extendida y activa, la existencia de condiciones para la representación de intereses por intermedio de las luchas de partidos, vale decir, el libre ejercicio electoral; la organización gremial en el marco de una legalidad prevista y previsible, y naturalmente, la dinámica de participación/oposición, en la que esta última, la disidencia, es tolerada e incorporada. Es éste, obviamente, un modelo ideal cuya proximidad o distancia termina por expresar el vigor ideológico y no la fuerza coactiva de la clase dominante.

En todo caso, éstos son los rasgos operacionalizados de eso que tanta dificultad da a los teóricos cuando buscan de la democracia burguesa, una definición aceptable. Como modalidad de la vida social, la democracia aparece como un *procedimiento* para organizar las relaciones de dominación de clase, un método para adoptar y expresar las decisiones políticas que instrumentalizan y satisfacen determinados intereses particulares. En este sentido, es también una meta. O un programa. De este programa careció precisamente la ofensiva anticomunista en 1954. No pudo tenerlo porque se alzó contra el intento de construir —con tropiezos— una democracia participativa. Tampoco pudo la burguesía realizar la democracia-procedimiento en la década siguiente, pretextando el peligro guerrillero. Después de 1970, periodo de los gobiernos militares constitucionales, la lógica represiva es aún más falaz si se piensa que ya no había ninguna democracia que defender. Queda el poder desnudo, pura formalidad. ¿La burguesía acumula porque el ejército reprime? No; es al revés. Es simplemente la lógica del poder al servicio del capital. Ahora, en Guatemala, la dictadura de clase no es una democracia burguesa que la disimula.

Lo que más llama la atención a muchos es la reiterada dificultad de poner en acto, con la diversidad de formas que autoriza la tradición política, la cultura cívica, la calidad de las fuerzas sociales, lo que en potencia aparece en los cuerpos constitucionales. Desde la Constitución de 1879, Guatemala fue organizada jurídicamente como una república democrática, con el expreso reconocimiento de la soberanía popular, incluso creando un cuerpo ciudadano más extenso que el que recomendaba en aquellos tiempos la cultura oligárquica. Con elegancia normativa, la tradición constitucional guatemalteca postula desde entonces la democracia liberal como forma de organización de la vida política.

Pero tal postulación es sólo eso y estuvo negada en sus orígenes mismos, ya que la matriz histórica del autoritarismo es la misma que la de la república liberal, y ésta heredera del despotismo español. El reformador social más importante del siglo XIX, el general Justo Rufino Barrios, fue sin duda un dictador brutal e implacable. Despotismo progresista y modernizador, sin duda. El llamado Estado oligárquico, que Barrios contribuye a fundar, tuvo como rasgo constitutivo la violencia institucional. Este atributo cobró nuevas dimensiones con Estrada Cabrera, liberal también y conformó esa visión maniquea de nuestra vida pública, en que el adversario político es el enemigo. Y a la oposición cuando se le vence (electoralmente o no) se la aniquila.

Las prácticas autoritarias, sin embargo, nunca han descansado en Guatemala en una ideología igualmente antidemocrática que asuma esa práctica como legítima. El pensamiento conservador o abiertamente reaccionario como el anticomunismo guatemalteco no es *orgánico* en el sentido de elaboración intelectual que justifica una praxis concreta. Nuestra cultura política no ha evitado que la democracia liberal sea sólo una normalidad inexpresiva. Después de 1954, con el clima de revancha que produce toda victoria de clase, esa brecha se presenta de nuevo, aunque en otras condiciones históricas. Derrotado el movimiento nacional revolucionario, las fuerzas sociales que se pusieron en movimiento —genéricamente, fuerzas burguesas o proto-burguesas— buscaron un tipo de control sin riesgos populistas, que tuvo que ser obligadamente autoritario.

No se trató solamente de la formación de un nuevo gobierno; se buscó establecer a través del control del Estado un control total sobre la sociedad. Conservando la fachada constitucional-democrática, en la letra muerta de la ley, el poder contrarrevolucionario buscó ser la expresión de un nuevo pacto de dominación de clase. Esa dominación ha sido siempre violenta y represiva. La represión no ha evitado la inestabilidad al interior de la propia clase dominante.

Por eso el rasgo más importante del periodo que arranca en ese año (1954), hasta finales de la década de los sesenta, es la inestabilidad institucional y la violencia política. Los gobiernos anticomunistas no pudieron ser expresión de un pacto social que devolviera a la sociedad, estabilidad, por un lado y democracia por otro.

En efecto, Castillo Armas (1954-57), que encabezó un gobierno de facto, se legitimó a sí mismo en un plebiscito, más por su habilidad en la transacción que por sus condiciones de caudillo; no tuvo ni siquiera al final una muerte heroica. Lo asesinó uno de sus propios partidarios, por un oscuro entrevero de intereses de los que el general dominicano Rafael Leónidas Trujillo no era ajeno. La elección posterior, para llenar su vacante, fue abiertamente fraudulenta. El MLN,[1] el "partido de la violencia organi-

---

[1] El Movimiento de Liberación Nacional fundado por Castillo Armas, fue califi-

zada" fue derrotado luego de dos meses de agitación popular, que terminó con la elección del general Miguel Ydígoras Fuentes, conservador pero enemigo de los partidarios de Castillo Armas. Ydígoras Fuentes fue depuesto por un golpe de Estado, encabezado por su propio ministro de la Defensa, en 1963. Fue ésta la primera vez que el Ejército actuó, a contrapelo de la tradición caudillista de las fuerzas armadas, como institución unificada orgánicamente.

El coronel Carlos Peralta Azurdia, jefe del Ejército, pasó a ser jefe de Estado y gobernó de facto, por mil días, sin Constitución ni Parlamento. Durante ese periodo (1963-66) el país permaneció 30 meses bajo 'estado de sitio".

Obligado a convocar a elecciones bajo la presión de la crisis interna provocada por el movimiento guerrillero, el resultado fue, de nuevo, adverso al MLN y a los grupos de la extrema derecha. La elección, favorable al candidato civil, el abogado Julio César Méndez Montenegro, fue menos importante que el proceso de escrutinio y posterior entrega del gobierno. No fue ésta una victoria de la democracia electoral sino más bien una pobre lección de cómo el poder militar es superior y fundante de la autoridad civil. Fue ésta una prueba ejemplar de cómo se disocia en su ejército real el poder y el gobierno, vale decir, la decisión y la administración. Entre la razón de Estado y la representación de la política, la democracia fue vencida por el juego de las apariencias.

Con el fin del gobierno de Méndez Montenegro, desprestigiado y carente de responsabilidad, terminó el gobierno civil en Guatemala. Y cristalizó sin pudores el poder militar concentrado.

La experiencia *pretoriana* del Ejército —su tendencia natural a servir a las clases dominantes— adopta genéricamente en su versión latinoamericana una pretensión *bonapartista*, una referencia abstracta a la nación y a las clases que la componen. Las dictaduras militares en el Cono Sur, por ejemplo, con la coartada inicial de que los partidos políticos se han desgastado, los disuelven e ilegalizan la representación política de las clases. El ejército se sitúa al margen de los intereses corporativos y habla a nombre de la nación y de su historia. De esa manera, sirven más directa y fácilmente a los intereses dominantes.

La referencia a la nación, en abstracto, se realiza por el recuerdo de que en la historia el Ejército tuvo una función constituyente. Hoy día sucede todo lo contrario. Su aislamiento social y la ausencia de sus funciones originales le otorga a la institución en su conjunto nuevas dimensiones. En

___

cado por Mario Sandoval, su dirigente vitalicio, como la organización de la contrarrevolución y la violencia. Posteriormente, el MLN fundó la "Mano Blanca", grupo paramilitar responsable de centenares de muertes.

la experiencia guatemalteca los militares son el instrumento de poder real de la burguesía y de los intereses extranjeros.

La cristalización del poder militar, en esta década, no puede ser entendida sin mencionar la naturaleza de la relación "ejército-partido político". En Guatemala, esa relación adopta una expresión prosaica, de tráfico electoral, de transacción coyuntural. En efecto, la institución militar no crea —como Júpiter de su propia cabeza su Minerva particular— su propia expresión partidaria; por ejemplo a la manera como el instituto castrense lo hizo en El Salvador, donde el Partido Conciliación Nacional es el *partido oficial*. Es la prolongación electoral del Ejército, aunque tal vez habría que decir, la cara electoral del Estado. El Ejército guatemalteco no tiene partido propio; no obstante tiene candidatos presidenciales propios, para cuya elección basta una alianza transitoria con alguno de los grupos de derecha, escogido en el abanico de la oferta partidario-electoral. En 1970, Arana se apoyó en el MLN, de extrema derecha convicta y confesa; en 1974, en una coalición MLN-PID, para elegir al general Laugerud; en 1978, una alianza PID-PR, para nombrar al general Lucas. En 1970, el Partido Revolucionario apareció en la oposición; ahora, ésta la realiza el MLN. Cualquiera de ellos sirve, según las circunstancias: el oportunismo es su razón de ser.

Así, el Ejército *nomina* el candidato y al hacerlo escoge de hecho al titular del poder ejecutivo; luego, el partido (cualquiera de los tres grandes partidos oferantes de derecha) lo respalda electoralmente y busca su sanción jurídica. Con excepción del general Arana Osorio (1970-74), los otros generales no han podido, *ipsis literis*, ganar la elección. Simplemente ganan el escrutinio. Es por ello que la elección de Carlos Arana Osorio adquirió una dimensión nueva y singular. Que un militar asuma la jefatura del Estado no es sino una perversa tradición política guatemalteca. Pero fue ésta la primera vez en los últimos cuarenta años[2] que un candidato conservador y reaccionario accedió al gobierno a través de una consulta electoral. En este largo periodo, los militares sólo pudieron controlar el poder a través de la vía equívoca del golpe de Estado, del plebiscito autoritario, de la elección fraudulenta. En suma, desentendiéndose de la legalidad constitucional y de la más laxa formalidad democrática.

Obviamente, este dato del azar político, la elección de Arana Osorio como candidato de oposición, no significó el restablecimiento automático del purismo constitucional. Ni fue el suyo un gobierno democrático. Arana

---

[2] Se toma como punto de partida el año 1931, fecha en la que el general Jorge Ubico —candidato único— ganó las elecciones. En 1958, el también general Ydígoras Fuentes triunfó, pero lo hizo como candidato de oposición a otro más a la derecha. El Programa Ydigorista tenía concesiones nacional-burguesas evidentes.

fue, como queda dicho, en tanto candidato de la extrema derecha, candidato del Ejército. Triunfó porque a la inopia del gobierno civil (el del abogado Méndez Montenegro), desacreditado como régimen represivo e incompetente, se sumó el ambiente de terror que el mismo general Arana aplicó entre 1966-1970 para derrotar al movimiento guerrillero.[3]

No conviene olvidar que tanto Arana, fruto de la "operación Guatemala", como sus sucesores Kjell Laugerud y Lucas García fueron candidatos del Ejército, apoyados por precarias minorías electorales, y en el marco del estrecho pluralismo anticomunista. El arcoiris político/partidario no admite colores fuertes. La democracia guatemalteca es de color gris pardo. Ningún partido de izquierda ha podido ser inscrito legalmente antes de 1978 y por lo tanto está impedido de participar una importante "minoría" ciudadana. En marzo de 1979 después de 14 años de negociaciones y batallas, el Frente Unido Revolucionario (FUR) logró ser aceptado por el Registro Electoral. Una semana después fue asesinado, en un increíble despliegue de impunidad policial, su líder indiscutido, Manuel Colom Argueta. El Partido Demócrata Cristiano, desafortunadamente, no ha cobrado ni una presencia programática estable ni un respaldo popular, pese a ser un partido inscrito y participante.

En resumen, la democracia liberal definida en las primeras líneas de este análisis como un mecanismo para organizar las relaciones (de dominación) entre clases sociales no ha podido prosperar. Ha persistido lo que llamamos un Estado de fuerza, que en Guatemala parece consubstancial a su vida política. Las distintas fracciones burguesas del país han tenido en los últimos años finalmente la oportunidad de prosperar en una coyuntura en que el poder y la economía han estado totalmente a su servicio. Apoyadas ideológica y financieramente desde el exterior, contando internamente con el ambiente "pacificador" de la contrarrevolución, primero, y de la *counter insurgency,* después, han podido fortalecerse como clase. En ese clima han logrado organizarse gremialmente, defender frente a amenazas fingidas, imaginadas o reales, fieramente sus intereses y desarrollar una conciencia *defensiva* de su status. El Estado, con los militares adentro, ha sido puesto agresivamente a su servicio, estableciendo formas semicorporativas de control. La contrapartida de este idilio Estado-clase es una virtual guerra contra el movimiento sindical, los campesinos, los estudiantes protestatarios, en suma, la representación política de las clases dominadas. Es esta situación lo que encuentra sus límites hoy día en Guatemala.

[3] Arana Osorio, comandante de la región de Zacapa, fue jefe de las operaciones anti-guerrilleras, que costaron al país más de 15 000 muertes en tres años.

2. ¿Qué es lo que está en crisis?

Desde el punto de vista de la teoría, o tal vez, de un "deber ser" programático, el Estado-de-excepción es una forma crítica de existencia del poder de clase. En tanto anormalidad, ella es vivida y soportada como transitoria; forma coyuntural en la existencia del Estado que busca dotarse de legitimidad y perpetuarse en el consenso. La crisis como categoría analítica se refiere a procesos sociales cuyo desarrollo previsto se altera o se interrumpe. ¿Qué es entonces lo que hace crisis en Guatemala hoy día?

Permanente y no incidental, lo peculiar en Guatemala es la forma extremadamente violenta como las relaciones políticas entre gobernante y gobernados se procesan, en el seno de una sociedad que en su dimensión económica pareciera ser indiferente a ese trágico destino. Sabemos que la tradición autoritaria permea desde sus mismos orígenes republicanos —y con mucha mayor fuerza, en los pre-independentistas— toda la cultura política nacional, tradición que pareciera no solamente reforzarse al adoptar formas modernas, tecnológicas, de manifestación. Ella adquiere por periodos una profunda expresión patológica y una extensividad que alcanza los límites mismos que definen la convivencia social civilizada.

¿Se trata, en consecuencia, de una crisis política montada sobre un crecimiento económico razonablemente normal? No han faltado quienes, imposibilitados de negar el reinado de terror que —por ejemplo— se instaló en Guatemala en los primeros meses de 1979, argumenten que se trata de problemas de la política interna que en nada inciden en el desarrollo normal del conjunto de la sociedad. ¿Pero puede ser razonable que sin mediar una situación de guerra civil, en los primeros 52 días de 1979, haya habido en el interior de Guatemala un promedio diario de 10.5 muertes políticas? Las informaciones de prensa, no siempre veraces, no necesariamente completas, dan cuenta de 546 asesinatos por razones estrictamente políticas durante ese periodo menor de dos meses.[4]

Analizados por aparte los indicadores económicos, oficiales o no, parecieran sugerir que la vida económica del país transcurre dentro de las previsiones propias de una economía todavía rural, muy dependiente, con mercado estrecho y carente de capital. En suma, de una sociedad subdesarrollada que pese a todo prospera y se moderniza. La visión optimista del tecnócrata es tan alienada como la conciencia acrítica del ciudadano medio (¿existe?) que se entusiasma con la expansión absoluta del PIB, así como se enorgullece del crecimiento urbanístico de la ciudad capital.

---

[4] "Creciente escalada represiva en Guatemala", en *Excélsior,* México, 25 de marzo de 1979, p. 12-A.

Cuadro 1

ALGUNOS INDICADORES ECONÓMICOS COMPARATIVOS
(en millones de dólares al costo de los factores y a precios constantes de 1970)

	PIB total		Tasa % creci- miento	PIB x h.		Tasa % creci- miento
	1951	1976		1951	1976	
Costa Rica	305.5	1 631.7	4.3	340	796	1.3
Guatemala	897.3	3 096.5	2.4	289	494	0.7

	PIB Agríc.		Tasa % creci- miento	PIB Indt.		Tasa % creci- miento
	1951	1976		1951	1976	
Costa Rica	121.2	372.2	2.0	37.6	268.5	6.1
Guatemala	319.3	911.0	2.8	101.3	440.1	3.3

FUENTE: Series históricas de crecimiento de América Latina. CEPAL-NU, Stgo. 1978.
pp. 25-72 y datos reordenados por el autor.

Nadie podría dudar del crecimiento económico experimentado por Guatemala en los últimos veinticinco años. Las cifras del cuadro anterior, útiles en cuanto son comparables por tratarse de valores deflatados, indican una expansión modesta y razonable. No obstante, es inferior a la que exhibe un país más pequeño y probablemente menos dotado de recursos naturales como lo es Costa Rica. Éste es, simplemente, un país mejor administrado. Y además, una sociedad más democrática que Guatemala. Esto último no explica por sí mismo las diferencias en los ritmos de crecimiento de ambos países. La democracia no es un resultado de la expansión del producto interno bruto de la misma manera que la economía no determina a la política. Y es aquí donde puede rastrearse la naturaleza de la crisis que carcome a la sociedad guatemalteca.

En efecto, el crecimiento económico y la vida política no se determinan en una relación de causalidad, pero se interpenetran dialécticamente, facilitando, la política, determinadas formas inducidas de movimiento estructural y a su vez el desarrollo de las fuerzas productivas apoyadas en una modernización constante de las relaciones sociales, facilita la democratización de la vida social. El desarrollo capitalista puede ser dirigido por el Estado en un sentido u otro. Hoy día, todo capitalismo económico es capitalismo político. Desde el poder se favorece políticamente el movimiento de la economía. Con el presidente Arbenz se frustró el proyecto proto-burgués de crear lo que podría llamarse un capitalismo nacional democrático.

Con la contrarrevolución iniciada en 1954, pero sobre todo a partir de 1966, se intenta crear, con desigual éxito, un modelo de capitalismo concentrador y transnacionalizado. Abundan las cifras que lo comprueban.

La crisis que afecta a la sociedad guatemalteca y que tiene una expresión política inmediata y por ello más visible, no agota su explicación en una mala conformación del poder del Estado ni en la naturaleza todavía agraria de su economía. En el nivel de la sociedad política, donde se produce y se resuelve el enfrentamiento de intereses de clase para constituirse en poder, la experiencia guatemalteca ha venido probando reiteradamente una extrema dificultad por parte de las diversas fracciones burguesas para constituir un poder estable, consensual. Por lo tanto, lo que las afecta es una crisis interna, al interior del bloque dominante, imperfectamente solidario en las coyunturas críticas. En otras palabras, la crisis política se explica en último análisis como una persistente dificultad para establecer una dominación legítima.

Pero subyaciendo a esta dificultad, propia del tipo de constitución de las diversas fracciones burguesas, se encuentra un "estilo" de desarrollo que en una perspectiva de largo plazo resulta totalmente insuficiente en su dinámica y negativo en sus resultados. En Guatemala, tal vez más que en ningún otro caso nacional, se está demostrando cotidianamente de manera transparente, que el crecimiento económico por sí mismo, no resuelve ningún problema social. Antes bien, los grava. Si el movimiento de la economía gira en torno a la exportación agropecuaria altamente concentrada (tierra, capital, comercialización, etc.), si la inversión industrial nace como un monopolio, exageradamente controlado por el capital extranjero y si a ello se agrega un tipo de Estado decididamente orientado a beneficiar a la empresa privada como núcleo básico de la vida económica, el resultado es el aumento de las desigualdades y de las tensiones sociales. El compromiso del Estado con la mal llamada "iniciativa privada" es de tal naturaleza que como se señala más adelante, la ofensiva del capital contra la clase obrera tiene en el Estado su estado mayor.

Las desigualdades sociales y regionales en Guatemala van en aumento. Lo particular de ello es la velocidad con que en los últimos quince años ha aumentado la pobreza en cantidad y calidad. Se trata de una dimensión estrictamente relativa, especialmente esta última, ya que la referencia positiva se encuentra en el aumento de la riqueza ostentosa, imprudente, provocadora. Para mediados de esta década, el 5 por ciento de la población nacional recibe el 34 por ciento del llamado ingreso nacional. Aún más, el 1.5 por ciento de ese *conjunto estadístico* —la burguesía *strictu sensu*— se apodera del 23 por ciento de la riqueza producida nacionalmente. Expresado en los inevitables promedios esto significa que —valga el eufemismo— los pobres de Guatemala (el 70 por ciento de la población total de 6.5 millones), reciben un *ingreso anual de 74 dólares per cápita*. Pero, una vez más, es en el campo donde las diferencias sociales son más agudas aunque por el momento aparentemente menos conflictivas. La modernización capitalista de la agricultura ha conformado una nueva estructura social, una redistribución cualitativa de la miseria campesina. En el paisaje rural dejó de predominar la economía campesina[5] para ocupar su lugar un personaje híbrido, aún más miserable, pero que no se proletariza en el sentido de la previsión clásica, sino se pauperiza hasta límites en que su propia reproducción se encuentra amenazada: el semiproletariado rural.[6] Según cálculos estadísticamente honestos y políticamente confiables, los trabajadores agrícolas y el semiproletariado rural perciben una renta per cápita de *35 dólares anuales*, en tanto que la burguesía agraria[7] un promedio de 2 591 dólares, vale decir *setenta y cuatro veces más* que la población a la que explota.

En resumen, la visibilidad de la crisis política no hace sino ocultar cada vez más difícilmente el trasfondo social de la misma. Los conflictos intra-burgueses que adelante examinamos, no se resuelven con el expediente de la violencia política ni con la aplicación de este capitalismo salvaje. Pero la violencia tiene la pretensión de evitar que la crisis política sea sobrepasada por el descontento popular y se convierta en una crisis social generalizada, revolucionaria. Todavía no se advierten, o no se expresan aún, en sus manifestaciones diversas, los efectos de la desocupación permanente, del ingreso que se reduce por la inflación o el subempleo, el déficit creciente en la vivienda, el hambre *strictu sensu* que se expresa como degradación biológica; en suma, la paulatina falta de oportunidades para vivir y prosperar. La miseria creciente de la población guatemalteca, por lo tanto, no sólo vuelve potencialmente explosiva la situación, sino que agrega hoy día un nuevo elemento, decisivo, a la crisis intraburguesa, permanente desde 1954, agudizada en 1963 y que se intentó resolver en 1970 con la fórmula falaz de los regímenes-electoralmente-sancionados.

---

[5] No es éste el sitio para discutir lo que se entiende, hoy día, por campesinado. Basta decir para el caso que nos referimos al productor directo, dueño o detentador de una parcela en la que orienta básicamente su actividad para satisfacción de sus necesidades familiares.

[6] El campesino que perdió definitivamente su capacidad de autosubsistencia y, retenido en una parcela insuficiente, trabaja estacionalmente como obrero agrícola. Según el trabajo de GAFICA-SIECA a comienzos de esta década habría en Guatemala un 41.3 por ciento de proletariado agrícola *strictu sensu* y un 48.8 por ciento en la categoría de semiproletarios.

[7] 83.3 de la población económicamente activa en el sector rural percibirían un 34.8 por ciento del total del ingreso rural, en tanto que el 1.8 por ciento, que correspondería gruesamente a lo que podríamos calificar violentando la categoría estadística como una "burguesía agraria", percibe el 40.7 por ciento de ese ingreso.

La potencialidad expresiva de la miseria y la desesperanza de millones de guatemaltecos pueden buscar, como de hecho ha venido sucediendo, diversos escapes. Uno de ellos —forma de adaptación conservadora a la situación—, es la respuesta religiosa, milenarista, que deposita en un más allá cuestionable las esperanzas que la vida terrenal niega. El incremento de numerosas sectas protestantes en el seno de la población de bajos ingresos de claro carácter conservador, es un hecho cierto pero que no ha sido ni siquiera advertido. Basta decir que por la naturaleza de su funcionamiento interno, estos grupos religiosos integran al individuo de una manera casi total. La desesperanza individual se vuelve fe colectiva y gana, con el fanatismo, fortaleza. La otra puerta de escape, hacia atrás, es la desorganización personal, que si se analiza correctamente, es siempre desorganización social. Los factores criminógenos son imputables al medio familiar, a ese colectivo natural que es el barrio, el poblado, los grupos de vecindad y las respuestas son el alcoholismo acentuado, las drogas, la prostitución y las diversas formas de delincuencia común. El aumento considerable de lo que con pudibunda preocupación hoy día llaman la "peligrosidad" de la vida urbana es una manera de referirse a un efecto inevitable de la miseria urbana. La vida en los barrios marginales es extremadamente violenta y sólo una cuota de esa violencia se traslada hacia afuera: la que realiza el menor de edad "ratero", los robos a casas de ricos, asaltos callejeros, etc.

Pero esas "soluciones" son en cierta forma favorables al *statu-quo*; el *establishment* capitalista las estimula, en el primer caso, o las tolera y reprime, en el segundo. Pero los límites de esta situación parecen haberse agotado en Guatemala y éste es otro síntoma de crisis. En efecto, algunos grupos religiosos adoptan crecientemente una actitud de simpatía por los sectores populares, intentan organizarlos y expresar su descontento. La Iglesia católica dejó de ser cómplice total de los poderosos; como pilar del "orden establecido" su contribución se erosiona. Recuérdese a manera de ejemplo la persecución contra los religiosos de la zona de Ixil, Chisec e Ixcan y el ametrallamiento del padre Hermógenes López.

En cuanto a lo segundo, bastan dos informaciones para constatar la profundidad de la desorganización social que afecta a millares de jóvenes guatemaltecos. El índice de criminalidad subió, tomando como base el año de 1960, a 760 por ciento en 1976. La respuesta oficial a este incremento obviamente es la represión física y directa. La ley, los tribunales y la acción policial quedan al margen. Aparece entonces, cruel imitación de la experiencia brasileña, nuestro Escuadrón de la Muerte. Es la réplica chapina[8] a la solución carioca:[9] para combatir la mendicidad, destruir a los

---

[8] Chapín en lenguaje coloquial es sinónimo de guatemalteco.
[9] Carioca es el habitante de Río de Janeiro.

mendigos. Luego les tocó el turno a los jóvenes delincuentes comunes. Los factores criminógenos no se visualizan ni se combaten. Combatiendo al efecto, se asesina diariamente. Del 8 de mayo al 4 de junio de 1979 (28 días) la prensa nacional informó de *ciento cincuenta muertes atribuidas al Escuadrón, vale decir, 5.3 muertes diarias.*[10] El promedio es mayor porque, broma cruel, el Escuadrón no trabaja los fines de semana. Entre marzo y julio de este año (5 meses) la policía nacional reportó el *asesinato de 375 personas* (promedio de 2.5 diarios).[11] "Las víctimas han sido torturadas y luego asesinadas a balazos, con arma blanca o estranguladas", reza el informe policiaco. "En la policía se negó que ex-agentes de la misma integran dicho escuadrón"[12] ¿Quién asesina entonces tan impunemente y con tanta crueldad a los llamados "antisociales"?

Finalmente, hay una tercera respuesta a la situación de miseria y represión, descrita líneas arriba, respuesta que no es del tipo de "escape" individual descrito, sino que es la organización gremial, la lucha sindical y política. En otro contexto, objetivamente, la simple organización sindical es también una forma de estabilizar el sistema. La defensa institucionalizada y legal de los intereses grupales son formas ya experimentadas por la burguesía para legitimar su dominio político. La misma participación política es siempre susceptible de ser manipulada, formalizada y reducida a un mero ritual reiterativo; y contribuye así a disminuir tensiones al darle a la ciudadanía una mera "sensación" de participación.

No obstante, las burguesías centroamericanas no están preparadas para el pluralismo democrático bajo su control. El momento coactivo gana primacía frente al aspecto ideológico en virtud del cual el poder ya no disfraza su condición de fuerza para perder consensualidad. La represión al movimiento sindical y campesino, marca la tónica de la violencia política en Guatemala en los últimos años.

La crisis guatemalteca comenzó como una incapacidad interna de la burguesía para resolver sus contradicciones de clase; se ocultó en el ejercicio desplegado de la violencia inter-clase, expresado en su dificultad política para el control ideológico del poder. Hoy día, esa precaria vida política se recuesta en un piso por demás vulnerable: las contradicciones sociales provocadas por un tipo de crecimiento económico en el que el capitalismo salvaje y una lógica primitiva de acumulación dependiente lo presiden todo. La situación se complica más porque la crisis interna se ve forzada estructuralmente por el huracán de la crisis que llega del exterior. El mundo capitalista está hoy día al borde de un desorden mayúsculo. Esta situa-

---

[10] *Noticias de Guatemala*, Año 1, No. 18, cuadro No. 1, p. 271.
[11] Diario *Impacto*, Guatemala, 28 de julio de 1979.
[12] Ibídem y *Noticias de Guatemala*, Año 1, No. 22, p. 333.

ción y los efectos de la revolución nicaragüense definen cada vez más la naturaleza de la crisis que afecta a la sociedad guatemalteca.

Cuando se importó desde Estados Unidos y se aplicó con su ayuda la llamada "Operación Guatemala"[13] el pretexto fue la defensa del orden democrático, amenazado por el auge del movimiento guerrillero. Eran los años 1965/67 en que las Fuerzas Armadas Rebeldes y el Movimiento 13 de Noviembre recorrían la sierra de las Minas, disputaban al Ejército el control de la carretera al Atlántico y pernoctaban impunemente en los poblados de Zacapa, Chiquimula e Izabal. Aunque en sí misma la lucha insureccional armada nunca fue ni amenaza militar al poder real del Ejército, ni alternativa política al sistema, constituyó potencialmente un importante factor desestabilizador interno. Sobre todo frente los intentos de las diversas fracciones burguesas por afianzarse y construir una forma estable de control y dominio políticos.

Es mala —y no sólo por razones morales— aquella política que para defender la democracia termina por destruirla. Siendo así, ella es sólo una coartada. Las prácticas del anticomunismo guatemalteco nunca han podido ser democráticas y con ocasión de la amenaza guerrillera, desencadenaron un periodo de persecución y muerte que todavía no termina. El enemigo fue definido de manera harto genérica, como la célebre afirmación del general argentino Saint Jean[14] años después. Inspirados en la sangrienta "operación Fénix" que costó la vida de 80 000 ciudadanos no combatientes de Vietnam, se inició la operación contrainsurgente en 1966. Era la época del gobierno civil del ex decano universitario Méndez Montenegro, cuya actitud fue algo más que una complicidad culpable. El gobierno aceptó explícitamente que el aparato represivo hipertrofiado se montara y creciera por encima de la autoridad civil y que en su nombre se asesinara a guerrilleros, amigos de guerrilleros y familiares de guerrilleros y —con la lógica inevitable de la violencia— finalmente amenazara a todos los que por diversos motivos fueran sospechosos de poseer convicciones democráticas.

Por su amplitud y profundidad, la experiencia de la contrainsurgencia marcó el destino de la sociedad guatemalteca: hizo variar el sentido natural de la muerte como un expediente inmediato, como respuesta fatal. Cuando la muerte se vuelve dato cotidiano entra a formar dimensión tolerada de la vida personal. El horror insensibiliza, castra y permea el conjunto de las relaciones sociales (familiares, de trabajo, los conflictos interperso-

---

[13] Nombre que los asesores norteamericanos, en su jerga interna, acordaron para el operativo militar anti-guerrillero.

[14] Sin que esta sea una cita textual de su definición, Saint Jean declaró a la prensa que no eran enemigos de la guerrilla todos aquellos argentinos que no fuesen amigos del Ejército.

nales o sociales, etc.) con eso que llaman "moral —de campo-de-concentra-ción". Pero no sólo en sus efectos sicológicos la contrainsurgencia hizo triunfar a la muerte como símbolo de victoria. Institucionalizó, en un grado sin paralelo en la tradición autoritaria de Guatemala, las prácticas represivas. El efecto de ese proceso es una doble simulación, por un lado, el traslado de funciones públicas a organismos privados: aparecen las llamadas bandas "paramilitares", los cementerios privados clandestinos, la venta de protección como negocio, etc. Por otro, la "neutralidad" del Estado en un conflicto que en el peor de los casos, no puede controlar.

En ese juego de apariencias, la simulación es, sobre todo, una confusión de lo público y lo privado, una pérdida del perfil del aparato del Estado como materialidad institucional y como función. Aunque pareciera no es éste un proceso de privatización del poder del Estado porque se trata de un nivel aparencial. Aun desde sus mismos orígenes la "Mano Blanca", por ejemplo, fue una organización paramilitar. Disfraz y no uniforme para el trabajo sucio de torturar y matar. Diez años después, el cambio de nombre en los actuales grupos represivos, deja al desnudo lo que el disfraz es incapaz de cubrir: la mano negra del Ejército y la Policía.

La *counter insurgency* no estabilizó el poder burgués y a cambio desestabilizó la sociedad. Quizá éste es, en perspectiva, el mayor daño causado a la sociedad guatemalteca por quienes ciegos de odio —sin la ingenua travesura del aprendiz de brujo— desataron fuerzas de un Nosferatu que hoy día difícilmente pueden controlar. Como se indica más adelante, la violencia golpea ciertamente a los hombres del llano, pero también alcanza a los que habitan la colina.

Los pisos o etapas de la violencia represiva se ordenan de manera ascendente. Primero fue, a partir de julio de 1954, la revancha anticomunista contra el proyecto nacional-revolucionario intentado con Arbenz. Pero el éxito norteamericano al desestabilizar el régimen arbencista y patrocinar directamente el control del Estado por parte de una de las facciones burguesas más reaccionarias, determinaron que la contrarrevolución adquiriera las características de una revuelta anticampesina. Con Castillo Armas los terratenientes se tomaron la revancha y cuando el Decreto No. 9 se promulgó, de hecho los señores de la tierra ya habían expulsado a los campesinos beneficiarios de la Reforma Agraria Arbencista. Hubo también víctimas urbanas y de otros sectores sociales, pero la represión de 1954/57 fue la *vendetta* de una burguesía rentista asustada y rencorosa frente a la rebeldía de sus peones.

Después, llegó la etapa sangrienta de la "operación Guatemala" en que el odio de clase se institucionaliza, se vuelve función pública, a manos del Ejército. Al Estado corresponde ciertamente el ejercicio exclusivo de la violencia y las tareas de ordenar/cohesionar a la sociedad. Pero aquí el pretexto no fue legítimo, pues no lo fueron los medios empleados o los resultados obtenidos. Para combatir a un centenar de jóvenes alzados, dos años después se había aniquilado a más de 18 000 guatemaltecos. La guerrilla ciertamente asesinó, por su parte, a algunos jefes militares, a algún terrateniente estrechamente ligado al ejercicio represivo y a numerosos "comisionados militares".[15] Pero la extensividad y permanencia en el tiempo del operativo represivo hizo de la operación de contrainsurgencia *strictu-sensu,* un accionar político contra la amplia oposición democrática. Se convirtió en un instrumento de fuerza directa en provecho de los partidos y grupos de derecha para enfrentar a rivales políticos.

Cuadro 2

CATEGORÍA SOCIAL DE LAS VÍCTIMAS DE LA VIOLENCIA[1]
JULIO/DICIEMBRE 1978[2], JUNIO/OCTUBRE 1977[3]

	Absoluta	%	*Absoluta*	%
1. Campesinos obreros, pobladores	413	82	146	77
2. Terratenientes industriales, otros patronos	5	1	15	8
3. Profesionales estudiantes, maestros, etc.	48	9	9	5
4. Miembros-cuerpos represivos[4]	28	6	13	7
5. Otras categorías[5]	11	2	7	3
Total	505	100	190	100

[1] El 55% de las víctimas de la violencia no son identificadas, por estar sus cuerpos desfigurados, desnudos, en cementerios clandestinos, etc. Aun cuando se les identifique, la prensa no informa su condición social sino en casos extremos. Por ello, las cifras deben ser tomadas como ejemplos indicativos.

[2] Tomado de "Siete Días en la USAC", 30 de abril / 6 de mayo de 1979, p. 8.

[3] Los datos se refieren a casos de asesinatos y secuestros. Tomado de *Noticias de Guatemala,* No. 16, enero de 1978, p. 1.

[4] Comprende a policías, militares y sobre todo, comisionados militares.

[5] Incluye a empleados, pequeños comerciantes y categorías sociales indefinidas.

El tercer momento represivo, sin solución de continuidad con el anterior, lo vive Guatemala a partir de esta década. Si el primero fue, como queda dicho,

[15] Los "comisionados militares" son funcionarios locales civiles pero adscritos al Ejército y que han llegado, de hecho, a sustituir a las autoridades en las aldeas y poblados rurales. Hacen labor de policía, espionaje y represión. Por lo general son personas vinculadas a los terratenientes.

una revancha antiagrarista,[16] el segundo periodo fue proclamado abiertamente como un operativo de pacificación y ordenamiento interno. Hoy día, la violencia oficial golpea sobre todo al movimiento popular *organizado*: sindicatos, organizaciones campesinas y de pobladores.

En realidad, la violencia oficial siempre se dirigió contra los pobres. Es siempre violencia de clase. Pero la represión de los últimos años, que retomó su furor homicida a partir de mayo de 1978 (con el gobierno de Lucas García), tiene características y pretextos que nos autorizan a hablar de una "tercera ola de violencia". Esta vez, enfrenta un movimiento popular activo, de pie, en el que la muerte no dicta la última palabra sino la esperanza que da la organización y la lucha.

Esto último corresponde al aparecimiento, por vez primera en la historia de Guatemala, de un amplio movimiento de masas que combina espontaneidad y organización. Es una toma de conciencia, o un estado de ánimo beligerante que sorprende porque se abre paso a través del espeso clima del terror. No olvidemos que el movimiento obrero que surgió entre 1948/54, en Guatemala, tuvo otro carácter. Nació en la complaciente cuna de un proceso democrático-burgués y aprendió a caminar con apoyo oficial. No fue, ciertamente, populista porque ganó rápidamente independencia y un programa propio, pero no pudo evitar su acentuado estilo pequeñoburgués: fue un movimiento sindical de artesanos, por un lado y de obreros de "cuello blanco" por el otro. No hay reproche ninguno en esta constatación. Ni acusación, ni queja.

Nuestro movimiento obrero fue en ese periodo, exactamente lo que estructuralmente (e históricamente) podía ser. Y jugó un extraordinario papel —social y político— al constituir junto a las masas campesinas recién organizadas, el apoyo decisivo al gobierno arbencista. El movimiento obrero y popular hoy día va adquiriendo exactamente características opuestas. En primer lugar, se origina en el sitio donde la explotación de clase es más capitalista, vale decir, en el sector fabril, minero y agroindustrial, surgido en los últimos años. En segundo lugar, por las condiciones que adelante se mencionan, el movimiento no puede surgir sino como movimiento de oposición, resisitendo no sólo a la patronal sino al Estado mismo.

Habría que aclarar ambos asertos. El movimiento sindical, campesino y popular no define *por sí mismo* su papel anti-*statu-quo* en ningún momento. Tampoco tendría razones constitutivas para hacerlo. A contrapelo de su propio interés, son las peculiares circunstancias de la vida política nacional las que terminan por imponerle esa praxis. El movimiento sindical es ilegal

---

[16] Se calcula que 8 000 campesinos fueron asesinados en los dos primeros meses (agosto y septiembre) que siguieron al triunfo de Castillo Armas en 1954.

en tanto el Estado no lo hace legal. No tolera la legalidad prevista. El Estado se viola a sí mismo, deslegitimando su función. En la estrecha óptica de la clase dominante —débil constitución de clase— todo lo que es popular, aunque así no tengan ningún carácter específico de reivindicación clasista, se vuelve sospechoso. Es juzgado como subversivo en primera instancia y encuentra, como respuesta, la represión inmediata. El acto administrativo de legalización de un sindicato se convierte en un arbitrario acto policiaco. A veces, ni siquiera esto último. Actúa como cruel sucedáneo, el operativo paramilitar.

Los problemas sociales que cualquier democracia burguesa resuelve y absorbe de manera normal, aparecen en el horizonte político guatemalteco como desafíos al orden vigente. No ha surgido —no podrá cristalizar nunca— un estilo "socialdemócrata" para actuar como receptor de las demandas de los de abajo; tampoco ha prosperado una práctica reformista para plantear los conflictos sociales. Esta extrema sensibilidad de la patronal guatemalteca —y de su guardia pretoriana— la mantiene permanentemente a la defensiva, lo que explica la imposibilidad estructural para "tender

Cuadro 3

CONFLICTOS SOCIALES REGISTRADOS EN GUATEMALA[1]
(octubre 1978 - junio 1979)

CONFLICTOS URBANOS[2]		CONFLICTOS RURALES[3]	
Lugar	*Número*	*Causas*	*Número*
1. Fábricas tradicionales	19	1. Expropiaciones contra campesinos	28
		2. Amenazas y otros problemas con	
2. Fábricas intermedias	10	campesinos	16
3. Fábricas metalmecánicas	1	3. Conflictos con obreros agrícolas	5
4. Otras	19	4. Conflictos intracampesinado	4
5. Sin precisar	8	5. Otros conflictos rurales	19
Total	57	Total	72

FUENTE: Diarios guatemaltecos, INFORPRESS y *Noticias de Guatemala*.

[1] Se registraron únicamente los conflictos de los cuales la prensa local informó ampliamente y que no constituyen problemas individuales sino de grupo.

[2] Se trata de conflictos sindicales, legales o no; la clasificación de "lugar" de trabajo se hace utilizando la utilizada por SIECA. En la categoría "otros" se incluye a Transporte, Minas, Construcción y varios.

[3] Se trata de conflictos surgidos en el medio rural; la clasificación se hizo a base de distinguir problemas surgidos con la expropiación o desalojo de campesinos y problemas derivados de pago de salarios, tratos, amenazas de violencia, contra mozos colonos, etc., que aparecen en el No. 2. Los conflictos con "obreros agrícolas" son típicos sindicales en el campo. La categoría "otros conflictos" es imposible de clasificar y en ellas se incluyen muertos, capturas, secuestros de campesinos, etc., en los que hubo protesta colectiva.

puentes". No puede haber "margen de tolerancia" en una clase que sico lógicamente cree en sus propias mentiras: el complot comunista. La amenaza externa/interna, real o inventada, pero en todo caso subjetivamente aceptada, no facilita el establecimiento de mecanismos e instituciones que intermedien no sólo entre las clases, sino entre el Estado como poder y la sociedad.

La segunda aclaración se refiere al carácter crecientemente, obrero del movimiento popular. El crecimiento industrial, los descubrimientos minerales de la última década[17] y la modernización relativa de la agricultura de exportación han cambiado definitivamente el perfil de la estratificación social. Por lo menos, en dos sentidos. Uno, formando un núcleo proletario cuyo carácter de clase, más decantado, aparece en las "industrias de integración", en la explotación del níquel, cobre, petróleo y otros, y en las plantaciones bananeras, algodoneras y azucareras del país. Otro, estrechamente ligado a ese modelo de crecimiento económico, la emergencia de un sector "informal" en el mercado urbano, una masa proletaria de subocupados cuya presencia física, disimulada en la metropolización de la ciudad de Guatemala, ya no pudo ocultarse después de los violentos terremotos de 1976.

No es del caso mencionar las causas múltiples de los diversos conflictos sociales. Su raíz última es la situación creada por este capitalismo salvaje, propio de la primera época de la aurora industrial, que se reproduce hoy día con variantes en zonas periféricas como Centroamérica. El problema, sin embargo, no es denunciar la explotación capitalista en la ciudad y en el campo (donde los procesos de acumulación originaria pueden ser encontrados en pleno desarrollo) sino para nuestros fines, indicar que la emergencia de la organización popular, el auge del movimiento sindical, el despertar campesino parecieron constituir, por sí mismos, el antecedente inmediato de la represión y la violencia.

Por ello, calificamos el tercer periodo represivo en la historia guatemalteca, como una etapa que corresponde al auge del movimiento popular organizado, lo cual no significa que ésta sea la causa de la ola homicida que el Estado y la burguesía vienen aplicando salvajemente. Por el contrario, la respuesta popular es eso, reacción y defensa frente a la clase dominante y su poder político.

En cuadro No. 2 es sólo ilustrativo. Resulta difícil registrar objetivamente estos hechos y aún más cuantificar un proceso múltiple en sus manifestaciones y en sus causas. La resistencia obrera y popular se apoya en una

---

[17] Petróleo (Basic Ressource Inc., Hispano Oil Co., Getty Oil, etc.), níquel (Exmibal, filial de la International Niquel Co.), antimonio y tungsteno, plomo y cobre (Transmetales Ltda), etc.

toma de conciencia que también es inédita. No es sólo el acto de lucidez inmediata que provoca el peligro de morir. Tampoco la simple respuesta a la miseria. Sería simplista la síntesis explicativa: inflación más represión igual a organización popular. Con Rosa Luxemburgo creemos que hay una conciencia primaria de clase que se explica estructuralmente. Es al interior de la clase que la claridad comienza. Con Lenin coincidimos en que para trascender la conciencia populista/sindicalista hace falta algo más que la condición obrera. Es del exterior que esa posibilidad proviene: del trabajo intelectual y político que se funde con aquella condición de clase para elevarse en la conquista de la hegemonía.

Pero nada de esto está sucediendo. El análisis pormenorizado de los conflictos sindicales y campesinos en Guatemala indica la trampa histórica en que la burguesía se ha enredado. Son todos ellos movimientos en defensa del nivel de vida. Vale decir, la defensa difícil e incompleta de los intereses de la clase como clase corporativa y no como clase que busca establecer su hegemonía, que visualiza el poder y lucha políticamente por tomarlo. Atrincherados en la defensa de sus intereses económicos, los sectores populares se organizan y mueren en un combate todavía desigual.

Los ejemplos pueden multiplicarse, innecesariamente para los fines de este trabajo: en la defensa del precio del transporte colectivo público fueron asesinados 47 guatemaltecos en dos semanas del mes de agosto de 1978. Defendiendo sus tierras del avance del capitalismo agrícola, 102 campesinos —hombres y mujeres— fueron ametrallados salvajemente en Panzós, el 29 de mayo de 1978. Peleando por mantener independiente el Sindicato, han sido asesinados dos secretarios generales del Sindicato de la Embotelladora Guatemalteca (Coca Cola) y tres miembros de su Comité Ejecutivo sentenciados a muerte.

4. Pacto de dominación y muerte

Es problemático clasificar la naturaleza de un régimen que, como el guatemalteco, difícilmente puede ser catalogado como totalitario o como fascista. No es totalitario porque el monopolio del poder no se ejerce a partir de un centro hegemónico (partido, élite) que se autoatribuye la autoridad total. La estructura totalitaria aspira al control total de la sociedad civil, a la identificación, por encima de las clases, entre el Estado y la sociedad. Menos aún podría ser catalogado como fascista, categoría histórico-analítica que corresponde a un momento de desarrollo de la gran burguesía financiera, cuya debilidad coyuntural frente al movimiento obrero está dada por un conjunto de condiciones internas e internacionales que está lejos de encontrarse no sólo en Guatemala sino aun en América Latina. El fascismo es la respuesta a esa crisis.

El régimen buscó con posterioridad a 1954 un carácter restaurador que resultó imposible. No hubo retorno al ubiquismo. Pero sus rasgos "contrarevolucionarios" se mantienen. Esa característica está dada en cuanto es una respuesta a un proceso democrático que se interrumpió violentamente. En la experiencia histórica, la interrupción por la fuerza de procesos políticos populares y democráticos que buscaron implantar un modelo que a la postre hubiera alterado los intereses de clase entonces dominantes, da paso inequívocamente a la *dictadura reaccionaria de clase*.

El desafío de 1954 se reeditó en 1964/69, con la insurgencia guerrillera. La dictadura reaccionaria de clase se revistió en la forma de gobierno militar en virtud del cual el Estado hace la defensa de los intereses de clase amenazados. Al prolongarse en el tiempo esta situación, el Estado fácilmente se identifica totalmente con la clase amenazada. Lo que hace el poder estatal es recrear condiciones para que se produzca un nuevo modelo de crecimiento económico protegiendo políticamente el proceso de acumulación de capital y la implantación de una economía capitalista. En la óptica

Cuadro 4

Ejecuciones extrajudiciales
y desaparecidos (1971-78)

Cuerpos no identificados enterrados
en La Verbena
(1966-72)[a]

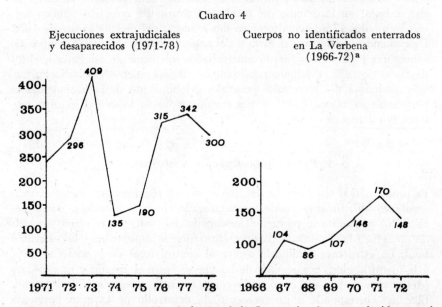

[a] Tomado del documento No. 8 de Amnistía Internacional y reproducido por el Boletín No. 12, de febrero de 1978 por el Consejo Nacional de Paz y Solidaridad, Costa Rica, cuadro 1 y tabla 1, pp. 6 y 13.

inmediata, la que registra el sentido común, esto se percibe como el matrimonio entre militares y empresarios por intermedio del control del gobierno.

La dominación de clase, por la historia previa, aparece como preservante, defensiva; el control del Estado, con apoyo del Ejército, sólo puede hacerse utilizando la fuerza. La violencia se convierte en mecanismo de gobierno cuando el poder adopta ese carácter preventivo. ¿Preventivo de qué? La prevención reaccionaria es por lo general temor a la respuesta popular, a la revolución. Pero se escalona hasta el infinito por el tipo de lógica defensiva que la anima: una huelga, una petición de salarios, una simple demanda estudiantil, una mayoría electoral transitoria, etc., todos estos síntomas de un desafío que *la dictadura reaccionaria de clase* se ve obligada a reprimir.

De otras informaciones puntuales, a manera de ejemplo (por si aún fuera necesario este tipo de argumentación) ratifican el carácter violento de la dictadura reaccionaria de clase que sufre Guatemala. En septiembre de 1972, el entonces diputado René de León Schloter, alto dirigente de la Democracia Cristiana, interpeló públicamente al ministro de Gobernación, Jorge Arenales Catalán, acerca de 315 casos registrados de personas muertas y desaparecidas en los meses de abril-agosto de ese año;[18] se trataba de personas identificadas cuyas condiciones de muerte o desaparición[19] estaban establecidas públicamente en la información periodística. El último día de septiembre de 1971, el diario *El Gráfico* editorializó sobre el año violento que terminaba; según sus propias estadísticas, hubo en esos 12 meses,

Cuadro 5

RITMO DE LA VIOLENCIA EN GUATEMALA

Tipo de hecho	1978 enero/junio	Aumento %	1978 julio/dic.	Aumento %	1979 enero/junio
1. Asesinatos y secuestros	374	35	505*	66	841*
2. Sólo secuestros	59	74	103	—73	76
3. Asesinatos con tortura/ mutilación	72	152	182	65	301

FUENTE: *Noticias de Guatemala*, números correspondientes a las fechas indicadas.
* No es posible dar totales por la calidad de la información recogida.

[18] Carta abierta de R. de León Schloter, en *Correo de Guatemala*, núm. 24, octubre-diciembre de 1972, pp. 4-5.
[19] La condición de *desaparecidos* alude a la situación en que se encuentran las personas secuestradas por más de 24 horas. Después de ese plazo se les considera técnicamente muertas, salvo excepción.

959 muertos y 289 desaparecidos.[20] Los datos de la violencia política, seis años después, no han disminuido. Con apoyo documental, hemos reconstruido el cuadro 5, que complementa las informaciones anteriores. Entre el 27 de agosto y el 1 de septiembre del año en curso, 1979, la prensa guatemalteca reportó 234 muertes violentas, de las cuales 94 aparecieron con señales de tortura y mutilación, 3 cementerios clandestinos y 17 secuestrados.

La naturaleza del régimen político guatemalteco, calificado como una *dictadura reaccionaria de clase*, necesita precisarse más. Es importante, en primer lugar, destacar el papel activo del Ejército, cuya mediación política hace del Estado, al que como institución pertenece, un Estado "militarizado": los militares pasan a ejercer cada vez más funciones civiles en el aparato administrativo: gobernadores de provincia, directores de empresas públicas, diplomáticos, diputados, ministros. Sólo el Poder Judicial escapa, hasta el momento.

La calificación de un "Estado militarizado" debe hacerse con cautela y tal vez sólo para subrayar la *tendencia* creciente a que el personal administrativo del Estado sea militar. El Jefe del Estado Mayor del Ejército, por decisión de este año (1979) controla, registra y decide todos los nombramientos de la burocracia pública, tiene capacidad de convocatoria al nivel de Ministerios y de hecho funciona como un superministro. El actual presidente del Banco de Guatemala, la institución más moderna y más mimada por la burguesía, es militar; la Escuela Militar ha triplicado en los últimos diez años el número de graduados y se ha duplicado el tiempo del servicio militar, que es obligatorio sólo para los campesinos indígenas.

En segundo lugar se debe destacar el papel que el destino reserva para la pequeña burguesía intelectual cuando combinando oportunismo con entrenamiento técnico se convierte en *clase de servicio*. Los pequeños tecnócratas que llenan los cuadros administrativos de la dominación se reclutan en las nuevas capas de las "clases medias", a las que la educación promueve. La *clase de servicio* atribuye a las funciones de gobierno la sensación de que se está promoviendo en la sociedad una mesocracia. Nada más falso. La burocracia, aun la de nivel más alto, no define el sentido final que adquiere la dirección del Estado. Esta función histórica la deciden, aun sin participar físicamente en el manejo público, los intereses burgueses predominantes.

Sin embargo, sin ser la guatemalteca una mesocracia (¿existe en algún sitio?) ha sido importante el papel que realizan a partir de la posguerra

---

[20] No se alude a otra dimensión en que el Ejército aparece desbordándose: Banco del Ejército, el sistema de seguros militares o por ejemplo, las urbanizaciones militares, etc.

los cuadros políticos e intelectuales de origen pequeñoburgués. En Guatemala, la burguesía ya no produce líderes. Su última aparición protagónica la tuvieron, a través del Partido Unionista, en la lucha contra Manuel Estrada Cabrera, en 1920. La manipulación —¡no creación!— ideológica, la acción política, la vida cultural, la encabezan personajes que proceden de las filas de los grupos medios. Los propios militares se reclutan ahí. Hasta donde alcanza la memoria personal, no existe ningún militar con apellido de abolengo. Los hijos de la burguesía cafetalera más poderosa jamás fueron a la academia militar. Ese destino pertenece a los que quieren trepar la pirámide social.

En tercer lugar, lo decisivo resulta entonces establecer instrumento al servicio de qué clase se convierte el Estado en tanto dictadura reaccionaria de *clase*. Las diversas fracciones burguesas del país parecieron juntarse en el momento crítico de la contrarrevolución (1954/55); pero lo que el temor unificó, el mercado inexorablemente dividió y a partir de aquellas fechas son las peleas internas las que mejor explican la inestabilidad a la que nos referimos en la primera parte de esta exposición.

No es cierto que la fracción agrario-exportadora, antes dominante, esté debilitada. Su diferenciación interna se acrecentó notablemente tanto al interior del propio grupo cafetalero como con ocasión de los nuevos productos agrarios de exportación. Sucede, además, que han surgido nuevos sitios para la inversión/reproducción capitalista y, consecuentemente, para la acumulación por ejemplo, en el área industrial y de servicios. El mercado común estimuló el surgimiento de una fracción industrial y comercial cada vez más poderosa. El capital financiero surgió también, reclamando autonomía y control; de hecho, los numerosos bancos y financieras privados controlan las más diversas actividades económicas. Pero el capital financiero es de origen agrario/comercial y se encuentra fundido por ello con algunos de los grupos económicos más importantes. Es entre tales grupos que las peleas y conflictos se establecen.

Existe ahora un sector de recién llegados que se enriquecieron, literalmente hablando, por el tráfico de influencias. No es técnicamente exacto decir que "acumulan" desde el Estado, en tanto la actividad administrativa ni produce valor ni se inserta en el circuito ampliado de la reproducción del capital. Pero el control del gobierno crea condiciones para que la vulgar "coima", el soborno disimulado, el préstamo bancario sin garantía, el negocio de oportunidad y las mil formas que puede adoptar hoy día la corrupción funcionaria, se conviertan a corto plazo en enriquecimiento personal, a veces cuantioso.

La riqueza no siempre se convierte en capital, pero a veces sí. Y en el país hay un grupo de empresarios que han logrado convertirse en capitalistas,

GUATEMALA: Geografía de la violencia

Cadáveres sin
identificación
de lugar (286)

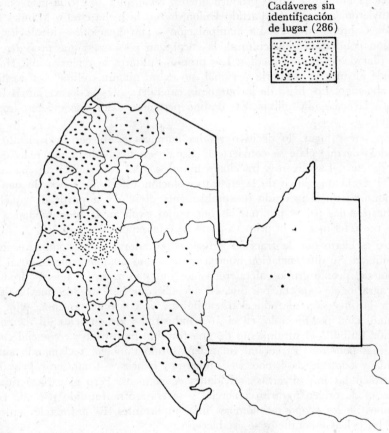

FUENTE: *Noticias de Guatemala,* septiembre 78/junio 1979.
Un punto (●) dos cadáveres.
Total contabilizado: 1.162

agresivos, atropelladores, utilizando los resortes del poder para mejor competir en el mercado.

La otra fuente de conflictos interburgueses radica en la desigual oportunidad con que se accede al capital internacional y, por lo tanto, la mejor ubicación que adquiere cierta inversión industrial, altamente protegida en la carrera por controlar el mercado común regional. Existen pugnas por ello entre la burguesía "vieja", previa al nuevo ciclo de división internacional del trabajo y la "nueva", surgida en el seno de la coyuntura del mercado común. En esta última se cuentan los grupos "mafiosos" a que se aludió en el párrafo anterior, políticos y militares que hacen fortuna valiéndose de medios ilícitos. Las desavenencias surgen constantemente frente a determinadas políticas del Estado, que estando a su servicio, es incapaz de atender al mismo tiempo prioridades contradictorias.

En resumen, la dictadura *reaccionaria de clase* se encuentra al servicio directo y exclusivo de estos sectores, secundariamente contradictorios. El poder así configurado busca por todos los medios controlar al conjunto de la sociedad. Este control no se realiza buscando en primera instancia apoyo, sino que surge como control, *prima facie*, represivo. La naturaleza de un régimen que se apoya en una extendida aplicación de violencia tiene que ser, como el caso guatemalteco lo evidencia, de un marcado carácter antipopular, con un inevitable pluralismo de derecha, que señala límites muy estrechos a la actividad organizada de las masas. No buscan la adhesión activa de las mismas, como sería el caso de un sindicalismo vertical, sino practica la constante desmovilización, la ilegalización de los conflictos sociales.

El Estado protege de esa manera una pseudo modernización capitalista, desde arriba, en provecho de una alianza burguesa en la que el capital norteamericano es decisivo. Se trata en verdad de una coalición reaccionaria, extremadamente conservadora en la que los militares son los ejecutores inmediatos. Este pacto de dominación y muerte es el responsable del clima de terror con que se gobierna en Guatemala hoy día. Se trata de una dominación evidentemente débil por la ausencia de apoyo social, pero capaz por eso mismo de aplicar la fuerza como único recurso de gobierno. En ese caso, la fuerza homicida, sin reserva.

Es en este cuadro de tensiones, conflictos, violencia y muerte que el problema de la democracia burguesa debe considerarse. Sabemos ya que la democracia no es sólo el resultado del desarrollo de las fuerzas productivas; tampoco la presencia mayoritaria de un proletariado 'industrial la determina o garantiza. Como estructura política de relación entre clases, la democracia burguesa es siempre resultado de luchas sociales que terminan por imponerla. La burguesía no la otorga como concesión graciosa ni como característica inherente a su poder de clase. Se construye la convivencia democrática en un proceso siempre inédito.

No siendo la democracia burguesa la única forma del poder capitalista, las luchas por implantarla constituyen hoy día en Centroamérica una de las reivindicaciones más importantes y más subversivas. Las fuerzas populares y el proletariado están experimentando que frente al "estilo" de domina-

ción imperante, las batallas por la democratización de la vida política forman parte de un programa de renovación y progreso social. Forman parte
de las luchas por una sociedad; de la sociedad socialista en que la democracia tiene que ser un riesgo definitorio.

EL ESTADO DE SEGURIDAD NACIONAL EN EL SALVADOR: UN FENÓMENO DE CRISIS HEGEMÓNICA*

Fernando Flores Pinel

1. El problema

Los estudios sobre seguridad nacional como práctica y doctrina política de los establecimientos militares son un tópico de análisis relativamente reciente. Por mucho tiempo se sostuvo que la participación política de los militares era un fenómeno atípico en el contexto latinoamericano que obedecía al caudillismo y a la corrupción de los gobiernos civiles. Esta interpretación estaba condicionada por la aplicación de la ideología liberal, según la cual los militares son apolíticos por definición. Se separaba la esfera de lo político como propia de la civilidad, y la esfera militar como propia de la seguridad nacional por la que los estamentos militares vigilaban.

En esta perspectiva los militares deberían ser apolíticos, estar subordinados a las autoridades gubernamentales legalmente establecidas, y no deliberar sobre los acontecimientos políticos. La esfera de acción político-social hacia el interior era el mantenimiento del orden público, y hacia el exterior el resguardo de la soberanía nacional y la integridad territorial.

La organización gubernamental misma hacía una clara separación entre esas dos esferas. Por una parte los ministerios, ya fueran del interior o de gobernación, se encargaban del orden público interno. Para hacerlo tenían a su servicio los cuerpos de seguridad. Por otra parte la defensa de la soberanía nacional y la integridad territorial corría a cargo de los ministerios de la defensa. Para cumplir con esa finalidad contaban con las fuerzas armadas (marina, ejército y aviación).

La eventual participación de los militares en la vida política era condicionada por los civiles, y en todo caso, su dominio político era considerado hasta por los mismos militares como una desviación del modelo ideal. Los intentos de permanencia continuada en el poder no eran la regla, sino la

---

* Ponencia presentada a la Conferencia Internacional sobre Cooperación y Desarrollo en el Caribe, organizada por el Centro de Estudios Económicos y Sociales del Tercer Mundo en el mes de agosto de 1979.

excepción. Por eso cuando arribaban al poder por golpes de Estado trataban de convocar prontamente a elecciones para transmitir el mando a los civiles. Sus incursiones en la vida política eran, por tanto, esporádicas y temporales.

Sin embargo, el modelo liberal escondió siempre, por razones históricas, una realidad que la doctrina y práctica de la seguridad nacional ha puesto en evidencia, a saber: que el poder político se encuentra basado en última instancia en el uso de la coerción física y la violencia.

En consecuencia, el problema más importante para analizar es encontrar explicaciones a la evidencia histórica de que los institutos militares han desplazado el modelo liberal hacia el modelo de seguridad nacional, acompañando tal desplazamiento con una participación política sin precedentes en la historia latinoamericana. El problema, sin embargo, excede nuestras pretensiones. Nos limitaremos al caso salvadoreño en el área centroamericana, pero recurriendo a todos aquellos ángulos de análisis que aporten algunas soluciones a esta cuestión central.

En todo caso debemos partir de una premisa básica: los institutos militares forman parte de los sistemas políticos porque en ellos el Estado ha depositado siempre el monopolio de la violencia que el poder político demanda. Sin embargo, los establecimientos militares, en la totalidad de la administración pública —instrumento racional y legal para ejercer la dominación y establer la dirección general de las sociedades— eran solamente una entre todas las partes, y su importancia se revelaba sólo en aquellos momentos en que el ejercicio del poder lo requería. El problema está entonces en por qué los militares han trascendido sustancialmente esta función.

2. Perspectiva de análisis

Para abordar el estudio del militarismo como fenómeno político en América Central, y particularmente en El Salvador, es necesario recurrir a las múltiples determinaciones que históricamente lo han configurado. Un enfoque de esta naturaleza implica abandonar por principio dos tipos de reduccionismos:

a) Por una parte, asumir que la fenomenología política que articulan los establecimientos militares no tiene de suyo una autonomía propia, pero tampoco es un fenómeno reflejo de la estructura económica y social mundial, regional y nacional de la cual emergen. Esto significa evitar un reduccionismo ontológico.

b) Por otra parte, postular que el estudio de este fenómeno no queda agotado en los planteamientos de la doctrina de la seguridad nacional. Esto significa que el análisis de la doctrina es necesario para comprender el fenómeno, pero a su vez es obviamente insuficiente. Con esto trataremos de evitar un reduccionismo gnoseológico.

Una manera que consideramos más adecuada para adentrarnos en este problema es verlo a la luz desde tres variables fundamentales:

A. Desde Estados Unidos como potencia capitalista mundial.
B. Desde Centroamérica como región estratétiga.
C. Desde Centroamérica como configuración histórico-política.

A. *Desde* EE.UU. *como potencia capitalista mundial*.

En este punto es importante asumir dos consideraciones básicas.

1º). Partir de que la doctrina de la seguridad nacional es una ideología originalmente norteamericana, y cuyos principios más remotos son el destino manifiesto y la doctrina Monroe.

Estados Unidos, en tanto que una potencia mundial emergente durante el siglo pasado, en tanto que una potencia mundial en ascenso durante la primera mitad de este siglo, y en tanto que una potencia mundial presente y actuante desde 1945, ha remodelado y actualizado permanentemente su ideología sobre seguridad nacional, según las etapas de su propio poder en el contexto mundial.

En consecuencia, uno de los ángulos que nos ayudarán a explir este fenómeno proviene de la importancia y el modo en que EE.UU. define su política exterior hacia el mundo, América Latina y el istmo centroamericano.

2º) Asumir que la política exterior norteamericana no es única ni homogénea. Ella depende de diversos factores decisivos, cuya importancia relativa en las definiciones y toma de decisiones varía en relación a la relevancia histórica de:

a) La importancia estratégica-militar de las regiones en el mundo.
b) Los ciclos de auge y depresión económico-comerciales mundiales y norteamericanos.
c) La amenaza a lo que los equipos gobernantes estadunidenses consideran como los intereses vitales del imperio.
d) La definición por parte del departamento de Estado y la Casa Blanca sobre quién constituye el enemigo principal.
e) Los intereses del capital, sea monopólico tradicional o trasnacional, en el exterior.
f) Los propios problemas políticos internos de la sociedad norteamericana cuando sus vías de solución se vinculan al modo como se con-

duzca la política exterior según regiones, países, gobiernos y grandes aspectos de importancia central: económicos, políticos y militares.

En este ensayo no los analizaremos a todos. Sin embargo, queremos dejar sentado que una explicación amplia del fenómeno asi lo exigiría.

B. *Desde Centroamérica como región estratégica*

Centroamérica y las Antillas tienen para Estados Unidos una doble importancia. La primera de ellas es histórica, es decir, constituyen su zona de influencia más antigua. Prácticamente el Caribe y C. A. fueron las primeras regiones en que EE.UU. desplazó la influencia europea. Podríamos decir que constituyeron los lugares en que por primera vez se historizó la doctrina Monroe.

La segunda de ellas es de índole geopolítica. Esta área del mundo es la que tiene mayor cercanía en la frontera sur de EE.UU., exceptuando a México, por razones que no discutiremos aquí. La importancia de la región aumentó con la construcción del canal de Panamá y el establecimiento del semiprotectorado de la zona.

La importancia caribeño-centroamericana para EE.UU. en relación al resto de América Latina no es tanto económica cuanto estratégico-militar. La presencia de una potencia hostil en las cercanías de EE.UU. no solamente le crea problemas logísticos para su defensa ante un eventual conflicto, sino que también lo obligaría a desviar recursos de primordial importancia en otras áreas del mundo, disminuyendo en conjunto en capacidad militar mundial, por lo menos mientras no se diseñan fuerzas móviles capaces de actuar con igual eficiencia en cualquier lugar del planeta, y no tener necesidades de abastecimiento para su transporte. Esto no significa que el -área caribeño-centroamericana no tenga importancia económica, y el resto de América Latina carezca de importancia estratégico-militar. Pero sí significa que la política exterior norteamericana hacia el Caribe y América Central está prioritariamente condicionada por razones estratégico-militares, y hacia el sur del continente, por razones económico-comerciales.

C. *Desde Centroamérica como configuración histórico-política*

La consecuencia mecánica que se sigue de la influencia predominante de EE.UU. en Centroamérica es que sus regímenes militares son simplemente una imposición desde el exterior. Es cierto que E.U. aporta elementos para su emergencia y mantenimiento, pero es cierto también que las propias situaciones sociales internas contribuyen de manera decisiva a su permanencia y evolución.

No todos los países centroamericanos son iguales, aunque tengan aspectos comunes, y algunas de sus especificidades se asemejan entre sí. No analizaremos a cada uno de ellos, pero nos interesará más adelante diagramar la situación salvadoreña como ángulo importante que contribuye a explicar la modalidad que la doctrina y la práctica de seguridad nacional adquiere en El Salvador.

El punto fundamental aquí es que si bien Centroamérica, y especialmente El Salvador, son países dependientes fundamentalmente de EE.UU., la dependencia tiene límites históricos cuyos contornos los constituyen las propias configuraciones sociales, económicas, políticas y militares internas. La dependencia ha pasado en El Salvador por momentos de deliberación interna entre sus agentes de poder. Estados Unidos no ha podido sin más imponer sus intereses hacia el interior.

De aquí que es importante preguntarse, y a la vez intentar responder, si la práctica de la seguridad nacional en El Salvador es la expresión interna de un fenómeno externo, o si bien está vinculada a procesos relativamente profundos y perdurables cuya naturaleza y raíz está indisolublemente asociada a las estructuras nacionales de poder, y el factor externo solamente opera como una condición, pero no como una determinación.

3. LA DOCTRINA ESTADOUNIDENSE DE LA SEGURIDAD NACIONAL

En principio las cuestiones de seguridad constituyen un problema político, militar y estratégico para cualquier gobierno en cualquier Estado. Todo gobierno y todo Estado busca articular un conjunto de mecanismos ideológicos y prácticos que preserven el modelo de sociedad, y el esquema de valores, que le dan vigencia y viabilidad históricas. En este sentido estamos en un plano generalmente aceptado en torno a la seguridad.

No obstante, esta forma de seguridad adquiere nuevos matices cuando el Estado de que se trata es una gran potencia que está en lucha y competencia con otras grandes potencias. La aceptación de seguridad toma entonces un carácter ya no nacional, sino internacional.

Los equipos dirigentes de las grandes potencias consideran que su política exterior debe promover y resguardar su seguridad como un aspecto sustancial del interés nacional. ¿Qué significa esa salvaguardia de la seguridad? Que la gran potencia tiene primero que adquirir, y más tarde conservar y proteger, una zona de influencia que le permita:

i) Oponerse eficientemente ante eventuales enemigos hostiles.

ii) Adquirir aliados que compartan sustancialmente el modelo de sociedad que la gran potencia promueve.

iii) Establecer alianzas que permitan ayudas complementarias en la defensa de la gran potencia, ya sea en términos estrictamente militares, o económicos y políticos.

3.1. *Etapas de la seguridad nacional*

La seguridad nacional norteamericana ha tenido desde sus orígenes un punto central: reconocer explícitamente que América Latina es una zona de influencia exclusiva para ellos, y que por tanto los intereses norteamericanos y latinoamericanos son una y la misma cosa. En consecuencia cualquier alteración en la vida política, económica, social e ideológica latinoamericana es también una alteración al propio sistema de vida norteamericano. De aquí que Estados Unidos tenga supuestamente derecho de afrontar con múltiples medidas la naturaleza de los desafíos a su "seguridad".

El tronco común de esta concepción es la Doctrina Monroe pronunciada ante el Congreso Norteamericano en 1823 por el presidente James Monroe. La doctrina tiene una finalidad histórica que se ha reactualizado a lo largo del tiempo: impedir que en el continente americano tomen cuerpo intereses europeos. La política de la Santa Alianza para recuperar las colonias perdidas fue su razón inmediata en el siglo pasado. La conciencia de los dirigentes norteamericanos sobre las potencialidades futuras de su país fue la razón más importante para el largo plazo.

Los principios centrales que han pasado a constituir la base ideológica del sistema interamericano como un radio de seguridad se perfilaron en la declaración del presidente Monroe. Ellos son:

a) *La concepción de que Estados Unidos y el continente americano constituyen un único modelo de sociedad.* En los párrafos 7 y 48 de la Doctrina dijo el presidente Monroe:

"... el principio con el que están ligados los derechos e intereses de los EE.UU. es que el continente americano, debido a las condicinoes de libertad e independencia que conquistó y mantiene, no puede ya ser considerado como terreno de una futura colonización por parte de ninguna de las naciones europeas."

"Con los movimientos de este hemisferio estamos por necesidad relacionados en forma más inmediata, y por causas que deberían ser obvias para todos los observadores esclarecidos e imparciales el sistema político de las potencias aliadas es esencialmente distinto del de Norteamérica."

b) *La concepción de que la seguridad de* EE.UU. *y del continente americano —vale decir la protección del modelo de sociedad en todas sus instancias y dimensiones— están indisolublemente vinculadas.* En el párrafo 48 dijo el presidente Monroe:

"... para mantener la pureza y las amistosas relaciones existentes entre EE.UU. y aquellas potencias (europeas) debemos declarar que estamos obligados a considerar todo intento *para extender su sistema a cualquier nación de este hemisferio, como peligroso para nuestra paz y seguridad... no podríamos contemplar ninguna intervención... sino como la manifestación de una disposición hostil hacia* EE.UU." (Las cursivas son mías.)

No hay que olvidar que la Doctrina Monroe no fue una declaración de hegemonía política, sino fue una declaración de prospectiva hegemónica en el plano internacional, y un modo de defensa nacional ante las ambiciones europeas en un momento en que EE.UU. aún no se constituía plenamente como nación.

Las décadas posteriores a 1823 las dedicó primordialmente el Estado norteamericano a constituir las bases de su potencialidad nacional: la unificación del norte con el sur. Es después de que sus grupos dirigentes cumplieron las tareas nacionales básicas, cristalizadas en la guerra de secesión, que el emergente imperio volvió sus ojos sobre América Latina. Su crecimiento económico interno, su dinámico incremento demográfico, y la configuración de su estable sistema político interno, son los factores que posibilitaron la definición de una política latinoamericana de EE.UU.

El 5 de abril de 1888 el periódico neoyorquino *Evening Post* empleó por vez primera la concepción política que guiaría las relaciones norteamericano-latinoamericanas hasta 1939: *el panamericanismo.*

La concepción panamericanista sustentaba la existencia de una comunidad continental de naciones sobre la base de un esquema de valores idénticos: la hermandad espiritual y cultural. No obstante, hacía abstracción de las diferencias económicas, políticas y sociales que entre ellos existían.

La primera guerra mundial le creó a EE.UU. un espacio político por la disminución de la presencia europea en América Latina. Este espacio fue ventajoso para los norteamericanos debido a:

a) La ayuda que prestó a las potencias aliadas y asociadas desde 1917.
b) El endeudamiento de estos países hacia EE.UU.
c) La emergencia de la URSS como un nuevo actor en el escenario europeo.

d) El ascenso de las luchas sociales en Alemania.

e) La emergencia del fascismo italiano y el nazismo alemán.

Estos distintos elementos se conjugaron para que la influencia norteamericana se incrementara en América Latina. No obstante que la crisis capitalista mundial (1929-1933) afectó a Europa Occidental y a EE.UU., por lo que toca a las posibilidades de influencia en América Latina, EE.UU. estaba mejor preparado para enfrentarla en ese terreno.

Entre 1933-1939 Alemania "renació" con el empuje nazi después de su derrota en Versalles. Las nuevas necesidades del capital monopólico alemán, el fracaso de la República de Weimar ante los dictados de Versalles, el revanchismo del pueblo alemán, el nuevo poder de las fuerzas armadas alemanas, aunados a la ideología nazi, llevaron a la segunda guerra mundial. Europa no podría, después de este conflicto, influir preponderantemente en la política internacional. Sus países quedarían reducidos a potencias de segundo y tercer orden. EE.UU. asumiría una mundialización de su política exterior como nunca antes en su historia.

La ruina europeoccidental trajo como corolario la emergencia de la URSS como una potencia de primer orden en el plano mundial.

Las preocupaciones norteamericanas desde la perspectiva de la Doctrina Monroe no habían desaparecido. Muy por el contrario, se habían incrementado. La URSS no sólo era poderosa, sino también había creado un radio de seguridad en Europa Oriental, ante una Europa destruida al occidente, y un Japón derrotado en el oriente. Estas circunstancias históricas hicieron que para EE.UU. resultaran críticos tres aspectos:

1. La política de poder que seguía la burocracia stalinista.

2. El modelo de sociedad soviético sustancialmente diferente al de EE.UU.

3. La ideología anticapitalista de la URSS.

La URSS, por su parte, con un poco confiable sentimiento mesiánico, se proclamó vanguardia de la revolución mundial. EE.UU. comenzó a elaborar una nueva concepción estratégico-militar que bloqueara mundialmente los posibles avances soviéticos. En América Latina los nuevos lineamientos cristalizaron en la seguridad hemisférica.

3.1.1. *La seguridad hemisférica: una expresión de la guerra fría* (1947-1962).

La concepción fundamental de la Doctrina Monroe fue retomada por EE.UU., sin embargo la seguridad hemisférica tenía dos características propias:

1. Una clara definición del agresor extracontinental: el comunismo concretizado en la URSS. La defensa de la libertad americana asumió el carácter de anticomunismo, y el anticomunismo se identificó con antisovietismo.

2. La definición de la seguridad tomó el carácter de seguridad colectiva —muy común en la época—. Según este punto de vista todo aquello que se definiera como agresión contra uno de los países del continente, sería considerado como una agresión contra todos, lo cual creaba la obligación de acudir a su defensa para repeler al agresor. Esta acepción de seguridad quedó definida en el Tratado Interamericano de Asistencia Recíproca firmado en Río de Janeiro en 1947.

Durante este periodo, sin embargo, la noción de seguridad se enmarcaba dentro de los cánones de una guerra clásica o convencional. La seguridad como noción abstracta, y los instrumentos que la hacían valer en la práctica, se encaminaban a protegerse de un enemigo externo de las fronteras nacionales. A las fuerzas armadas se les adjudicaba su función típica de defensa de la soberanía y la integridad territorial.

No obstante, es la concepción de seguridad colectiva la que de suyo llevaba el germen de la intervención en los suntos internos de otros Estados, sustentándose en la acepción jurídica de la legítima defensa individual y colectiva.

Con todo y lo que el TIAR significaba como instrumento político en manos de EE.UU., su potencialidad interventora no se historizó, aunque contribuyó a crear las bases ideológicas que sustentarían la doctrina de la seguridad nacional en manos de las instituciones militares latinoamericanas. Estas bases se crearon mediante dos mecanismos:

i) La asistencia militar norteamericana a las fuerzas armadas latinoamericanas.

ii) La formación ideológica anticomunista de los militares latinoamericanos en las escuelas de entrenamiento norteamericanas.

Sin embargo, entre 1947-1962, el centro fundamental de la guerra fría fue Europa. América Latina vivió el "reflejo" del enfrentamiento norteamericano-soviético, pero no lo asumió como parte de su conflictividad interna. Sin embargo, fue claro que los sectores derechistas de nuestro continente encontraron en el anticomunismo una ideología apropiada para defender sus privilegios, incluso en contra de las transformaciones mismas del propio sistema capitalista.

3.1.2. *Centroamericanización de la guerra fría (1962-1979)*

Estados Unidos ha considerado históricamente a Centro América como un área estratégico-militar de primer orden. Prácticamente desde la guerra hispano-norteamericana en 1898 nunca ninguna potencia extracontinental

amenazó sus intereses. Estas circunstancias condujeron a que la primera
etapa de la guerra fría fuera en realidad un fenómeno lejano que se vivía
por las informaciones periodísticas. Sin embargo, el punto de "intersección"
entre la polarización EE.UU.-URSS con América Latina en general y Centro
América en particular, fue la revolución cubana.

Esta intersección es lo que llamo centroamericanización de la guerra
fría. Entiendo por ella un proceso de crecientes crisis políticas internas en
las cuales los gobiernos, comandados por los estamentos militares, asumen
que ellos representan la democracia y la civilización occidental cristiana,
en contra de todos aquellos otros grupos sociales que de una u otra forma
se oponen al *estatu quo* vigente. Algunos de estos últimos, a su vez, se pro-
claman como vanguardias socialistas o comunistas, que luchan en contra
de la reacción mundial, nacionalmente representada por la alianza oligar-
quía-gobierno norteamericano, alianza que es traducida al plano político
por el estamento militar. Se ha vivido así una lucha maniquea y de cruzada
que no permite la participación de los sectores moderados.

No analizaremos las circunstancias en que el movimiento 26 de julio se
transformó en socialista, pero sí queremos indicar que fue esa transformación la que generó por parte de EE.UU. una redefinición en sus concepciones
de seguridad. La urgencia para definir los nuevos planteamientos se agravó
por la presencia en Cuba de cohetes soviéticos de mediano alcance.

Esta etapa se puede dividir en dos periodos. El primero coincide con la
administración Kennedy, y el segundo se perfila desde la administración
Johnson, pero toma cuerpo con la administración Nixon. En globalidad la
nueva concepción puede quedar abarcada con la "membresía" de *contrainsurgencia*.

3.1.2.1. *Seguridad con desarrollo: el modelo kennediano de seguridad nacional*

En el periodo del gobierno de Kennedy se modificaron sustancialmente los
problemas de seguridad a nivel internacional. El equilibrio nuclear del terror
hizo racionalmente imposible una guerra entre EE.UU. y la URSS. El ataque
externo ya no era una real eventualidad.

Mas sin embargo había surgido un nuevo esquema de conflicto militar:
la lucha guerrillera. Las guerrillas habían creado un estilo nuevo de lucha
que se basaba en criterios diferentes al de la guerra convencional.

La guerra convencional o clásica era —como lo había planteado Von
Clausewitz— la continuación de la política por otros medios. La lucha
guerrillera era, sin embargo, la condensación de la guerra con la política.

Las instancias política y militar se concentraban en una misma estrategia y eran conducidas por un mismo equipo dirigente. Este equipo podía trasladarse con naturalidad de un plano a otro de la lucha.

El modelo guerrillero desvirtuó el esquema liberal de separación entre las esferas política y militar. Por eso la seguridad nacional como doctrina y como práctica, para responder a ese desafío, genera la militarización de la política y la politización de lo militar.

La guerra de Argelia contra el colonialismo francés, la guerra de Viet-Nam y la revolución cubana fueron experiencias de esta naturaleza. El nuevo estilo de lucha bloqueaba fácilmente a las operaciones militares por tres razones:

1. La movilidad de las fuerzas guerrilleras en ataques sorpresivos y relámpago impedían que se enfrascaran en una lucha frontal con las fuerzas armadas regulares.

2. El mimetismo de la infraestructura humana de la guerrilla impedía diferenciar entre un insurgente y un civil (entendiendo por éste aquel que no está vinculado a la lucha). Esto les imposibilitaba a las fuerzas armadas distinguir a un guerrillero de un ciudadano común.

3. La logística guerrillera se caracterizaba por tener como fuente de abastecimiento los mismos materiales y armas del ejército. Esto era posible por las capturas que hacían en sus ataques relámpago.

El *activo principal* que posibilitó a los guerrilleros contar con estas ventajas, a pesar de su desigualdad ante las fuerzas armadas, fue la movilización política. Esta estrategia les permitía contar con apoyo popular, al mismo tiempo que la movilización ilegitimaba a los gobiernos, creándose un círculo vicioso en que los gobiernos se "entrampaban". De aquí que la doctrina de la seguridad nacional haya postulado, ya sea la neutralización o la eliminación de todo tipo de agitación política.

Ante este esquema de conflicto los militares franceses crearon en Argelia la noción de *guerra interna*. Razonaban que el enemigo no se encontraba en el exterior sino en el interior, y para combatirlo era necesario recurrir a todos los rangos y dimensiones del poder nacional en los planos económicos, políticos, sociales e ideológicos.

La administración Kennedy asimiló la experiencia francesa para redefinir sus concepciones de seguridad. La redefinición operó en el sentido de la *represalia flexible*.

Los estrategas norteamericanos consideraron que su excesivo apego a la *represalia masiva*, concentrada en las posibilidades de un ataque nuclear, no sólo se había desvirtuado históricamente por el equilibrio del terror, sino que también disminuía las opciones militares ante los nuevos desafíos. Estas opciones se reducían a lo que consideraban una humillante retirada, o una respuesta nuclear ilimitada. Sin embargo, la *represalia flexible* que proponían no significaba el abandono de la estrategia nuclear, sino su complementación, con renovadas concepciones. Como parte de la *represalia flexible* apareció la *contrainsurgencia*. El modelo se basó en las investigaciones académicas sobre la *morfología de las revoluciones*, es decir, el estudio de las formas que adoptaban los procesos revolucionarios. Estos análisis buscaban responder al cómo, y al por qué ocurren revoluciones.

Las respuestas a estas preguntas debían conducir a las causas de las revoluciones. De ellas se deducía la manera de evitarlas. La forma típica de lograrlo fue la contrainsurgencia. De aquí que por contrainsurgencia hay que entender el conjunto de mecanismos ideológicos y medios operativos que bloquean, impiden, retardan o neutralizan una rebelión insurgente generalizada que sea capaz de modificar drásticamente el orden establecido.

La administración Kennedy comprendió que las más importantes causas de las revoluciones provenían de:

i). La pobreza y miseria socioeconómica de los pueblos latinoamericanos.

ii) La ruptura de las expectativas sociales de importantes núcleos de la población latinoamericana debido a las desigualdades y a la ausencia de participación política en los destinos de sus propios países.

La contrainsurgencia se subsumió como una forma de respuesta-flexible en el contexto de una ideología desarrollista que pretendía atacar simultáneamente las causas de las revoluciones, paralelamente al entrenamiento de las fuerzas locales en tareas contrainsurgentes. Ambos aspectos conformaban las tareas preventivas.

En un plano general esta prevención sustentó la filosofía de la Alianza para el Progreso. Sin embargo, la práctica política de las nuevas concepciones era difícil de realizar, por dos importantes razones:

a) Con la excepción de algunos países como Chile, Uruguay y Costa Rica, el signo más sobresaliente de América era la inestabilidad política.

b) La inestabilidad se sustentaba en parte en la inexistencia de un grupo, o alianza de grupos sociales, lo suficientemente coherentes y compactos para dirigir hegemónicamente la política aliancista con la posibilidad de neutralizar simultáneamente las protestas de la derecha, por lo que el proyecto tenía de reformista, y los ataques de la izquierda, por lo que tenía de contrarrevolucionario.

Ante estos problemas los estrategos, ideólogos y políticos norteamericanos creyeron encontrar una alternativa viable en los institutos militares latinoamericanos para que se configuraran como un grupo político dirigente y gestor directo de la administración estatal. Las razones que normaron este criterio fueron las siguientes:

1. Los establecimientos militares constituían una corporación disciplinada que por su coherencia de cuerpo evitaría las luchas intestinas al interior del equipo gobernante.

2. Los valores políticos de los miembros de las fuerzas armadas eran supuestamente favorables a la modernización porque socialmente no provenían ni de las clases altas, ni de las clases subordinadas, sino que pertenecían a las clases medias, cuyos patrones de conducta eran favorables al cambio sin revolución.

Por estos problemas y por estas razones delegó en el establecimiento militar, sobre todo en Centro América, la dirección del proyecto de la Alianza para el Progreso. El modo como los institutos militares se agenciarían en el proceso el apoyo popular sería mediante la acción cívica militar. Ésta pretendía emplear a las fuerzas armadas locales en planes sectoriales que fueran útiles para la población en campos tales como la educación, infraestructura vial, agricultura, salud, etc. El agenciarse de este modo el apoyo del pueblo debería teóricamente conducir al bloqueo de todo tipo de propaganda y acción insurgentes.

En esta concepción kennediana la seguridad se identificaba con el desarrollo. La seguridad no era solamente un fenómeno militar, sino también un fenómeno económico-social. En la *Esencia de la Seguridad* decía el Sr. McNamara, principal ideólogo gubernamental de esta vertiente, que:

> *...la seguridad no es la fuerza militar, aunque pueda incluirla, la seguridad no es la actividad militar tradicional, aunque puede abarcarla. La seguridad es desarrollo y sin desarrollo no puede haber seguridad.* (Las cursivas son nuestras.)

¿Cómo vinculaba el Sr. McNamara seguridad con desarrollo? Decía que el "desarrollo significa progreso económico, social y político. Significa un estándar de vida razonable, y razonable en este contexto requiere una continua redefinición. Lo que es razonable en un estado inicial, no es razonable en otra etapa subsecuente. Conforme progresa el desarrollo, también la seguridad progresa... *Todo fracaso en realizar dolorosas pero esenciales reformas conduce, inevitablemente, a la violencia revolucionaria, que es más dolorosa.*" (Las cursivas son nuestras.)

El asesinato del presidente Kennedy; la crisis capitalista mundial que se anunciaba desde 1968; el triunfo del presidente Nixon acompañado de la visión kissingeriana de la política internacional; el reaparecimiento de las rivalidades al interior del mundo occidental con la ruptura de la indiscutida hegemonía norteamericana; el recrudecimiento del conflicto chino-soviético; el desplazamiento de la lucha revolucionaria auspiciada por Moscú hacia África, acompañada de la moderación cubana hacia América Latina, fueron todos ellos factores que con diferencias de intensidad y tiempo, contribuyeron a conformar una situación histórica favorable para el cambio del modelo kennediano por el modelo nixoniano de seguridad nacional.

3.1.2.2. *Seguridad nacional sin desarrollo: el modelo nixoniano de seguridad nacional*

El modelo kennediano identificaba las causas de las revoluciones en el plano económico-social. El modelo nixoniano las sitúa en un plano eminentemente subversivo. Las amenazas al modelo de sociedad vigente provenían de la disposición de pequeños grupos terroristas para luchar por un cambio violento del *statu quo*.

Esta "propensión subversiva" no se entendía como vinculada a la estructura socioeconómica e histórico-política, sino que se la hacía derivar de causas patológicas sicosociales. Por tanto, por subversión se entendía una *sintomatología histórica* causada por agentes sociales patógenos. En esta visión los fundamentos organicistas de la seguridad nacional se hacen evidentes. De aquí que la prevención de los procesos revolucionarios (la seguridad) debía lograrse por mecanismos exclusivamente policiacos y de espionaje. La práctica de la doctrina asumió el carácter de una técnica que controla o elimina el comportamiento rebelde e insurgente.

En la visión nixoniana la seguridad nacional se encaminaba a controlar y eliminar los conflictos, y nunca a subsumir (o asimilar) el conflicto en un proceso de juego político en que las demandas, exigencias y satisfacciones entre los agentes de poder condujeran a su neutralización.

La renovada concepción sobre las causas y mecanismos de prevención aportó a la doctrina de la seguridad nacional verdaderos perfiles autoritarios y totalitarios. Autoritarios porque erige como principio político básico que norma las relaciones políticas, la sumisión incondicional a la autoridad y la aceptación de las imposiciones arbitrarias. Totalitarios porque la doctrina justifica un dominio completo del Estado sobre todos los grupos sociales, especialmente la de aquellos que se le oponen, cualquiera sea su naturaleza histórica.

La consecuencia práctica ha sido que las formulaciones doctrinarias estimularon la emergencia de un tipo de Estado que pretende subordinar todas las instituciones sociales a su autoridad, y todos los actos que de ellas derivan.

En esta vertiente la doctrina se caracteriza por observar un manejo amplio de todas las variables que constituyen la totalidad social, privilegiando en su perspectiva un punto de vista eminentemente militar sobre la sociedad civil.

Estos planteamientos de la visión nixoniana, aunados a la eliminación del reformismo kennediano, han proporcionado a los establecimientos militares las herramientas ideológicas para concebirse a sí mismos como los depositarios últimos de la nación en razón de su lucha antisubversiva.

Con estas bases ideológicas las fuerzas armadas se han redefinido políticamente agenciándose un nuevo rol social que supuestamente debe coincidir con que ellas son las garantía suprema de la unidad nacional, ya que se constituyen en "una corporación mesiánica" por encima de las divisiones internas de la sociedad civil.

Estas consecuencias ideológicas justifican en principio romper con un sistema político primordialmente conducido por civiles y a su vez sirve de plataforma, una vez que han ganado el poder, para reproducir las condiciones propicias de un *casus belli* interno que exige su permanencia en la dirección central del Estado.

Su permanencia en el poder desde la perspectiva de la doctrina no es finita, sino prácticamente infinita, porque conlleva un proyecto histórico que no puede cumplirse en el corto plazo, ni quizás nunca, por la imposibilidad, históricamente demostrada, de homogeneizar y eliminar los conflictos al interior de las sociedades.

4. Seguridad nacional y crisis pública en El Salvador
(1932-1979)

La ideología de la seguridad nacional no se ha traducido mecánicamente como práctica política en El Salvador. La centroamericanización de la guerra fría fue una condición necesaria, pero no suficiente, para que el estamento militar se haya configurado como un grupo políticamente dominante, en la medida en que controla directamente la gestión administrativa del Estado.

El establecimiento militar salvadoreño encontró condiciones internas favorables para asumir un rol específicamente político. Entre estas condiciones tenemos: la rebelión de 1932, el proyecto industrialista de la década de los cincuentas, el mercado común centroamericano y la crisis de hegemonía a partir de 1972.

4.1 *La rebelión de 1932*

La introducción del cultivo del café y la demanda de ese producto en el mercado internacional, llevó en las últimas décadas del siglo pasado al enriquecimiento de un grupo social que se le conoce como oligarquía cafetalera. Este grupo promovió una reforma agraria valiéndose de tierras ejidales, comunales y estatales, que constituyeron la base del gran latifundio.

Desde 1870 hasta 1931 prácticamente la oligarquía cafetalera, o personeros nacionales importantes que representaban sus intereses, ocuparon los puestos políticos clave.

En el proceso, El Salvador se fue constituyendo en país monoexportador. La dinamicidad de su economía interna dependía fundamentalmente de los precios del café en el mercado mundial. La crisis capitalista de 1929-1933 afectó sustancialmente el aparato productivo interno, y creó un creciente malestar social. No obstante, no fue la crisis mundial sin más la que condujo a la rebelión de 1932. Aquí hay que considerar situaciones internas que facilitaron la irrupción del conflicto. Entre ellas:

a) Desde 1927 a 1931 fue presidente Pío Romero Bosque. Su periodo presidencial se caracterizó por la liberalidad, y haber permitido las únicas elecciones auténticamente libres que se han producido desde esa fecha hasta hoy.

En las elecciones triunfó Arturo Araujo, un miembro también de la oligarquía; pero había realizado sus estudios en Inglaterra. Allí asumió una ideología semisocialista basada en el laborismo inglés. Su propaganda presidencial fue orientada por Alberto Masferrer, un filósofo salvadoreño, proclamador de la doctrina del mínimum vital. Según esta doctrina todos los salvadoreños, sin excepción alguna, tenían el derecho a un stándar mínimo de vida. Ese stándar incluía su vivienda, su nutrición, su salud, su educación, sus salarios, etc.

Araujo prometió en su campaña garantizar esas condiciones mínimum vitalistas. Las promesas generaron expectativas en amplios sectores de la población, incluido el campesinado. No obstante, la satisfacción de las necesidades sociales a ese nivel, era un patrón de vida que no contemplaba el sistema socioeconómico comandado por la oligarquía. La imposibilidad de satisfacción se vio agravada por los efectos de la crisis mundial al interior de la economía nacional. A esto hay que agregar la imposibilidad del Estado para articular mediaciones entre las demandas sociales, y la resistencia para satisfacerlas. Incluso el presidente Araujo carecía de la experiencia y habilidad políticas que las circunstancias requerían.

Simultáneamente a la crisis de expectativas generada por el efímero gobierno de Arturo Araujo, las libertades políticas que permitió su antecesor (Pío Romero Bosque) posibilitaron el proselitismo del Partido Comunista Salvadoreño que, ante las circunstancias prevalecientes, pensó en las posibilidades de una rebelión popular generalizada.

b) El sistema de opresión nacional tenía también raíces culturo-raciales.

En el occidente del país (teatro principal de la rebelión) la exclusión económica se sustentaba también en las diferencias entre indígenas y ladinos. Correlativamente tendían a ser más explotadós los indígenas que los ladinos, e incluso algunos ladinos eran también explotadores. En consecuencia el levantamiento estuvo condicionado por el resentimiento de los indígenas ante la discriminación que contra ellos ejercían los ladinos.

c) La oligarquía reaccionó ante los problemas buscando reprimir el descontento. Ha sido una tendencia que ha prevalecido hasta hoy. No intentó en ningún momento articular una estrategia política de solución pacífica.

En estas circunstancias aprobó el golpe de Estado de 1931 que efectuó el vicepresidente de Araujo, general Maximiliano Hernández Martínez. Desde entonces se inició la participación política de los militares.

El general Hernández Martínez gobernó en forma dictatorial hasta 1944. Sin embargo, el tipo de militarismo que encabezó, se caracterizaba por su alianza con la oligarquía cafetalera, y carecía de la noción de cuerpo político orgánico que poseen los gobiernos de seguridad nacional.

Es necesario hacer hincapié en que tanto los gobiernos como los sectores oligárquicos imputaron al Partido Comunista la responsabilidad exclusiva del levantamiento. Se generó desde entonces una latente pero creciente conciencia social anticomunista en ciertos grupos de clase alta, en el estamento militar, y en la incipiente clase media. De aquí que el anticomunismo de la centroamericanización de la guerra fría encontró un terreno propicio en el que confirmó los temores que venían de décadas anteriores.

4.2. *Proyecto industrialista*

En 1944 fue derrocado por una huelga general el presidente Hernández Martínez. Las causas de este conflicto fueron las siguientes:

a) La prolongada dictadura que se conoce generalmente como "el martinato".

b) Las manifiestas preferencias nazi-fascistas del gobierno que no concordaban con la ideología estadounidense en las postrimerías de la segunda guerra mundial.

c) El nuevo proyecto económico mundial que encabezaba EE.UU. ante el reordenamiento capitalista de la postguerra.

d) La emergencia de una clase media profesional e intelectual antidictadura que pretendía participar ampliamente en la vida política.

e) El generalizado descontento popular por las arbitrariedades de la dictadura.

Sectores jóvenes del ejército se alían con grupos profesionales de clase media para encabezar un nuevo pacto social que quedó plasmado en la constitución política de 1950. Para lograrlo, el sector joven de las fuerzas armadas encabezó un proyecto de industrialización, en el que el Estado agrandó su radio de acción en la vida conómica, creando un conjunto de instituciones que promovían la empresa privada con un sentido social.

No obstante, el instituto militar salvadoreño participó no con fines temporales, sino con el objetivo de permanecer en el poder político. Desde entonces la normatividad política que determina el relevo en los mandos estatales ha ido trasladando cada vez más su centro de gravedad al interior de la corporación militar.

Se configuró desde entonces un axioma de poder que, exceptuando una revolución violenta, hace imposible cualquier cambio en el país, tanto en sentido progresista como represivo, si no es con la participación de las fuerzas armadas.

Para garantizar su supervivencia como clase gobernante, las fuerzas armadas pasaron a participar en tanto que corporación, en luchas electorales. Con ese objetivo crearon su propio instrumento político que es el partido oficial. De 1950 a 1960 este partido tuvo el nombre de PRUD (Partido Revolucionario de Unificación Democrática). De 1962 hasta la fecha, el partido se llama Partido de Conciliación Nacional (PCN).

En este sentido, las fuerzas armadas salvadoreñas son únicas en el continente americano, porque han logrado institucionalizar a través del partido y mediante promociones de la escuela militar, una participación política. Es obvio que el costo social de esta participación ha sido alto, pero ello no desdice que se han institucionalizado al interior de la estructura nacional de poder.

No discutiremos aquí el proyecto industrialista de Osorio, pero es importante señalar que estableció:

1. Las bases que servirían de plataforma a la participación salvadoreña en el Mercado Común Centroamericano.
2. Una incipiente asociación política entre el estamento militar y grupos sociales que se orientaban primordialmente a la industria. Esta asociación fue el respaldo más importante a una relativa estabilidad política desde 1962 hasta 1972.

El segundo gobierno del PRUD terminó en 1960, dos años antes de finalizar el periodo (1956-1962), en un golpe de Estado. Este golpe coincidió con el ascenso de la revolución cubana, la posición progresista de la Junta de Gobierno que asumió el poder y la ausencia de una sólida alianza política que la respaldara, condujo a un segundo golpe de Estado en 1961. En su proclama nacional, el nuevo directorio (dos civiles y tres militares) estableció los fundamentos ideológicos de la seguridad nacional en El Salvador. Ésta coincidía sustancialmente con la visión kennediana.

4.3. *Mercado Común Centroamericano (1961-1969)*

Las relaciones comerciales bilaterales centroamericanas, que venían funcionando desde la década anterior, cristalizaron en 1961 con la firma del Tratado de Managua o Tratado General de Integración Económica Centroamericana.

Este periodo se caracteriza políticamente por los siguientes fenómenos:

a) La rearticulación del partido oficial (PRUD) en el PCN. Este instrumento político renovado era la consecuencia de:

i) La expresión, en El Salvador, de la Alianza para el Progreso, por lo que ésta tenía de aperturismo democrático.

ii) El reacomodo de las fuerzas armadas ante las nuevas circunstancias para preservar su control sobre la dirección política del país.

iii) La posición de los grupos sociales, primordialmente industrialistas, para provocar una estabilidad política que garantizara una eficiente participación en el proyecto de integración económica.

El Salvador comenzó a participar en forma creciente y ventajosa en el Mercado Común. Esto permitió que el capital nacional-progresista generara cada vez más influencia en el gobierno. Por su parte, los sectores terratenientes estaban políticamente tranquilos porque un número apreciable de campesinos encontraba en Honduras una válvula de escape a sus difíciles problemas socioeconómicos.

En términos políticos el efecto del proyecto integracionista puede evaluarse con las siguientes facetas:

1o. La integración económica era una parte del proyecto desarrollista norteamericano, en la globalidad de la Alianza para el Progreso, que tenía por finalidad garantizar la seguridad con desarrollo. El auge de los grupos modernizantes, tanto de la empresa privada como de las fuerzas armadas, supuestamente era un "muro de contención" ante un eventual contagio revolucionario a la cubana.

2o. El Mercado Común creó condiciones propicias en ese contexto histórico para favorecer, aunque no promover, una apertura política nacional que se caracterizó por una *democracia restringida,* cuyos aspectos más relevantes fueron:

a) La emergencia de nuevos partidos políticos de oposición o bien viejos partidos ideológica y socialmente redefinidos. Como ejemplos del primer caso tenemos al Partido Demócrata Cristiano (PDC), y como ejemplo del segundo al PAR (Partido de Acción Renovadora Nueva Línea).

b) El triunfo de la oposición en municipalidades importantes (entre ellas la alcaldía de San Salvador), y en curules de la asamblea legislativa, lo que generó contrapesos políticos al gobierno.

c) La relativa libertad ideológica (relativa porque la ideología marxista no era aceptada por el gobierno en el esquema político) que prevaleció en esos años, el proselitismo en los periodos de elecciones, y la propaganda política a nivel nacional, produjo un proceso de generalizada politización en el pueblo salvadoreño. Este proceso comenzó a cubrir, sobre todo con el PAR Nueva Línea, al campesinado, que desde 1932 había tenido un adormecimiento político.

Sin embargo, el Mercado Común Centroamericano generó también una serie de tensiones y dilemas que no se habían presentado en años anteriores. Entre ellas tenemos las siguientes:

a) Los sectores terratenientes salvadoreños consideraban nociva la competencia hondureña en productos agrícolas y materias primas. No obstante, los sectores modernizantes que se favorecían con el esquema no estaban de acuerdo con el punto de vista de la oligarquía.

b) Los industriales hondureños se sentían perjudicados con el proyecto integracionista. Su aparato industrial, relativamente menos eficiente que el salvadoreño y el guatemalteco, quedaba en condiciones de desigualdad en el esquema económico. Sin embargo, sus problemas se recrudecieron con El Salvador por la emigración a Honduras y la indefinición de fronteras entre los dos países.

En todo caso el esquema integracionista se rompió en 1969 con la guerra honduro-salvadoreña. El esquema de seguridad nacional con desarrollo se había agotado por los continuos problemas al interior del área centroamericana. No obstante, paralelamente se había generado un proceso de "integración militar" con la creación del Consejo de Defensa Centroamericana, que constituía una alianza entre los estamentos militares de la región, promovido por el gobierno norteamericano como parte de su estrategia contrainsurgente.

No me detendré en el CONDECA porque será objeto de la siguiente charla. Pero es necesario señalar que esta organización reforzó la posición política de los militares en la región porque entre otras cosas, tenía posibilidades de intervenir en ayuda de los gobiernos amigos, cuando surgiera la eventualidad de una insurrección "comunista".

La calificación de "comunista" podía ser adjudicada en forma *ad-hoc*, si así convenía a los establecimientos militares del área que con el CONDECA reforzaron su sentido ideológico de cuerpo político.

La etapa de seguridad nacional con desarrollo, vista desde la perspectiva del Mercado Común Centroamericano, produjo tres importantes efectos:

1. Confirmó a los militares en su misión mesiánica de defensa de la libertad, lo cual en términos de poder significaba entregar en sus manos el comando político del istmo.

2. Creó las bases de un conflicto no-antagónico, pero sí importante, entrte sectores de la burguesía industrial y grupos de la oligarquía terrateniente. Este conflicto aún no se ha resuelto en El Salvador.

3. La relativa apertura democrática restringida del modelo en su totalidad ocultó, por esas manifestaciones, el germen de una crisis social latente que posibilitó un estilo de seguridad nacional sin desarrollo.

En el caso salvadoreño el quiebre del Mercado Común Centroamericano en 1969 tiene una gran importancia en las crisis políticas recientes. La fuente principal de acumulación de capital en los sectores industriales, se vio interrumpida. A falta de reformas estructurales internas que modificaran el estilo de capitalismo agrario, el Mercado Común constituía una alternativa sucedánea para el crecimiento industrial. Esto sin incluir el decremento de las inversiones privadas, los efectos sociales por la paralización de algunas industrias y el retorno de miles de campesinos salvadoreños que vivían en Honduras.

El efecto político más importante de este fenómeno fue que la influencia que los sectores modernizantes tenían en el Estado comenzó a disminuir, trasladándose a un segundo plano y reactivando la influencia de los grupos oligárquicos terratenientes. Esta influencia se inició con las presiones para que El Salvador invadiera Honduras y llegó a su clímax con el bloqueo total a un intento de transformación agraria en 1976.

4.4. Crisis de hegemonía

Desde el levantamiento campesino de 1932 la oligarquía terrateniente pierde capacidad hegemónica en el sistema político. Esta deficiencia oligárquica se manifestó inicialmente por la pérdida de puestos importantes en el aparato administrativo del Estado, incluyendo la presidencia de la República. Esta etapa duró hasta 1950.

Desde el primer proyecto industrialista del PRUD estos déficit políticos se acentuaron. La oligarquía cafetalera fue perdiendo, cada vez más, la capacidad social de articular un proyecto histórico propio que le permitiera representar los intereses generales de la nación, más allá de las divisiones socioeconómicas y sociopolíticas internas.

Paulatina, pero crecientemente, se fue volviendo cada vez menos flexible para responder a los desafíos que los cambios históricos planteaban. Su ideología fue deviniendo crecientemente en la obsolecencia. Perdió su capacidad para reacomodarse y reacomodar las fuerzas políticas y sociales internas, en un esquema ideológicamente aceptable, socialmente renovador, económicamente eficiente y políticamente posible.

Esto generó un espacio político caracterizado por la existencia de vacíos de poder que ni la oligarquía, ni ningún otro grupo social era capaz de llenar. Simultáneamente a esta crisis hegemónica, antecedida por la historia de participación política castrense y reactivada doctrinariamente por la seguridad nacional, el establecimiento militar salvadoreño pudo colocarse en el espacio político como un garante del *statu quo*.

No debe quedar, sin embargo, la impresión de un proceso unívoco y lineal. Si bien no podremos concentrar ni captar en toda su riqueza al movimiento histórico, es necesario hacer algunas precisiones importantes.

En primer lugar la crisis de hegemonía no ha significado aún la crisis del poder oligárquico, porque si bien la oligarquía terrateniente no puede imponer consensualmente un proyecto histórico, este obstáculo no se traduce en la incapacidad para lograr una influencia preponderante en la burocracia político-militar, sobre todo cuando los grupos sociales modernizantes han disminuido su peso en el panorama político. No es una crisis de hegemonía a secas. Es una crisis que se manifiesta como ilegítima pero que simultáneamente se acompaña de un enorme control político sobre la generalidad de la población.

En segundo lugar, la crisis de hegemonía oligárquica no se traduce en autónoma sobredeterminación militar en la dirección política. No es un vacío que un poder deja para ser llenado por otro. Más bien el fenómeno se perfila como un vacío de poder que llena el estamento militar con conciencia de grupo corporativo que tiene intereses propios, pero necesariamente vinculados a los grupos sociales en crisis. La crisis misma posibilita que la autonomía sea mayor y en esa medida el estamento militar se configura como un grupo de suyo poderoso, pero con un poder socialmente contextual.

Para comprender la naturaleza de este fenómeno es necesario recurrir a las situaciones que históricamente lo configuran.

1o. *El fraude electoral de 1972*

El abandono de la seguridad nacional con desarrollo por parte de Estados Unidos, la ruptura del Mercado Común Centroamericano y la renovada influencia terrateniente en el gobierno, dejó "huérfanos" a los grupos sociales modernizantes. No obstante, el ascendente popular que ganaron los partidos de oposición se incrementó.

El partido oficial nunca necesitó, para ganar las elecciones, de fraudes "descarados", incluso en 1967 el PCN ganó las elecciones en forma relativamente limpia.

Sin embargo, para las elecciones de 1972 las cosas fueron distintas. Aquí hay varias razones:

i) El campesinado, reducto exclusivo de los partidos oficiales, había sido minado por la propaganda política de oposición.

ii) Los tres partidos de oposición —uno de tendencia social cristiana (PDC), otro de perfiles socialdemócratas (MNR, Movimiento Nacional Revolucionario) y un tercero de orientación marxista (UDN, Unión Democrática Nacionalista)— se unificaron para esas elecciones en una alianza política, que pensaba seguir la estrategia de la Unidad Popular chilena.[1] El nuevo partido se llamó Unión Nacional Opositora.

La oposición triunfó en las elecciones, pero su victoria le fue arrebatada fraudulentamente por el partido oficial. La unificación de la clientela electoral oposicionista determinó los resultados.

No obstante, el fraude electoral fue suficiente demostración para los sectores radicalizados de la izquierda (izquierda no necesariamente marxista en sus orígenes), de que la vía electoral era un medio inútil y obsoleto para promover cambios sociopolíticos y socioeconómicos. El único camino en esa perspectiva era la lucha armada y violenta, en un esquema de guerra popular prolongada.

Haciendo abstracción de otros aspectos, aquí se encuentra el origen de los movimientos guerrilleros en El Salvador. Lo importante del fenómeno es que por primera vez surgió en el país aquello que la doctrina de la seguridad nacional quería evitar. Al mismo tiempo, el fenómeno coincidió en su emergencia con la primacía en el gobierno norteamericano de la visión nixoniana de la seguridad nacional. Pero esto no determinó automáticamente para que esta visión prevaleciera.

El gobierno oficial surgido del fraude (1972-1977) pretendió legitimarse en 1976 con un proyecto de transformación agraria. Proyecto que estaba más cercano de la visión kennediana que de la nixoniana, por lo que toca a la seguridad nacional. El mismo gobierno norteamericano promovió el proyecto, porque comprendió que era necesario, no sólo para la etapa transnacional del capital internacional,[2] sino también para evitar un estallido revolucionario.

A pesar de esto, la oligarquía terrateniente, mediante la influencia que

---

[1] En substancia los modelos de alianza política son diferentes, porque en El Salvador la hegemonía estaba en manos de la democracia cristiana.

[2] El Salvador ha sido el país menos penetrado por el capital extranjero transnacional, y la modificación en las relaciones socioeconómicas internas podría favorecer su introyección.

había ganado en el Estado desde 1969 y la debilidad de los grupos modernizantes, pudo lograr a última hora un proceso de solidaridad clasista, basándose en la idea de que si se permitían las expropiaciones en el agro, más tarde el Estado invadiría también los otros sectores de la economía nacional: la banca, el comercio y la industria.

El descontento político que produjo el fraude electoral, aunado a la carencia de un apoyo popular de base para el gobierno, condujo a la nulificación de la transformación agraria.

2o. *El fraude electoral de 1977*

La crisis interna no se solucionó, se agravó en todos los órdenes. Políticamente el Estado inició una alianza con el capitalismo agrario. Para mantenerlo intacto encontró que una fórmula adecuada era la práctica y la doctrina de la seguridad nacional en su versión nixoniana.

Desde entonces el proceso político se ha caracterizado por:

a) Las posiciones superiores del gobierno, sobre todo en su rama ejecutiva, han sido ocupadas casi plenamente por las fuerzas armadas.

b) Se ha generado un proceso de enorme exclusión política por lo que toca a los canales de acceso al Estado, para todo ciudadano, grupo o institución social, que no concuerde con la dirección política nacional y el tipo de estructura social prevaleciente.

c) El Estado ha tendido a despolitizar la vida nacional, aduciendo que las decisiones políticas son esencialmente decisiones técnicas.

d) Ley y orden se han constituido en el esquema inmutable que ha normado la práctica político-gubernamental en los últimos años.

A fines del gobierno anterior (1976) estas características eran ya importantes. Sin embargo, en las elecciones de 1977 la coalición Unión Nacional Opositora se presentó nuevamente a elecciones presidenciales. Por segunda vez consecutiva obtuvo el triunfo y también por segunda vez el gobierno le negó la victoria. Esto no hizo sino agravar la crisis. El movimiento popular y la lucha guerrillera se recrudecieron. El nuevo gobierno, atado como está, ha sido incapaz de cambiar el rumbo. Desde entonces, los partidos políticos legalmente constituidos han entrado prácticamente en receso. Los grupos propiamente de izquierda se han dividido, tanto por lo que toca a sus organizaciones populares, como por lo que se refiere a sus frentes guerrilleros. El movimiento obrero, a pesar de algunas luchas importantes, ha sido neutralizado. La pluralidad ideológico-política se ha desvanecido en una sorda pero explosiva resistencia social.

Los problemas nacionales en los últimos años no han sido tratados ni con sentido ni con oportunidad política, sino en términos casi exclusivamente policiacos. Ante el panorama en el que toda mediación política resulta ineficaz, los intentos más importantes de solución han provenido de:

i) Los sectores progresistas laicos y religiosos de la Iglesia Católica. Estos grupos intentan evitar un derramamiento de sangre, de incalculables consecuencias, mediante los siguientes mecanismos:

1. Promover la solución justa y efectiva de las demandas populares.
2. Sugerir al gobierno esquemas políticos de solución racional y pacífica.
3. Censurar todo tipo de violencia en contra de los derechos fundamentales de la persona humana.
4. Plantear modelos de redistribución económica para ir solucionando las graves desigualdades sociales.

ii) El gobierno norteamericano desde el ascenso del presidente Carter ha presionado por el respeto a los derechos humanos y por una solución política de democracia restringida, que incluya a todos los partidos de oposición. En este sentido parece que el gobierno Carter regresa, a través de la doctrina de los derechos humanos, a ciertos aspectos de la visión kennediana de la seguridad nacional.

5. Consideraciones finales

El estado de seguridad nacional en El Salvador no obedece, como ha ocurrido en otros países latinoamericanos, sobre todo en el cono sur, a una desnacionalización y deslocalización de las economías nacionales, en función de la internacionalización de la producción en la fase transnacional del capital. Más bien el modo que ha adquirido el estado de seguridad nacional se opone a que ese proceso llegue plenamente a El Salvador.

La seguridad nacional como práctica y doctrina internacional que ha protegido los intereses norteamericanos en el mundo, ante los desafíos soviéticos, ha sido una condición necesaria para ofrecer un modelo de Estado en El Salvador, pero con un contenido histórico sustancialmente diferente. Las formulaciones ideológicas y las prácticas políticas se parecen a las de otros estados latinoamericanos de seguridad nacional. Sin embargo, el contenido concreto que le da significado histórico específico de la modalidad salvadoreña de organización política.

En general podríamos decir que el estado de seguridad nacional en El Salvador se caracteriza por:

a) La conciencia de grupo que ha adquirido el estamento militar en su largo proceso de participación política. Constituye el embrión de una nueva forma de organización estatal, pero esa nueva modalidad organizacional no está primordialmente en función de la capital transnacional, sino en función hasta el momento de los sectores terratenientes.

b) Las fuerzas armadas han asumido el carácter de una nueva clase política que tiene conciencia de su peso específico en la estructura nacional del poder. No están dispuestas a abandonarlo, pero el nivel de institucionalización política que ha logrado, puede permitirles redefinir rumbos quebrando su alianza con la oligarquía. La gestión directa que tienen en la administración estatal, constituye el aspecto más importante a su favor.

c) Hasta el momento, el estado de seguridad nacional no obedece a ningún proyecto ideológica y estructuralmente realista. Su existencia se debe a que, no obstante estas debilidades, se ha enraizado profundamente en el corazón mismo del sistema político.

d) El tipo de dominación desnuda, es decir, con ausencia de mediaciones, se debe primordialmente a un cambio en la estructura del bloque influyente en el Estado, cambio que ha operado en favor de la fracción más retardataria del capital.

HONDURAS: SITUACIÓN ACTUAL Y PERSPECTIVAS POLÍTICAS

Gustavo Adolfo Aguilar B.

Introducción

Las violentas revueltas de las tres primeras décadas de este siglo, que caracterizaron la vida política y social de Honduras, han sido transformadas en una "calma" y "tranquilidad" basadas en la imposición militar. Aquélla y ésta no son más que elementos de una misma estrategia: la estrategia imperialista que ha conformado, en gran medida, las singularidades que diferencian las estructuras sociales de los países centroamericanos.

Actualmente, los acontecimientos cercanos de Nicaragua y El Salvador y los síntomas de tempestad de Guatemala, han hecho más notoria la contradicción entre explotadores y explotados, entre burguesía y masas obreras y campesinas pobres, en Honduras.

Esos acontecimientos han despertado, por un lado, las esperanzas de liberación de las masas irredentas: "Éstas son cada vez más conscientes de que sus conflictos de clase tienen una dimensión que rebasa las fronteras nacionales, para identificarse cada vez más con la lucha que los pueblos libran contra el imperialismo"[1] y por otro, han inducido a la unidad de la burguesía agraria, comercial e industrial, apoyada por la alta jerarquía del aparato gubernamental y bajo la hegemonía de las compañías transnacionales.

Es indudable que los procesos en los otros países centroamericanos tendrán una gran influencia en Honduras, pero que el desarrollo de las contradicciones internas y la cohesión y unidad de las fuerzas que se oponen al sistema y al régimen imperante jugarán un papel fundamental en la futura transformación económica, política y social del país.

Actualmente se observan síntomas de un acelerado proceso de polarización de fuerzas, que tienen como causas inmediatas los fenómenos políticos

---

[1] Gustavo A. Aguilar B. "Hacia la militarización de la sociedad civil", en *Revista Estrategia*, n. 26, a. 5, v. 5. México, Publicaciones Sociales Mexicanas, marzo-abril, 1979: 95.

de los países vecinos y las elecciones de una asamblea constituyente, prevista para abril de 1980.

Estas elecciones, inscritas en el marco de legitimación de gobiernos militares a nivel latinoamericano, han sido preparadas fraudulentamente, lo cual ha creado un clima social de animadversión a nivel general, pero especialmente en los sectores progresistas del país.

La situación económica y política

Los indicadores convencionales de la riqueza o miseria de los pueblos, nos dicen que Honduras está colocado en la penúltima posición de pobreza en el continente americano, es decir, que salvo Haití, es el país con el ingreso promedio por individuo más bajo en América Latina.

Esta situación de por sí dramática, se vuelve más intolerable en razón de la concentración de la riqueza en pocas manos, especialmente de compañías transnacionales que desde principios de siglo explotan los recursos naturales y humanos hondureños.

Siendo su economía eminentemente agropecuaria, las relaciones de producción en el campo son uno de los factores principales que explican su atraso y dependencia y a la vez las formas de actuar de los grandes consorcios extranjeros en lo que se ha dado en llamar "economías de enclave".

La agricultura hondureña funciona, en las diversas etapas del proceso productivo, subordinada tanto a los enclaves bananeros, como a otras inversiones en agroindustrias e infraestructura para la exportación.[2]

Honduras posee una población de 3 millones de habitantes, distribuidos en 112 088 kms. cuadrados. Sobre aproximadamente 350 000 familias que constituyen la población rural del país, 200 000 no tienen tierra y esa gran masa campesina constituye el proletariado rural de las empresas agrícolas capitalistas nacionales y transnacionales, el semiproletariado o proletariado estacional de empresas que contratan personal temporalmente, los precaristas, y en fin, el ejército de reserva de un país económicamente atrasado y dependiente. Organismos oficiales calculan que alrededor de dos terceras partes de la fuerza de trabajo está parcial o totalmente desempleada.

De 180 000 predios agrícolas que hay en el país, 120 000 son ocupados por igual número de familias campesinas en calidad de minifundios, ya

---

[2] Enrique Astorga Lira. "Modelos marginales de reforma agraria en América Latina: el caso de Honduras", en *El economista mexicano*, v. 12, n. 5, septiembre-octubre, 1978.

que apenas ocupan el 12% de la superficie total en fincas. Si lo anterior lo comparamos con el otro extremo (667 propiedades, equivalente al 0.3% del total de fincas, ocupan el 28% de la superficie), tendremos "el esquema latifundio-minifundio, característico de la estructura agraria latinoamericana".[3]

Ahora bien, lo que hace diferente la situación de Honduras es que, en el lado de las grandes fincas, se encuentran compañías transnacionales, concretamente norteamericanas, como propietarias.

Solamente a partir de los años 50, y como en todo Centroamérica, se produce el fenómeno de la diversificación agrícola, como consecuencia de la demanda del mercado internacional en el auge postbélico.

Lo anterior provoca la transformación de la hacienda tradicional en explotación capitalista de ciertos productos, el establecimiento de relaciones salariales generalizadas y una tendencia creciente en la concentración de la tierra.

El crecimiento natural de la población y la expulsión de grupos de trabajadores agrícolas de grandes extensiones de tierra y cuya explotación, altamente capitalista, ha incidido en las formas de tenencia y utilización por parte de nacionales del resto de las tierras cultivables del país.

Efectivamente, el éxodo masivo de trabajadores del campo hacia la Costa Norte de Honduras, donde se asentaron a principios de este siglo las "compañías bananeras", produjo en el interior del país por un lado, la conservación de la hacienda del tipo heredado de la colonia y por otro, que éstas se dedicaran a una explotación extensiva o permaneciesen ociosas.

Sus pequeñas parcelas van conformando ese gran contingente campesino que vive en condiciones de subocupación y/o subsistencia y que determina los conflictos más agudos de los últimos años en Honduras.

O sea pues, que tendríamos como estructura agraria en Honduras, en primer lugar, las compañías norteamericanas, productoras de bananos y otros productos agrícolas para los mercados extranjeros; en seguida, los grandes y medianos terratenientes, productores de café, carne, etc., estrechamente ligados al capital transnacional en la comercialización externa de esos productos; y, finalmente, la gran masa campesina, con poca o ninguna tierra, que vende su fuerza de trabajo estacionalmente o cultiva artículos para su consumo y comunidades de negros marginados, que se dedican a la agricultura de subsistencia y a la pesca.

Ese sector ha sido conformado en gran medida por los enclaves bananeros, ya que sus exportaciones han llegado a constituir hasta el 90% de las exportaciones totales del país.

[3] Mario Posas, *Política estatal y estructura agraria en Honduras. (1950-1978).* (Mimeografiado).

Siendo además la punta de lanza del capitalismo transnacional, en el proceso de desarrollo subordinado de la economía hondureña, ha sido el eje alrededor del cual han girado todas las demás actividades, constituyendo el mecanismo más claro y descarnado de la dependencia estructural de un país respecto del imperialismo norteamericano.

El mote despectivo de *Banana's Republics*, fue casi seguramente inspirado en el caso hondureño.

No es necesario reseñar todas las argucias, crímenes, desmanes, etc., que la adquisición de tierras por parte de las compañías extranjeras significó; baste señalar, que a pesar de las tendencias recientes de la inversión extranjera hacia actividades menos riesgosas que la producción agrícola, la Tela Railroad Co. y la Standard Fruit Co. siguen siendo propietarias de las mayores extensiones de tierra, que por supuesto, son las mejores del país.

> Se estima que las tierras susceptibles de ser cultivadas alcanzan 3.8 millones de hectáreas, siendo la superficie bajo cultivos anuales y permanentes de casi 635 mil hectáreas.
> La Standard Fruit Company y la Tela Railroad Company, las dos compañías fruteras que operan en el país, disponen en conjunto de 122 850.3 hectáreas, lo que representa el 19.3 por ciento de la superficie cultivada en el país, con el agregado de que en esa superficie se localizan las mejores tierras.[4]

La década del 50 marca una fractura importante en la economía hondureña: diversificación de la producción agraria para la exportación, reconversión de la hacienda de tradición española en empresa agrícola capitalista, incremento de las relaciones salariales en el campo, cambios propiciados desde el exterior en los organismos monetarios y financieros y, sobre todo, agudización de las contradicciones entre los obreros y las grandes compañías bananeras norteamericanas, por las condiciones de explotación que éstas imponían al proletariado a su servicio.

Punto culminante de este conflicto es la huelga de mayo-junio de 1954, que por su contenido fundamentalmente economicista, determinó por un lado el establecimiento de las primeras leyes laborales en Honduras y, por otro, el despido masivo de trabajadores (más del 50%) y una rápida readaptación de los procesos productivos a las técnicas más modernas, para producir los mismos volúmenes con la mínima cantidad de mano de obra, lo que de paso desquiciaba la emergente lucha de clases.

En 1962 se emite la primera ley de reforma agraria, que tiende fundamentalmente a la recuperación de tierras ilegalmente ocupadas y la promoción de la explotación capitalista del agro, y plantea teóricamente la pros-

---

[4] Enrique Astorga Lira, *Ob. cit.*, p. 74.

cripción del latifundio, y la expropiación de tierras ociosas de propiedad privada.

El movimiento huelguístico de 1954 originó la creación de sindicatos de trabajadores cuyas demandas fundamentales eran de tipo económico: aumento de salarios, reducción de las jornadas de trabajo, vivienda, etc.

Hábilmente, sus líderes natos fueron siendo eliminados o reclutados para entrenarse en los Estados Unidos en asuntos sindicales. Esto provocó que las organizaciones obreras más fuertes del país fuesen ligadas directamente a la ORIT (Organización Regional Interamericana de Trabajadores), y por su intermedio a la AFL-CIO, central sindical estadunidense.

Junto con la ley de reforma agraria se crearon también, las primeras organizaciones campesinas, que aun siendo dirigidas por líderes "charros", han jugado un papel importante en el proceso de desarrollo del país en los últimos años.

En 1963, un golpe militar pone fin a uno de los pocos gobiernos electos libremente en Honduras, el de Ramón Villeda Morales. Habiendo sido dicho gobierno de tipo reformista y con una alta dosis de demagogia a todos los niveles, su derrumbe provoca reacciones que fueron desde intentos "foquistas" hasta (y esto es fundamental) una alta concientización política de las masas trabajadoras organizadas.

Así, en el contexto de una agudización creciente de la lucha de clases, a finales de la década, las organizaciones populares tienen una participación activa en la vida política del país; a tal grado que el gobierno, altamente represivo en sus inicios, toma características populistas que se refuerzan después de la guerra con El Salvador.

Durante este mismo periodo se producen diferencias en el interior de la burguesía.

A partir de 1958 y con la creación del Mercado Común Centroamericano, un instrumento deformado por la intervención norteamericana, las pequeñas industrias de los países involucrados, deben transformarse para competir en la región. Así es como surgen grupos modernizantes que tienen conflictos con los partidarios de los "mercados cautivos", y precisamente esas fracciones se evidencian políticamente a finales de la década del 60 y principios de la siguiente a través de los partidos tradicionales.

Un ensayo "a la colombiana" se inicia en 1971, pero ese intento de gobierno bipartito es eliminado en diciembre de 1972 por el mismo militar que encabezó el golpe de Estado de 1963. Paradójicamente este cambio fue implícitamente aceptado por las masas organizadas, ya que el anterior gobierno fue el marco de una creciente corrupción administrativa, y el nuevo inició su gestión con medidas de carácter populista.

El golpe de estado de diciembre de 1972 marca no sólo la crisis, aún no resuelta, del estado oligárquico hondureño, y la cancelación a mediano plazo de la solución bipartidista, demoliberal, de acceso al poder, sino que también representa un punto de inflexión en la acción de los partidos políticos tradicionales en relación a sus seculares bases sociales, obreros y campesinos.[5]

Efectivamente se produce un cambio cualitativo importante, las demandas populares dejan de plantearse a través de los partidos políticos tradicionales que se desprestigian en el ensayo mencionado. "Al superar las limitaciones de una lucha reducida a los reclamos económicos, la organización sindical se convierte ante los ojos de los trabajadores en el vehículo más inmediato y directo para canalizar su participación política. Otro tanto sucede con las organizaciones campesinas."[6]

A partir del golpe de Estado de 1972, se inicia un proceso político, basado en reformas económicas y sociales primarias, pero cuyo solo enunciado manifiesta y acelera las contradicciones de clase, veladas hasta entonces por la propaganda burguesa de la "armonía entre el capital y el trabajo."

Los militares hondureños definen su proyecto de reforma agraria como "el quehacer fundamental" del gobierno. Este planteamiento, organizado con medidas inmediatas de afectación de tierras nacionales y ejidales en manos de terratenientes y latifundistas, determinó en seguida la unión de medianos y grandes terratenientes, hacendados, propietarios de agroindustrias, ganaderos y las compañías transnacionales, asentadas en el país desde principios de siglo, para oponerse con todos los medios a su disposición a tan "arbitrarias" medidas, y, además despertó en las grandes masas desposeídas y explotadas del país la ilusión de cambios fundamentales en la estructura económica.

Un gobierno de tipo "populista", ubicado entre esas dos fuerzas antagónicas y sin una idea clara de sus objetivos, ya que pensaban en "modernización del sistema" y jamás en cambios profundos, fue víctima de sus propias contradicciones y de sus contradicciones con la clase de la cual era representante, es decir, de la burguesía nacional e internacional.

La composición del Estado cambia, eliminando del aparato gubernamental a los partidos tradicionales Liberal y Conservador. Los militares buscaron una base social de masas, pero de masas trabajadoras, a través de los dirigentes de la burocracia sindical obrera y campesina.

La burguesía comercial y agrícola emprendió una campaña abierta contra el régimen militar que presidía Oswaldo López Arellano, quien se había rodeado de un grupo de funcionarios progresistas y que conjuntamente con

[5] Mario Posas. *Ob. cit.*, p. 27.
[6] Víctor Meza. Diario *Tiempo*, 18 de mayo de 1976.

un sector de oficiales jóvenes del ejército pretendían implantar medidas reformistas, para consolidar el apoyo de las masas obreras y campesinas.

Ese gobierno fue derribado por las fuerzas conjuntas de la burguesía nacional e internacional en abril de 1975, llegando al poder un grupo de militares encabezado por Juan Alberto Melgar, quien inicia su gestión administrativa desatando una campaña contra los campesinos organizados. Este movimiento represivo tiene su más relevante símbolo en la matanza de Los Horcones, donde militares, terratenientes y ganaderos asesinaron a dirigentes campesinos, estudiantes universitarios y dos sacerdotes extranjeros, hecho que fue aprobado por la burguesía nacional a través de algunos de sus dirigentes más connotados.

En una etapa ulterior de la represión, el movimiento obrero organizado fue el siguiente objetivo del gobierno reaccionario. Los poderosos sindicatos de la Costa Norte fueron siendo neutralizados mediante organizaciones paralelas que gozaban del apoyo gubernamental, es decir, una versión del "charrismo", o bien, mediante la intervención directa de los militares en las luchas sindicales.

Simultáneamente se evidenció un proceso de corrupción gubernamental de alcances extraordinarios. Altos oficiales del ejército fueron señalados como participantes de tráfico de drogas, enriquecimiento ilícito, sobornos por parte de las grandes compañías internacionales, etcétera.

La necesidad de una base social que no estuviera en desacuerdo con ese tipo de situaciones, determinó que el gobierno de Melgar fuese sustituido por un gobierno mucho más reaccionario, el actual, a cargo de Policarpo Paz García, el que delega parte de las funciones administrativas del Estado en el Partido Conservador. Éste se dedica a crear condiciones electorales fraudulentas para legitimar el poder de los militares y de sus miembros en el gobierno.

El paso más reciente para lograr el control total del país y de sus fuerzas de vanguardia, ha sido la creación, actualmente en proceso, de las llamadas Juntas Regionales de Desarrollo, mediante las cuales se pretende militarizar a la sociedad civil. Estos mecanismos de poder serán una especie de miniestados dirigidos en forma absoluta por un militar, quien solamente deberá rendir cuentas ante sus superiores jerárquicos de la institución castrense.

Esta situación da claras muestras de una agudización cada vez mayor de las contradicciones entre la burguesía y su aliado gubernamental, por un lado y, por otro, las fuerzas populares.

El desarrollo tardío del sector industrial es otro elemento a considerar. Su participación en el PIB pasó de 7% en 1950 a 17% en 1978. Por supuesto, tiene las características de una industrialización deformada y dependiente. Las empresas más importantes son subsidiarias de empresas extranjeras o controladas por el capital extranjero. Materias primas, maquinaria, combustibles, etc., son importadas y la "maquila" ya es un hecho en las llamadas "zonas francas".

La producción fabril, destinada al mercado interno, está constituida fundamentalmente por bienes de consumo.

El año 1975 fue un periodo particularmente difícil para la economía hondureña: catástrofes naturales, la caída de precios de sus principales productos de exportación y, en fin, la crisis generalizada del sistema, determinaron un acelerado proceso de endeudamiento público que alcanza actualmente niveles dramáticos.

"Para el año 1977, el servicio de la deuda externa de Honduras ascendía a la cantidad de 100 millones 50 mil dólares anuales, cifra que representaba entonces el 17 por ciento del valor total de las exportaciones del país."[7]

Este proceso de endeudamiento continúa en forma acelerada por el déficit creciente de la balanza de pagos, lo que aunado a la irrupción de las empresas transnacionales en casi todos los rubros de la economía[8] y el control casi total de la banca por los grandes bancos norteamericanos, determina un proceso creciente de desnacionalización de la economía hondureña.

¿Cuáles son las repercusiones sociales de la situación económica y política brevemente esbozada?

Siendo de por sí muy bajo el ingreso per cápita, no refleja la verdadera situación. El 45% de la población apenas recibe el 9% del ingreso nacional; y se ha logrado determinar que en grandes sectores de la población, particularmente campesina, el ingreso anual por habitantes es apenas de 30 dólares.

Lo anterior es la causa principal de lo que ocurre en la educación, salud, nutrición, etc.

El 50% de la población es analfabeta. La deserción escolar es enorme. En el nivel primario, de cada 100 niños que ingresan al primer grado, apenas 14 logran egresar del sexto. Las condiciones de enseñanza son variadas, pero para los grandes sectores marginados, son muy malas: hacinamiento, falta de materiales escolares, etc.

"Diversos estudios realizados en el país muestran que la prevalencia de la desnutrición en la población menor de 5 años es de 75%, lo que para 1977, significa en términos absolutos 490 000 niños desnutridos. Aproximadamente el 67% de la población tiene una dieta insuficiente (. . .)"[9]

---

[7] Víctor Meza. *Honduras: economía o sociedad.* Mimeo.
[8] Grandes proyectos estatales están siendo financiados y manejados por consorcios internacionales.
[9] Secretaría Técnica del Consejo Superior de Planificación Económica. Plan de alimentación y nutrición, Tegucigalpa, D. C. Noviembre de 1978. Honduras.

Faltan más de 250 000 viviendas y las condiciones de un alto porcentaje de las existentes son pésimas. Proliferan los tugurios, cuarterías, barrios marginados, en condiciones infrahumanas.

Este somero cuadro de la situación hondureña indica que las perspectivas de solución de sus problemas básicos, se planteen en el campo de las luchas de liberación que libran la mayoría de los pueblos del capitalismo del subdesarrollo y que, por lo tanto, es responsabilidad de las fuerzas progresistas impulsar los cambios de estructura de la sociedad hondureña.

HONDURAS Y LA NUEVA FASE DE LA LUCHA

La vecindad geográfica y antecedentes históricos comunes de Honduras y Nicaragua han determinado que la gesta sandinista no fuese ajena a la sociedad hondureña. Por otro lado, el triunfo de la revolución nicaragüense tendrá grandes repercusiones en las luchas sociales de toda el área.

Efectivamente fueron muchos los hondureños que acompañaron al *General de hombres libres* Augusto C. Sandino en su lucha antimperialista: Juan Pablo Umanzor y Santos López son nombres de hondureños que pelearon al lado de aquél por la liberación de Nicaragua. En 1960, en los inicios del proceso reciente, dos jóvenes estudiantes hondureños, Héctor Zelaya y Tomás Palacios, murieron luchando contra la Guardia Nacional en la batalla de El Dorado.

Durante las dos últimas décadas los pueblos de Costa Rica y Honduras, especialmente la clase trabajadora y los estudiantes, jugaron un papel importante en el aprovisionamiento y movilización de las fuerzas sandinistas al través de esos países.

Los países centroamericanos han seguido sus propios procesos históricos que han conformado estructuras sociales distintas. Estas diferencias han sido particularmente acentuadas por las diversas formas de inserción subordinada al capitalismo mundial. Sin embargo, su común historia colonial, su particular ubicación geográfica en el continente y la común explotación imperialista, hacen que aparezcan rasgos semejantes.

El origen de los problemas centroamericanos es, en la fase imperialista del capitalismo, el mismo; pero las situaciones que se han producido en lo que va de este siglo tienen matices que las hacen claramente distintas de país a país.

La lucha de clases en cada una de las naciones de la región presenta características, niveles de desarrollo y perspectivas diferentes.

Las condiciones objetivas eran semejantes hasta el triunfo del movimiento de liberación de Nicaragua: superexplotación de las masas trabajadoras del campo y la ciudad, desnutrición, analfabetismo, déficit habitacional, elevada mortalidad infantil, etcétera.

La lucha de clases en cada país sigue sus propios cauces. En Guatemala, un largo proceso de enfrentamiento de las clases populares al aparato estatal, representante de las burguesías nacional y transnacional, que adquiere características de lucha de liberación a partir de la invasión del país patrocinada por el Departamento de Estado norteamericano, que puso fin a los gobiernos progresistas de Arévalo y Arbenz en la década del cincuenta. En El Salvador, tuvo connotaciones trágicas a principios de la década de los treinta y actualmente tiene un repunte violento, en el que las fuerzas populares actúan con una conciencia política altamente desarrollada.

En el caso de Honduras, la contradicción principal se manifestó con nitidez en la huelga que los trabajadores bananeros llevaron al cabo en 1954 contra las compañías transnacionales que desde principios de siglo se instalaron en el país, en contubernio con la débil burguesía local y la oligarquía terrateniente.

Es significativo el hecho de que esa huelga, que marca un hito en el proceso de desarrollo social del país, se haya realizado contra compañías extranjeras. La estructura social de Honduras está conformada por una dependencia estructural absoluta respecto de los Estados Unidos, ya que prácticamente toda su actividad económica depende de los capitales norteamericanos, contrariamente a lo que ocurre en los otros países del istmo.

En esos distintos contextos histórico-sociales el proceso revolucionario de Nicaragua indudablemente influirá, pero también de diferente manera.

Las primeras manifestaciones en Honduras han sido de denuncia más vigorosa de la corrupción gubernamental, de la represión y de las maniobras fraudulentas del gobierno militar para legitimar su mandato a través de elecciones previstas para 1980.

Durante la lucha armada contra Somoza, grandes oleadas de nicaragüenses —especialmente campesinos, y familias de bajos recursos— se refugiaron en Honduras, lo que provocó naturalmente una vivencia muy acentuada del fenómeno y que, en grandes sectores de la población, dejara la clara conciencia de que no se trataba simplemente de derribar a un tirano, sino que era un conflicto que involucraba los mismos intereses que explotan desde principios de siglo los recursos naturales y humanos de Honduras, es decir, los intereses del imperialismo norteamericano.

En otras palabras, la lucha insurreccional nicaragüense ha hecho evidente a grandes sectores de la sociedad hondureña quién es el enemigo principal. Esta lección de la realidad es fundamental en el desarrollo y consolidación de las fuerzas que deberán conducir la lucha por la liberación del país.

Son claras al respecto las declaraciones iniciales de los dirigentes sindicales "oriteros", aliados al Estado y por su medio a la burguesía, pidiendo a la Junta de Reconstrucción Nacional de Nicaragua "llamar lo más pronto posible a unas elecciones generales", mientras que las masas obreras y campesinas y los estudiantes exigen de inmediato al gobierno militar de Honduras el reconocimiento pleno de la Junta y "no presentarse a las maniobras intervencionistas y contrarrevolucionarias promovidas por el Pentágono".

Los grupos de oposición al gobierno castrense han hecho pública su inconformidad con las maniobras tendientes a su legitimación y en el contexto creado por el proceso de cambio que vive el pueblo nicaragüense, hacen ver a los militares que "si esto sigue, Honduras vivirá un proceso similar a Nicaragua".

La unidad demostrada por los sectores que integran el FSLN debe hacer ver con claridad a los grupos de izquierda de América Latina la necesidad absoluta de su integración en la lucha antimperialista. En el caso hondureño esa unidad es de extrema urgencia.

Es un país en que la organización de las masas obreras y campesinas en lucha por sus reivindicaciones económicas, ha superado con mucho a las actuales organizaciones políticas que debieran conducir la lucha de clases hacia objetivos de cambio revolucionario.

Existen los organismos de izquierda, pero hasta la fecha no han logrado la superación de contradicciones secundarias que les permita trazar planes comunes en la lucha contra el enemigo principal.

Es posible que el ejemplo de los luchadores nicaragüenses permita romper esa crisis política para que las fuerzas hondureñas genuinamente revolucionarias asuman el papel histórico que les corresponde, es decir, la vanguardia del proletariado urbano y rural unificado, lo que a su vez permitirá alianzas con otros sectores sociales proclives al cambio que conduzcan a la liberación económica, política y social del país.

NICARAGUA: EL DESARROLLO CAPITALISTA DEPENDIENTE Y LA CRISIS DE LA DOMINACIÓN BURGUESA. 1950-1980

René Herrera Zúniga

Los CAMBIOS de las estructuras sociales causados por las modalidades recientes del desarrollo capitalista dependiente seguido en Centroamérica, han creado y están creando modificaciones sustanciales en las relaciones y formas tradicionales de dominación burguesa.

Esas modalidades recientes del desarrollo capitalista se refieren a la profundización del proceso de industrialización, bajo la égida de la gran empresa capitalista internacional y, los cambios provocados por ese proceso se refieren a las nuevas clases sociales que surgen del mismo: burguesía industrial y proletariado urbano. Ambas son cualitativamente diferentes a la vieja oligarquía agroexportadora de la que provienen y con la que conviven y a la clase campesina proletarizada por la economía agrícola de exportación, respectivamente. Y son también diferentes en alguna medida a los primeros grupos burgueses y trabajadores urbanos industriales surgidos en las primeras etapas de la industrialización sustitutiva de importaciones llevadas a cabo en los finales de los años cincuentas y comienzo de los años sesentas.

El ingreso del gran capital internacional en las esferas internas de las economías centroamericanas a partir de los años sesentas con el motivo de la integración económica regional, ha producido modificaciones importantes en la afirmación capitalista de la economía agroexportadora y fundamentalmente en los patrones de industrialización sustitutiva de importaciones y de producción industrial para la exportación. Ha provocado además, una descomposición y una nueva fusión de intereses de las clases dominantes locales, subordinándolas de modo importante a sus propios intereses. Este fenómeno se ha conducido mediante el reforzamiento o la creación, según el caso, de un proceso intenso de concentración empresarial, seguido de un proceso de concentración financiera y de monopolización del mercado, de la tenencia de la tierra y finalmente del reforzamiento del control pleno del poder político. Esto último les ha permitido a las clases dominanes, haciendo uso de dictaduras militares totalmente subordinadas a sus intereses, la continuación y profundización del modelo de capitalismo monopólico, sin necesidad de hacer mayores concesiones a las masas y aplicarles, por el contrario, barreras represivas a su organización y expresión políticas. Sin embargo, ello no ha impedido los efectos que tal modelo ha producido en la composición y diferenciación interna de las clases sociales.

Si bien al nivel de la clase dominante unos cuantos grupos, frecuentemente familiares, controlan las distintas actividades tradicionales y modernas en una continuidad histórica de dominación monopólica, el crecimiento de la economía industrial y comercial y el reforzamiento de la economía capitalista agrícola de exportación, ha provocado una diferenciación de intereses en su propio seno. Asimismo, la concentración capitalista, tanto en el área de la economía agrícola de exportación, como en el área industrial moderna, ha venido a romper la atomización que caracterizaba a la clase campesina y la clase obrera urbana en los periodos anteriores de economía agrícola tradicional e industria artesanal y fabril atrasada, dando paso a nuevas formas y contenidos de la lucha obrera. Esto le ha permitido a la clase obrera rural y urbana mayores avances de organización y fuerza política para contestar la explotación que sufre en el campo y la ciudad y acercarse, por la vía de la protesta, a los sectores de la pequeña y mediana burguesía afectada y en muchos casos desplazada como efecto de la concentración monopólica de la economía bajo los intereses del gran capital.

Sin embargo, dada la vinculación estructural que esos grupos empresariales guardan en relación a las inversiones del gran capital, no ofrecen la posibilidad de una conducción estable del movimiento de masas bajo la bandera de un proyecto nacional de desarrollo. Por el contrario, siguiendo el ritmo de la economía, en sus periodos de auge aparecen estrechamente vinculados a los proyectos más reaccionarios del gran capital y en los periodos de depresión aparecen vinculados a los proyectos de reformulación de políticas, proponiéndole al gran capital que les permita mejores condiciones en su situación de dependencia. Es en estos periodos de crisis, cuando se acentúan los fenómenos de concentración y recomposición de los grupos dominantes, que la mediana y pequeña burguesía pretende, no siempre con éxito, reformular las propuestas de los sectores populares para usarlas en su beneficio, sin llegar a incluir modificaciones profundas en los regímenes de explotación económica y dominación política prevalecientes. El oportunismo y el reformismo se funden en periodos de crisis y se separan en periodos de auge. Sin embargo, los grupos que no alcanzan a reincorporarse bajo nuevas y mejores condiciones durante la recuperación económica, constituyen la fuente de radicalización de la pequeña burguesía que aparece en los últimos años incentivando los procesos de democratización.

Es por eso que la comprensión del fenómeno de la lucha de clases y la crisis interburguesa que se libra actualmente en Centroamérica sólo es posible si se detectan, mediante el análisis histórico, las formas y contenidos de las modificaciones económicas operadas en los últimos años, su originalidad y el momento en que ésta implica un cambio de calidad, capaz de generar expresiones críticas en las fuerzas sociales que producen.

Estudiaremos el caso de Nicaragua dentro de este esquema general, no sin antes hacer algunos comentarios sobre las diferencias importantes que presenta Nicaragua. La crisis interburguesa se expresa en formas más diferenciadas que en el resto de los otros países centroamericanos, ya que el somocismo constituye a lo largo de toda la sociedad un nuevo centro de dominación, fuerte, moderno y bien integrado, que vino desligando al Estado y al Ejército de los intereses más esenciales del resto de la dominación burguesa que le había dado su origen y sustento histórico. Utilizando a fondo los mismos mecanismos de sobreexplotación y represión a su favor, ese nuevo centro de dominación enfrentó a la clase dominante en su interior, en momentos en que el sistema global de dominación burguesa venía siendo contestado abiertamente por las fuerzas populares armadas. Esta coincidencia histórica de la crisis interburguesa y la lucha de clases, dio a su vez especiales particularidades al desenlace revolucionario de la crisis nicaragüense.

En la primera parte de este trabajo se intentan apuntar los rasgos principales de las modificaciones ocurridas en el seno de la economía, la sociedad y la política nicaragüense en los últimos treinta años (1950-1979), como un esfuerzo de comprensión de la crisis que desemboca en el triunfo revolucionario.* En la segunda parte del trabajo se hacen consideraciones sobre el desarrollo de los acontecimientos que siguen al triunfo sandinista.

I

La crisis que conduce al triunfo revolucionario en Nicaragua no es el resultado de contradicciones que se dan en un país atrasado en situación de estancamiento: es consecuencia del desarrollo de un exacerbado capitalismo monopólico y dependiente que se inicia particularmente desde 1950 y que creó un conjunto de contradicciones en el interior de la clase dominante y en la sociedad entera nicaragüense. A partir de 1950 el desarrollo capitalista nicaragüense se caracteriza por la expansión y diversificación de la economía agropecuaria de exportación y desde 1960 por el inicio de un

---

* Esta primera parte incluye una versión ampliada y revisada del artículo que el autor publicó en la revista *Nexos*, núm. 22, México, octubre de 1979.

proceso de industrialización sustitutivo de importaciones y de producción industrial dirigida al mercado externo.

El proceso de internacionalización del capital en Nicaragua que se desarrolla a partir de la integración e industrialización subregional en los años sesentas aporta lo nuevo del modelo de acumulación capitalista iniciado en los años cincuenta con la diversificación agropecuaria. Esto es en cuanto modifica sustancialmente las relaciones nacionales e internacionales en las que transcurre el proceso de acumulación capitalista.[1] Aquí se señalan algunos de los rasgos esenciales de ese desarrollo, las alteraciones que produjo en la sociedad y la relación de estos cambios con la crisis que desemboca en la caída del régimen de Somoza y la previsible destrucción del sistema de dominación burguesa.

DOMINACIÓN BURGUESA Y EXPANSIÓN CAPITALISTA

El somocismo es algo más que una expresión familiar. Es un sistema de dominación que la burguesía nicaragüense y el imperialismo impusieron a la población para realizar una nueva fase de acumulación capitalista. La institucionalización de la dictadura militar somocista, como régimen de dominación clasista, ocurre el 3 de abril de 1950 con la firma del pacto político entre Emiliano Chamorro, por los conservadores, y Anastasio Somoza García, por los liberales, cuya expresión legal es la Constitución Política de ese año.[2] Este pacto buscaba cimentar una alianza de las clases dominantes para promover la implementación de un nuevo modelo de acumulación que rebasara el prevaleciente en la economía cafetalera, que durante setenta años no logró implantar las relaciones capitalistas de producción a escala nacional. El carácter monopólico de la dominación burguesa (no más de veinte familias) requería entonces un sistema sustentado en la violencia y la represión que garantizara la sobreexplotación del trabajo.

La característica fundamental de la economía nicaragüense a partir de 1950 es la de un notable crecimiento, como puede verse en los cuadros adjuntos.

Los factores que favorecieron este crecimiento económico fueron la demanda externa de los productos básicos de exportación agrícola, agropecuarios e industriales (café, algodón, azúcar, arroz, carne, lácteos, aceites

[1] Donald Castillo, El nuevo modelo de acumulación de capital en América Latina, con referencia al caso de Centroamérica. *Estudios Sociales Centroamericanos* núm. 24, enero-abril, 1980, San José, Costa Rica.

[2] Emilio Álvarez Lejarza, *Las Constituciones de Nicaragua*, Madrid, 1958.

Cuadro 1

PRODUCTO INTERNO BRUTO
% de crecimiento anual

País	1950-51 a 1959-60	1961-62 a 1967-68	1969-70 a 1972-73	1974	1975	1976-77
Guatemala	4.4	6.6	9.7	6.4	1.9	7.7
El Salvador	4.9	7.8	6.7	6.4	4.2	4.8
Honduras	4.1	7.0	5.9	0.6	0.5	7.2
Nicaragua	6.1	9.8	6.4	12.9	1.8	6.4
Costa Rica	7.3	8.7	7.2	5.5	2.1	5.6

FUENTES: William Cline y Enrique Delgado (Eds.) *Economic Integration in Central América*. The Brookings Institution, Washington, 1978, p. 61. Para los años 1974 a 1977 los datos son tomados de: Banco Interamericano de Desarrollo. *Progreso Económico y social en América Latina*. Informe 1977. Washington, 1976, p. 8.

Cuadro 2

INDICADORES ECONÓMICOS
1950-1976

Años	Exp.[1]	Imp.[1]	Medio circulante	Crédito[2] bancario	Deuda[1] externa	Reservas[1] Internacionales
1950	34.6	24.7	122.0	109.0	—nd—	15.7
1960	63.0	72.0	264.0	388.0[a]	21.7	11.0
1965	149.0	160.0	537.0	1 059.0	57.2	28.0
1970	179.0	199.0	600.0	1 930.0	174.8	7.0
1975	375.0	516.0	1 313.0	4 917.0	642.7	16.0
1976	525.0	540.0	1 675.0	7 000.0[b]	702.3	56.0

FUENTES: Informes del Banco Central de Nicaragua de los años 1961 a 1976.
[1] Millones de dólares
[2] Millones de córdobas.
[a] 63% de crédito agropecuario.
[b] 27% de crédito agropecuario.

vegetales, sustancias químicas y productos metálicos); una intensa utilización de la capacidad productiva; disponibilidad de tierras y recursos humanos en una proporción favorable; y disponibilidad de capital externo para la industrialización sustitutiva y de exportación.[3]

[3] Fuentes: Consejo Nacional de Economía. Oficina de Planificación, *El desarrollo económico y social de Nicaragua, 1950-1962*. Managua, Nicaragua, 1964 (citado en adelante como CNE), pp. 3-6. Banco Central de Nicaragua. Informes Anuales de 1961 a 1976. En adelante citados como BC.

Cuadro 3

CONTRIBUCIÓN DE LOS SECTORES AGROPECUARIO Y MANUFACTURERO
EN EL PRODUCTO INTERNO BRUTO
1950-1977 (% del PIB)

Sectores	1950	1960	1970	1977
Agropecuario	43.5	24.6	23.0	22.6
Manufacturero	8.2	15.6	23.0	23.6

FUENTE: Banco Central de Nicaragua. Informe anual 1961; BID, *op. cit.*, pp. 16 y 27.

El cultivo y exportación del algodón, en el sector agropecuario, y la sustitución de importaciones y producción industrial para el mercado externo, en el sector industrial, crearon una nueva composición y diferenciación de las estructuras de clase.

Cuadro 4

POBLACIÓN ECONÓMICAMENTE ACTIVA CLASIFICADA SEGÚN RAMAS
DE ACTIVIDAD ECONÓMICA

Ramas de actividad	1950	1963	1971	1977
Todas las ramas	100.0[a]	100.0[a]	100.0[a]	100.0[a]
Agricultura, silvicultura, caza y pesca	67.7	59.6	46.9	42.0
Minas y canteras	1.0	0.8	0.6	0.1
Industrias manufactureras	11.4	11.7	12.4	16.0
Construcción	2.6	3.3	4.0	4.8
Electricidad, gas, etc.	0.2	0.3	0.6	0.6
Comercio	4.6	7.3	9.4	13.2
Transporte, almacenamiento y comunicación	1.9	2.5	3.4	2.9
Servicios	10.6	14.2	20.9	19.8
Actividades no bien especificadas	—	0.3	1.8	0.6

FUENTE: Censos Nacionales de 1950, 1963 y 1971. Para 1977, Encuesta Demográfica de Nicaragua (EDENIC). Cubre la PEA de ambos sexos.
[a] Número de personas equivalentes al 100.0 por años de referencia: 1950: 360 mil; 1963: 496 mil; 1971: 600 mil y 1977: 770 mil.

EXPANSIÓN AGRÍCOLA Y PROLETARIZACIÓN CAMPESINA

Las transformaciones en la tenencia y uso de la tierra se producen por el carácter expansivo de la producción algodonera. De 1 100 Has. cultivadas en 1949, se pasa a 17 250 en 1951, 88 500 en 1955, 150 000 en 1960 y 282 000 en 1976. En pocos años el algodón llegó a representar el 85% de las áreas de cultivo de la región del Pacífico.[4]

Esta expansión algodonera provocó la expulsión constante de los campesinos y pequeños propietarios de esas zonas hacia el interior de la montaña, los municipios y ciudades, convirtiendo a la mayoría de ellos en asalariados agrícolas temporales. También significó el inicio de una tremenda concentración de la tenencia de la tierra, a tal punto que para 1969-70 sólo el 15% de los productores de algodón controlaban el 75% de todas las áreas cultivadas; en 1976 el 11% de los productores controlaban el 75% del área cultivada.[5] Este monopolio refleja a su vez el monopolio del crédito y del suministro de bienes y servicios para la producción, como luego veremos.

La expulsión de campesinos y pequeños propietarios produjo una fuerte migración hacia las ciudades más importantes del Pacífico: Managua, León y Chinandega, al grado que Managua, que tenía 98 mil habitantes en 1950, tiene 234 mil en 1960 y 434 mil en 1975. Chinandega, que tenía 12 mil en 1950 alcanza 22 mil en 1960 y 38 mil en 1975. León, que tenía 30 mil en 1950, llega a tener 45 mil en 1960 y 73 mil en 1975.[6] Estos flujos migratorios impulsaron el crecimiento de las actividades comerciales, artesanales y fabriles y de los distintos servicios urbanos, con la consecuente formación de grupos medios y sectores organizados de obreros artesanales e industriales.

En el campo los campesinos se fueron proletarizando. Trabajaban 78 días al año con un salario equivalente a 2.50 dólares diarios en 1976.[7] El resto del año se remontaban a la montaña o iban a las ciudades; cuando conseguían trabajo en éstas lo hacían bajo un intensa sobreexplotación que limitó su reproducción como fuerza de trabajo.[8] Durante el año 1976 fueron contratados un total de 120 mil obreros agrícolas en la cosecha algodonera, equivalente al 46% de la población económicamente activa total rural.[9] Considerando los obreros requeridos en total por el algodón, el café y demás producción agropecuaria, el 21% de la fuerza de trabajo rural se consideraba en 1970 como subempleada.[10]

---

[4] *Ibid.*

[5] Informe de la Comisión Nacional del Algodón, cit. por BC, 1970 y 1976.

[6] Oficina Ejecutiva de Encuestas y Censos. *Boletín Demográfico* núm. 4, Managua, Nicaragua, 1978.

[7] BC, p. 32, 1976.

[8] Entre 1967 y 1971 el aumento de la demanda del sector familia por productos agrícolas fue de 0.8% en vez del 3.6% que correspondería en función del crecimiento de la población y el ingreso para el periodo.

[9] BC, p. 145, 1976.

[10] William Cline y Enrique Delgado (Eds.), *Economic Integration in Central*

EL CRECIMIENTO DE LA INDUSTRIA

La expansión algodonera tuvo efectos sobre el desarrollo artesanal y fabril desde comienzos de los años cincuentas, por el crecimiento de la población urbana. De 1950 a 1962, el producto industrial creció a una tasa de 7.8% acumulativo anual.[11] En ese periodo se desarrollaron básicamente las industrias tradicionales, con ligeros cambios estructurales en todo el sector manufacturero. En buena medida los términos favorables del intercambio favorecieron las importaciones, fortaleciendo el sector comercial importador. El crecimiento industrial permitió sin embargo, que se manifestara un incremento en la población económicamente activa del sector manufacturero a un ritmo mayor que el crecimiento total de la población activa (29.2% y 26.5% respectivamente). Las actividades industriales y artesanales ocupaban en 1950 a 38 mil personas, para 1962 ocupaban un total de 50 mil personas.[12] Esto significa que la industria absorbió sólo un promedio de 1 170 personas por año durante el periodo considerado. Sin embargo, la mayor asimilación de mano de obra durante el periodo fue la del sector de la construcción y servicios, que se vieron ampliados sustancialmente por la expansión urbana. Las características de la mano de obra industrial revelan que el 60% de los trabajadores ocupados en 1962 estaban en el sector de actividades artesanales, produciendo el 24% de la producción industrial y el 40% restante estaba en el sector fabril, produciendo el 76% de la producción, distribuidos en un total de 567 establecimientos fabriles, con ocupación media de 36 personas cada uno.[13]

En los años sesentas, bajo el marco de la integración centroamericana se inicia un proceso de industrialización sustitutivo de importaciones y de producción para el mercado externo. Este proceso trae consigo una importante variación en las estructuras de la producción industrial y en la composición de las exportaciones nicaragüenses. Las industrias modernas de integración (principalmente de sustancias y productos químicos, productos metálicos) las industrias intermedias y el sector agroindustrial crecieron más que las industrias tradicionales.[14]

Por otra parte, las exportaciones de productos industriales que ocupa-

America. The Brookings Institution, Washington p. 68, 1978 (en adelante citado como Cline).

[11] CNE, p. 152.

[12] CNE, p. 153.

[13] CNE, p. 153.

[14] Ministerio de Economía, *Estadísticas del desarrollo industrial de Nicaragua 1960-67*. Managua, Nicaragua, 1968. También, BC, 1968 a 1976.

ban el 15% de las exportaciones totales en 1960 pasan a 25% en 1966 y a 49% en 1976, de las cuales el 60% eran productos agroindustriales.[15]

En el periodo de sustitución de importaciones y producción industrial para el mercado externo (1961-1977) el crecimiento promedio del valor agregado en el sector manufacturero nicaragüense fue de 9.5% anual, un poco mayor que el de Costa Rica que fue de 9.2% y de Guatemala que fue de 7.0%.[16] Este crecimiento está ligado a la nueva estructura industrial. Las industrias dinámicas (principalmente química y de productos metálicos) son instaladas directamente por empresas transnacionales; las industrias intermedias y las tradicionales, modernizadas al amparo de la integración, fueron iniciadas con capital nacional básicamente, pero en su modernización fueron infiltradas recientemente por capital extranjero.[17]

El papel del capital extranjero en la industrialización

Se han desarrollado técnicas para identificar el carácter de las empresas transnacionales, magnitud de sus inversiones, desplazamiento geográfico, tendencias de ubicación, etc. Sin embargo, no se ha logrado aún reunir suficientes elementos que permitan identificar con claridad cuáles son las distintas modalidades de penetración y los rasgos específicos de penetración que pueden adoptar dentro de una economía en particular.

Quizá de ello deviene la confusión respecto al papel económico del imperialismo en Nicaragua. Equiparar la magnitud —valor en libros— de las inversiones directas con la cantidad de poder económico que puedan desplazar esas inversiones en la estructura productiva es correcto siempre que no existan otros mecanismos de penetración que hagan que su poder descanse más allá de las inversiones directas.

En el caso de Nicaragua estamos frente a una situación especial que ha llevado a que la penetración de las transnacionales se dé mediante modalidades un tanto diferentes a la utilización en otros países de la misma zona.

Esa situación especial se deriva de dos circunstancias nacionales. En primer lugar, Nicaragua ha sido históricamente un punto estratégico para la seguridad norteamericana; un país especial y, en consecuencia, un país de riesgos visibles para la inversión extranjera. Riesgos que debían afron-

---

[15] *Ibid.*

[16] Banco Interamericano de Desarrollo, *Progreso económico y social de América Latina. Informe 1977*, Washington, p. 25, 1978 (en adelante citado como BID).

[17] Centro de Información. Documentación y análisis del movimiento obrero latinoamericano. CIDAMO, *Carta Informativa*, México, abril de 1979, p. 2 (citado en adelante como CIDAMO).

tarse diseñando modalidades y mecanismos diferenciados. En segundo lugar, dentro del mismo esquema de seguridad norteamericana, y la dominación burguesa (somocismo) siempre estuvo consciente de ello, se forjó una particular estructura interna de dominación que como luego veremos se concretó históricamente en un exacerbado capitalismo monopólico ejercido por dos y luego tres bloques económicos interconectados. En consecuencia no sólo se trataba de un escenario en el cual la seguridad norteamericana había logrado patrocinar un Estado fuerte con un régimen autoritario y represivo, sino también una estructura de dominación que derivada de las condiciones internas favoreció una elevada concentración monopólica. Estas dos circunstancias, el carácter particular del Estado somocista y la concentración monopólica del poder económico que lo impulsaba, impusieron una dinámica especial a la sociedad, la política y la economía nicaragüense, un tanto diferente a lo acontecido en otros países de la zona.

El capital extranjero es consciente de esas circunstancias y ajusta su actuación a partir de ellas. En primer lugar recurre a la fortaleza del Estado somocista y lejos de arriesgar aportaciones directas de capital propio utiliza los mecanismos financieros del Estado. Aparece en el mercado como empresa que solicita al Estado crédito para instalarse como empresa nueva, con todos los beneficios del régimen integracionista subregional, previamente patrocinado. En segundo lugar hace entrar en el juego a los centros de dominación existente mediante la internacionalización de la banca privada que corresponde precisamente a la formación de esos centros de dominación: Banco de América, Grupo Banamérica; Banco Nicaragüense, Grupo Banic. No recurre a la instalación masiva de bancos extranjeros: utiliza los bancos locales.

Esto ha significado formalmente que la inversión extranjera directa —en libros— sea baja, que el número de empresas transnacionales sea elevado respecto la inversión directa y que las sucursales de bancos extranjeros tengan poca incidencia en el gran proceso de transnacionalización en el área de la industria y a fechas porteriores de la agroindustria.

El valor en libros de la inversión directa en Nicaragua es el más bajo de toda Centroamerica, participa con el 9.4%, contra el 27.1% de Guatemala, el 26% de Costa Rica, el 24% de Honduras y el 13.5% de El Salvador.[18] Cuando se pasa de la clasificación por magnitud de la inversión a la clasificación por número de empresas transnacionales, Nicaragua deja de ser el quinto lugar para ser el tercero, debajo de Costa Rica y Guatemala.[19] Dada la concentración de poder económico en Nicaragua, las exi-

---

[18] Donald Castillo, *op. cit.*
[19] *Ibid.*

gencias de una mayor proliferación de empresas en competencia disminuyen, ya que los interlocutores son pocos. Esto atrae con mayor facilidad a las empresas transnacionales más poderosas y con mayor capacidad de control de los procesos de producción complementarios, siguiendo la misma línea de la dominación local. No más competencia de la necesaria, ni más empresas de las necesarias. La proliferación de empresas transnacionales en Costa Rica y Guatemala, por ejemplo, podría estar relacionada con la mayor diversidad de los grupos de dominación capitalista en esos países.

Para 1970 las dos agencias gubernamentales de fomento y crédito, el Instituto de Fomento Nacional (creado desde 1953) y Banco Nacional aportaron el 55% del crédito total del sistema financiero nacional, canalizando hacia el sector privado la expansión continuada de los fondos contratados en el exterior.[20] Esta capacidad de crédito sólo fue posible mediante una internacionalización de capital financiero del Estado. Paralelamente, a partir de la Ley General de Bancos y Otras Instituciones de 1963, se produce la apertura a la participación de recursos externos en la banca privada. En 1960 los recursos de origen externo en el sistema financiero equivalían al 5%, en 1969 equivalían al 49%.[21] Como se anota en otra sección de este trabajo, es en ese periodo que los dos bancos locales alcanzan el inicio de una profunda dependencia de los grandes centros financieros norteamericanos. Internacionalización de las finanzas públicas e internacionalización de las finanzas privadas. Los bancos extranjeros con sucursal en el país no se vieron expandidos en sus operaciones en la magnitud que lo hicieron los bancos locales. Las inversiones de las transnacionales aparecen así como proyectos financiados por el Estado, con una contraparte financiada por los bancos locales.

En el caso de Nicaragua las agencias gubernamentales de crédito fueron, por ejemplo, las que financiaron la instalación en el país de las empresas transnacionales que controlan plenamente el complejo industrial de productos y sustancias químicas, bajo carácter de empresas locales, utilizando créditos contratados por el Gobierno en el exterior para esos fines.[22]

En el caso de la rama industrial química, como un ejemplo, las empresas aparecen como asociadas a Inversiones Nicaragüenses de Desarrollo (INDESA) del Grupo Banic y su financiamiento como proyecto del Instituto de Fomento Nacional. En el caso de la rama de metalmetálicos ha sucedido lo mismo.

Es oportuno señalar que la sostenida utilización de recursos financieros

[20] BC, p. 40, 1970.
[21] BC, 1960 y 1970.
[22] BC, pp. 38 y 220, 1970; BC, p. 37, 1977.

locales por las empresas enclavadas en ambas ramas (química y metálica) es congruente en los últimos años con el crecimiento de la capacidad instalada y de sus volumenes de producción, así como a la instalación de nuevas empresas.[23] En 1977 ambas ramas realizaron importantes ampliaciones de capacidad para poder atender la demanda existente en el mercado externo. Además, son las ramas que vienen sustentando el aumento de la producción industrial y de las exportaciones industriales. La rama de productos y sustancias químicas ocupa el segundo lugar en el valor de la producción industrial (la rama de alimentos ocupa el primero), y participa junto con la metal metálica y textil de integración con el 52% de las exportaciones industriales totales.[24]

La penetración no se limita a esas dos áreas industriales, sino que adquiere importancia sorprendente en la rama de alimentos, calzado y textiles.[25] No es el volumen de la inversión directa ni la proliferación de empresas extranjeras lo que en exclusiva mide la transnacionalización de la economía nicaragüense, es la calidad de la inversión (sectores en la que se aplica) y el mecanismo financiero de penetración y más importante aún el impacto que produce en el conjunto de la sociedad.

La dependencia que se establece entre el productor industrial y el productor agropecuario para exportación, al montarse la primera fase de industrialización en Nicaragua durante los años cincuenta, es menos sofisticada que la que se da en países más grandes. Los industriales vinieron directamente de la economía agroexportadora tanto a nivel de empresarios, como de capitales. La constitución formal de los grupos económicos monopolistas en 1953 vino a fundir aún más la relación entre ambas actividades. La actividad industrial tuvo su origen en los ahorros rurales que vendrían luego a capitalizar la estructura bancaria recien creada. Es por ello que los pocos industriales del país en los años cincuentas no se constituyeron como un grupo social definido. La mayoría de ellos eran algodoneros o cafetaleros a la vez. Esto significó, por un lado que su inserción en el aparato financiero que se crea en los años cincuenta sirviera para financiar negocios en distintas actividades y en segundo lugar que la actividad industrial que desarrollan no atentara contra el resto de las actividades económicas en las cuales siguió privando la agrario-exportadora. A nivel de la sociedad significó que el industrial no constituyera una capa social independiente,

---

[23] BC, p. 37, 1977.
[24] BC, pp. 33 y 157, 1977.
[25] Donald Castillo en un trabajo próximo a publicarse hace una relación actualizada de las empresas transnacionales en las distintas áreas industriales, donde se aprecia esta importancia. En el trabajo citado de Jaime Wheelock hay también referencias a la penetración de capital extranjero en esas áreas.

ni que la defensa de sus intereses constituyera una fuente de enfrentamiento de clases.

Cuando se presenta la oportunidad de la industrialización en una escala mayor, durante la integración subregional, la economía nacional no cuenta con una estructura disponible para tal fin. Inclusive a nivel institucional no existen los mecanismos para soportar un repentino desarrollo en tal sentido.

El recambio político a comienzo de los sesentas va a significar la modernización del aparato institucional: creación del Banco Central (1961) emisión de leyes bancarias (la Ley General de Bancos y Otras Instituciones de 1963 es el aspecto clave en ese proceso) y la incentivación de relaciones económicas internacionales. La Alianza para el Progreso y sus recursos, así como la exigencia para la integración al desarrollo subregional, llegaron desde afuera más como una respuesta política externa que interna a la situación económica nacional.

Con la formación del mercado común y la implantación de políticas favorables a la industrialización se inicia la irrupción de cambios importantes. En primer lugar, un mercado ampliado exige una empresa industrial relativamente grande, no sólo en capital sino también en experiencia tecnológica, conocimiento de mercadeo y relaciones internacionales. Aún las empresas industriales más desarrolladas en los años anteriores carecían de tal capacidad y experiencia y fueron las primeras en ser absorbidas por las empresas extranjeras, como único medio de soportar las presiones del mercado expandido geográficamente y abierto institucionalmente. La desnacionalización de las industrias alimenticias más dinámicas del país fue el paso inicial de la internacionalización y, la ampliación de las industrias extranjeras existentes con capital local asociado reforzó la participación del capital extranjero comprometido en las mismas. A nivel de empresas nuevas, éstas llegaron practicamente bajo dirección de los intereses transnacionales (industria química, metalmetálica, textiles y alimentos procesados).

Con el desarrollo de la gran empresa industrial se opera no sólo la transformación de la industria nacional existente, sino también el papel de los empresarios comprometidos en ella. Éstos no sólo no abandonan su acción en el sector agropecuario sino que no pierden la oportunidad de convertirse en los elementos locales integradores del gran capital. El carácter monopolista de la dominación interna abre al capital y a los intereses extranjeros la facilidad de contar con interlocutores de poder concentrado, dispuestos a asumir la internacionalización sin asistir a ella como verdadero grupo industrial. El prestar su nombre le permite sin embargo la adquisición de nuevas tareas: representar a nivel local los intereses de la gran empresa industrial extranjera y por otro ser el elemento integrador de esos intereses en el conjunto de la clase dominante.

Este fenómeno de internacionalización, por un lado, y desnacionalización, por otro, provocó profundos cambios en el conjunto de las actividades económicas nacionales y en consecuencia en la composición y diferenciación de las estructuras de clases sociales. Alteraciones que transforman las bases sociales de la oligarquía prevaleciente en los años cincuentas. A nivel de clase dominante se produce una diferenciación de intereses, con todo y que las mismas familias que controlan el sector agroexportador controlan también las actividades modernas industriales. Sin embargo, el desarrollo industrial permite la cristalización de una facción burguesa que allegada al capital extranjero logra canalizar a su favor los cauces de la política económica y tiende a disgregarse de la mediana y pequeña industria, a la cual subordina mediante el monopolio del crédito y los vaivenes de las inversiones.

Por el lado de la clase obrera, también se producen modificaciones. A mediados de los años setentas el 60% de la mano de obra industrial estaba ubicado en actividades fabriles y el 40% en actividades artesanales. La primera estaba concentrada en 450 plantas industriales, la mitad de las cuales ocupaban más de 200 obreros cada una. Para 1978 había 80 mil obreros industriales en el país.[26] Durante el periodo de la integración centroamericana, más del 50% de los empleos industriales nuevos en Nicaragua se concentraron básicamente en tres ramas industriales, de intenso control de capital extranjero: textiles, productos y sustancias químicas y productos metálicos.[27] A estas empresas de integración, de alto contenido tecnológico, se les atribuye hasta 1972 la creación de un total de 12 300 empleos urbanos, lo que representa el 23.5% de la fuerza de trabajo entrante a actividades urbanas entre 1958-68 y el 12.2% si se toma el periodo 1958-1972.[28] Aun cuando ello revela un débil impacto sobre el volumen de empleo urbano para un país con abundante mano de obra, significa cambios fuertes e importantes en cuanto la remoción de formas artesanales de producción, con todas sus implicaciones en la composición y diferenciación de las estructuras de la clase obrera. La atomización de la clase obrera disminuye, dando paso a posibilidades de organización sindical con proyecciones políticas.

EL PAPEL DEL ESTADO

Si bien el primer Somoza había actuado en la vida política y militar desde 1937, es sólo en 1950, con el pacto político libero-conservador, que podemos

[26] *Central America Report.* Vol. No. 35. Septiembre 3, 1979. Guatemala.
[27] *Cline,* p. 578-80 cuadros D-14 y D-15, Apéndice D.
[28] *Cline,* p. 161.

hablar de una institucionalización de la dictadura somocista como régimen clasista de dominación. Con ese pacto la dictadura asimila la pugna sangrienta que liberales y conservadores venían desarrollando desde el siglo pasado.

Esto le concede al Estado somocista una cierta autonomía relativa frente a la clase dominante. La formación de la Guardia Nacional, bajo control del Partido Liberal y directamente de Somoza,[29] dota de sustento a esa especial autonomía.

El Estado asume en 1950 la responsabilidad de ajustar el proceso político a las condiciones exigidas por el modelo de acumulación emprendido en esos años. También asume la responsabilidad de construir la infraestructura básica para el desarrollo capitalista, contando para ello con el respaldo financiero y técnico del Banco Internacional de Reconstrucción y Fomento.[30]

En los años cincuenta, estas obras implicaron la contratación de numerosos obreros y empleados. El Estado amplió su base administrativa, facilitando el ingreso de numerosos grupos medios: de 9 mil empleados públicos que había en 1950 se pasa a 20 mil en 1960.[31] Durante los años sesentas y especialmente a partir de 1963, bajo la presidencia de René Schick, ese personal se duplica impulsado por los programas de fomento a la industria, la agroindustria y el comercio derivados de la integración regional. Luego, a raíz de los programas de reconstrucción de la capital del país en 1973 y 1974, nuevos contingentes de técnicos y empleados son asimilados por el Estado. En 1977 el Gobierno cambia la política de ejecución de obras públicas disponiendo que éstas se ejecutaran por administración directa, en el marco de la pugna política con el sector privado.[32] Si bien con la crisis económica de 1975 el grado de desocupación llega hasta el Estado, puede decirse que una buena parte de los técnicos nacionales laboraban para 1978 en actividades estatales y paraestatales.

Aun cuando el Estado descansa en el consenso de la clase dominante (los pactos políticos), quedan sujetos a la hegemonía del Partido Liberal, y dentro de éste a la fracción del grupo directamente allegado a los Somoza. Esto, junto con el respaldo de la Guardia Nacional, permite al Estado somocista y particularmente al grupo dirigente asimilar recursos estatales para sus propias empresas privadas y contactos institucionales para afianzar

---

[29] Véase Richard Leroy Millett. *The history of the Guardia Nacional de Nicaragua, 1925-1965.* Albuquerque, N. M., 1966.
[30] International Bank for Reconstruction and Development. *The Economic Development of Nicaragua.* Washington, 1953. Es el programa de inversiones sobre el cual descansa el Estado a partir de los créditos que esa institución diera a Nicaragua en los años cincuentas.
[31] CNE, p. 105.
[32] BID, p. 339.

un régimen de alianzas con el capital privado local y extranjero. En esta forma, los Somoza configuran su propio grupo económico privado, ligando las organizaciones burocráticas y militares a esos intereses. Esta especial combinación del Estado como gestor de los proyectos de la burguesía, en cuanto atiende las necesidades globales de la expansión capitalista y como gestor de los proyectos privados del grupo Somoza, fue generando en su dinámica una intensa gama de contradicciones económicas y sociales. Su relación con el gran capital extranjero y nacional, por un lado y la creación o asimilación de grupos empresariales medianos y pequeños, por otro, desfiguró la composición tradicional de la clase dominante y creó nuevos intereses económicos en grupos tradicionalmente no empresariales militares y civiles no burgueses allegados al Estado. Esta conversión de dictadura militar en económica hace la diferencia entre la dictadura somocista y la de otros países centroamericanos, en las que el Ejército y el Estado responden directamente, exclusivamente, a los intereses de la burguesía que les encomienda el poder. Y explica la estabilidad del ejército y la dictadura nicaragüense, contraria a la propensión de los militares al golpe y el recambio de acuerdo con las pugnas de las distintas facciones de la clase dominante. La relación entre los intereses del Estado y los intereses de los Somoza es evidente a finales de los años sesentas. La magnitud de ambos —Estados y grupo Somoza— representa una fuente de empleo y captación que limitó el papel político de una buena parte de los grupos medios profesionales, pues de hecho se ligaron a un sistema basado en la sobreexplotación de obreros y campesinos.

A su vez, esta situación impulsó la radicalización de los grupos no coptados y la participación importante de sectores populares independientes (trabajadores por cuenta propia). Si a esto agregamos el hecho de que una buena parte de los oficiales del ejército (la oficialidad joven) era responsable de la gerencia y cargos técnicos de las empresas privadas del grupo Somoza y de algunas agencias estatales, podrá comprenderse el grado de cohesión interna que adquirió el Estado. Esa coherencia se mostró clara durante la crisis, en la cual hubo escasas deserciones tanto dentro del Estado como del Ejército, lo que impidió una ruptura en el seno de ambas instituciones y fomentó en el lado de la oposición una política de alianzas muy peculiares.

LOS GRUPOS ECONÓMICOS

Al institucionalizarse en 1950 el sistema de dominación clasista se crean las condiciones políticas para que pudiera operar la nueva forma de acumulación capitalista. Es entonces, en 1952-53, cuando la burguesía nicaragüense se integra en dos grandes bloques económicos que convergen en un intermediario financiero propio: Banco de América y Banco Nicaragüense. Separado y entonces en proceso de consolidación, el grupo Somoza, aunque carece de un intermediario financiero propio, cuenta con las entidades públicas de financiamiento (Banco Nacional y el Instituto de Fomento Nacional [INFONAC].

Estos grupos son manifestaciones familiares en la esfera de la economía[33] y su integración responde a la necesidad de confirmar el control de las actividades económicas más relevantes y monopolizar las nuevas actividades productivas en la nueva fase de acumulación.

Ambos grupos, BANAMERICA y BANIC, representan los intereses de no más de una veintena de familias y sus respectivos entrecruzamientos. El estudio más completo sobre los miembros y giros empresariales de cada grupo es el de Jaime Wheelock Román[34] y el que revela las perspectivas de los grupos de sus mismos miembros es el de Harry Wallace Stranchan.[35] Aquí sólo nos interesa señalar cómo la conformación de los grupos coincide con el inicio de una nueva fase de acumulación, coincidencia que traerá consigo la creciente monopolización del desarrollo capitalista nicaragüense por parte de esos grupos. Para fines de una rápida acumulación estos grupos recurren, al amparo del régimen de dominación somocista, a una intensa explotación de los trabajadores y ponen en obra una política de aniquilamiento de los capitalistas no afiliados a ellos, por la vía del crédito y la prestación de servicios.[36] A mediados de los años sesentas estos grupos adquieren, mediante una mayor dependencia con grupos financieros norteamericanos, una notable capacidad de financiamiento (véase en el cuadro 2 cómo salta el crédito bancario a partir de 1965), que les permite acaparar las nuevas actividades comerciales e industriales del proceso integracionista. Esta dependencia significó, para el grupo del Banco de América, el dominio del Wells Fargo Bank y el First National Bank of Boston, y para el grupo del Banco Nicaragüense, el dominio del Chase Manhattan y el Morgan Guaranty Trust.[37]

Pero fue el juego de alianzas que los grupos económicos realizaron al amparo de la competencia monopolista, el que vino a provocar modificaciones en la composición y el poder de negociación de cada uno de ellos, y a revelar sus propias contradicciones internas. En tales condiciones el man-

[33] Harry Wallace Stranchan, *The role of business group in economic development: the Nicaragua case*. Harvard University, 1973, p. 6.

[34] Jaime Wheelock Román, *Imperialismo y dictadura*. Siglo XXI, México, 1978.

[35] Stranchan, *op. cit.*

[36] Ambos grupos manejaban a finales del decenio de los sesentas entre el 80 y el 95% del crédito financiero privado. Stranchan, *op. cit.*, p. 79.

[37] Wheelock, *op. cit.*, hace una clara descripción de estas relaciones.

tenimiento de tasas de crecimiento constante en las ganancias se volvió difícil a comienzos de los años setentas. Se adoptó entonces la política de concentrar el poder en el interior del grupo y reforzar la explotación del factor trabajo. Lo importante no era tener habilidad para producir, sino para vender.[38] Esto incrementó el sector de servicios en la economía de ambos grupos y descargó sobre el consumidor el peso de los costos. El monopolio del financiamiento se ejerció en todas las ramas de la producción, manteniendo así el control en la fijación de precios y las elevadas tasas de ganancias, las más altas de Centroamérica, como puede verse en el cuadro 5.

Cuadro 5

GANANCIAS BRUTAS COMO PORCENTAJES

País	Ventas brutas	Activos fijos	Activos totales
Costa Rica	13.1	37.1	24.7
Guatemala	17.3	43.2	26.4
Honduras	25.5	38.7	29.7
Nicaragua	32.0	60.1	45.6

FUENTE: Vincent Cable. *Foreign investment, economic integration and industrial structure in Central América.* University of Glasgow, 1976, p. 35.

EL GRUPO SOMOZA

El ingreso del grupo Somoza al mercado de las empresas de esos dos grupos vino a complicar el reparto de la ganancia. Somoza se había interesado primero en empresas mineras, agropecuarias e industriales, muchas de ellas asociadas con miembros de los dos grupos mencionados. En los años sesentas el grupo Somoza había logrado expandir sus propias líneas de producción, remozar los negocios tradicionales y racionalizar las empresas agropecuarias para ligarlas a la exportación. Reforzó esto con la construcción de una infraestructura privada: un puerto, una marina mercante, una línea aérea, un aeropuerto, un ferry (cuando la crisis entre Honduras y El Salvador) y una serie de instalaciones para la explotación y procesamiento de productos marinos. Al amparo de la Alianza para el Progreso y el Mercado Común Centroamericano, se dictaron leyes que favorecían la instalación de nuevas empresas industriales bajo la más completa protección. Como el Estado canalizó gran parte del crédito externo y se encargó

[38] Vicent Cable, *Foreign investment, economic integration and industrial structure in Central America.* Occasional Papers No. 21, University of Glasgow, 1976, p. 29.

de distribuirlo hacia el interior de la economía, a través del INFONAC, Somoza pudo establecer así las mejores alianzas con las empresas transnacionales. Más importante aún, pudo seleccionar las áreas más rentables de inversión.

A finales de los años sesentas sus nuevas empresas industriales, agroindustriales y de servicios, ya afectaban seriamente las posibilidades de expansión de la burguesía industrial y comercial. En otros casos afectaba también a empresas de los grupos locales aliados con grupos privados norteamericanos, lo cual internacionalizó la pugna y obligó al diseño de políticas de convergencia. Esta convergencia se expresó inicialmente con la constitución de un grupo de inversiones bajo conducción de capital norteamericano y la tutela política de la Agencia Internacional de Desarrollo. Ese grupo es conocido como Corporación Nicaragüense de Inversiones (Grupos BANIC, BANAMERICA y SOMOZA, juntos).[39] Esto alivia las presiones, pero no las disminuye, ya que en su misma dinámica el gran capital va diferenciándose del mediano y pequeño capital, pese a que éste forma parte de los mismos grupos originales. La situación se agrava para ese mismo tipo de grupos, pero cuyo origen es más reciente, puesto que se ven forzados a optar por una alianza sostenida con los socios tradicionales, que ya guardan dificultades en sus propios grupos originales y una alianza con los nuevos mecanismos del grupo Somoza. Situación visible en Nicaragua durante los útimos años, a partir de 1967 con las presiones por un nuevo pacto político que renovase el de 1950.

Debe aclararse que la fortaleza económica del grupo Somoza estaba determinada no sólo por los negocios e inversiones directamente bajo su control, sino en buena medida por los negocios e inversiones que conjuntamente desarrollaba el grupo en asociación con miembros o bien empresas de los otros dos grupos económicos. Desglosados esos intereses, sería visible que la fortaleza del grupo estrictamente somocista es significativamente menor que la de cualquiera de los otros dos grupos individualmente considerados. Estos intereses asociados fueron determinantes para descomponer el poderío político de la dictadura durante la crisis posterior y vendrían también a jugar un papel crítico en la política de nacionalizaciones emprendida a la caída de Somoza. Son los intentos por forzar a su favor las reglas del juego de la dominación, a nivel político, los que ponen a Somoza y su grupo en evidencia frente al resto de la clase dominante.

La pugna interburguesa

Sin embargo, la pugna se incrementó por el creciente control del finan-

---

[39] Véase, Wheelock, *op. cit.*

ciamiento y la absorción de los inversionistas independientes, afectados por el monopolio. El primer paso para romperlo fue la creación, en 1967, del grupo CAPSA (Corporación de Ahorro y Préstamo, S. A.), con capital dominante de la familia Somoza y otros capitalistas allegados al Estado y básicamente dedicados a la construcción de viviendas, centros comerciales y préstamos comerciales e industriales.[40] En 1967 la pugna se expresó políticamente con rasgos de violencia armada. Pedro Joaquín Chamorro y Fernando Agüero lanzaron, el 22 de enero de 1967, una ofensiva armada en el centro de la ciudad usando grupos campesinos, pero fueron dominados. Obtuvieron la oferta de un nuevo pacto político que renovara las bases del acuerdo de 1950. En respuesta a ellos surgen las guerrillas sandinistas de Pancasan y Pilas Grandes en 1967, mismas que ponen en evidencia a la burguesía y la obligan al repliegue.

En 1971 se firma el nuevo pacto entre Fernando Agüero por los conservadores y Anastasio Somoza Debayle, por los liberales. Se redacta una nueva constitución y se deja el Gobierno a una Junta o Triunvirato compuesto por un miembro de la oposición conservadora (el mismo Agüero), un miembro de la burguesía liberal (Alfonso Lobo Cordero) y un militar (el general Martínez), reservándose Somoza la Jefatura de la Guardia Nacional. La Junta se instala en 1972. El terremoto de ese año creó una pausa en el conflicto interburgués y todos entran al reparto. Sin embargo, en esas fechas Somoza pone a prueba toda la capacidad de su sector privado, aprovechando en su favor el ciclo de reconstrucción en un reparto con la gran burguesía que le permite conseguir la aprobación de ésta para su elección en 1974. Pero también obtiene que la nueva constitución siga manteniendo el monopolio de los partidos tradicionales. Con ello logra eliminar a los disidentes de la burguesía, que pensaban obtener permiso electoral bajo el liderazgo de Pedro Joaquín Chamorro, el que con su agrupación escindida del Partido Conservador se ve obligado a buscar alianzas fuera de los cauces tradicionales. La caída de las inversiones, la paralización de las actividades de reconstrucción y en general el decaimiento de las actividades de la economía provocado por el impacto de la crisis capitalista mundial de 1975, dejan fuera la posibilidad de un arreglo por la vía tradicional del reparto. (Véase el cuadro 1, en donde se advierte que de una tasa de crecimiento del PIB del 12.9 en 1974, se cae bruscamente a una de 1.8 en 1975.)

Si bien el nuevo pacto político de 1971 pretendía atraer a los capitalistas medianos y pequeños a la alianza de la clase dominante, el terremoto primero y luego en 1975 la crisis mundial del sistema capitalista, termi-

---

[40] *Ibid.*

naron por favorecer una política económica favorable al gran capital. El terremoto abre una pausa al conflicto ya que todos los grupos participan en atender la demanda de bienes y servicios requeridos por la reconstrucción. Sin embargo, pasado el primer año de reconstrucción se hizo evidente que los grandes empresarios estaban utilizando el mecanismo de la reconstrucción para satelizar a la mediana y pequeña empresa, haciendo uso del diseño de las obras conforme especificaciones técnicas y financieras que sólo las grandes empresas asociadas al capital extranjero podían cubrir. Esto llevó a que las empresas medianas y pequeñas se viesen obligadas a la subcontratación como manera de sobrevivir y por otra parte a la afiliación a grupos o firmas allegadas al Estado para la búsqueda de trabajos independientemente de los grandes consorcios de obras y servicios. Al mismo tiempo, las agrupaciones obreras iniciaron una fuerte presión por el alza de salarios. Para el gran capital ello se volvió un buen pretexto para el alza inmoderada de los precios, y su control monopólico sobre el mercado un mecanismo que les permitía asimilar con menores riesgos tales presiones.

Con la supuesta necesidad de garantizar el buen cumplimiento de las obras, las agencias internacionales de crédito exigieron especificaciones técnicas y financieras que respaldaban solamente a aquellas empresas con gran respaldo crediticio: el monopolio sobre el crédito incidió nuevamente sobre el acaparamiento de obras en manos del gran capital. Si se hubiese mantenido la tasa de inversiones de 1974, en 1975 no se hubiesen dado las pugnas entre medianos y grandes empresarios, por un lado y entre medianos y pequeños contra el Estado, por otro. En la medida en que las inversiones existían, los empresarios medianos y pequeños tenían acceso a ellas mediante la subcontratación de obras. Sin embargo, la suspensión de créditos en 1975, la caída de los precios de las exportaciones de los productos tradicionales nicaragüenses, la baja de ingresos del Estado y la necesaria dilación en el inicio de obras, puso al descubierto la desigualdad del proceso de asignación de recursos para la reconstrucción. Confiado en el reparto económico el gran capital cerró las puertas políticas al mediano y pequeño capital en la Constitución de 1974. De nada había servido el pacto. Ello dividió a los conservadores y surgió una facción que rechazó abiertamente la política del Estado. Éste, agobiado por la carencia de recursos e impelido por nuevas presiones obreras más organizadas, se lanzó a la imposición de mayores cargas tributarias, que le permitieran ingresos para mantener la tasa de inversiones públicas. La reforma fiscal de 1975, preparada en los últimos meses de 1974, vino a agudizar la pugna interburguesa. El efecto impositivo sobre los ingresos de la clase media fortalecida a la luz de su participación en las tareas de reconstrucción, favoreció que la burguesía no se encontrase sola en su enfrentamiento con el Estado. El desempleo provocado por la paralización de las obras, coincidente con el alza de los precios de los productos básicos permitía la intensificación de las luchas reivindicativas. La burguesía lanza entonces la campaña más fuerte que haya lanzado jamás antes volcada contra la dictadura. El punto central de la campaña era la corrupción estatal, el carácter empresarial de grupos allegados al Estado y el Ejército y la brutal represión en contra de los campesinos del norte del país.

La expansión económica en los veinte años anteriores había generado una clara diferenciación de clases que la crisis de 1975 puso en evidencia. La consistencia que adquieren las guerrillas sandinistas en la montaña y las ciudades del país, imposibilitan a la burguesía realizar la conducción del proceso contra la dictadura. Junto al ahondamiento de la crisis interburguesa se produce la contestación armada en contra del régimen de dominación clasista global. El sandinismo pudo todavía entonces (1975), destruir el intento de la burguesía por confundir su crisis con la crisis general del sistema de dominación.

NUEVAS FORMAS DE ORGANIZACIÓN Y LUCHA DE LOS TRABAJADORES

La coincidencia histórica de la lucha de clases y la crisis interburguesa, no es sino la condensación de contradicciones en ambos niveles que arrastran el proceso a una situación revolucionaria. La forma que había asumido la acumulación de capital hasta 1950 había limitado el desarrollo del movimiento obrero y campesino del país. El crecimiento expansivo de la economía agrícola, que proletariza a fuertes contingentes del campesinado nacional, y el desarrollo de un proceso de industrialización que remueve las bases de la economía artesanal, traen consigo nuevas posibilidades de organización sindical. El severo control represivo, la coptación y la división en el seno de los grupos obreros impidieron, sin embargo, que el crecimiento del proletariado se expresara en formas de organización política, como puede verse en el cuadro 6.

Los esfuerzos de organización obrera adquieren importancia a partir de 1938, bajo el liderazgo de los mineros. En 1943, el intento de organizar la Intergremial y la Confederación de Trabajadores, fue ahogado por la represión.[41] Más tarde los grupos obreros serían controlados por Somoza: en 1949 logra formar la Confederación General de Trabajadores (CGT), cuya dirección habría de controlar plenamente en 1951, ajustando sus deman-

---

[41] CIDAMO, p. 5.

Cuadro 6

NÚMERO DE TRABAJADORES SINDICALIZADOS EN CENTROAMÉRICA, 1973

País	Total	Agrícolas	Indus-triales	Servicios y construcción	% de la población activa
Guatemala	29 186	15 283	4 220	9 683	n.d.
El Salvador	54 387	1 432	24 464	28 491	5.0
Honduras	67 958	39 251	7 573	21 132	8.7
Nicaragua	10 419	602	1 796	8 021	2.0
Costa Rica	58 263	11 353	3 976	42 934	10.7

FUENTE: Cit. por Cline, *op. cit.*, p. 188. Entre 1974 y 1976 el número de sindicalizados se triplica en Nicaragua representando un 5.6% de la población activa. Para 1978 algunos autores señalan que ese porcentaje era mayor (9%).

das al régimen de dominación burguesa y expansión capitalista.[42] Ese periodo de dominio llegó hasta comienzos de los años sesentas, cuando los obreros de la construcción rompen el cerco del somocismo y montan una huelga que impacta a la nación. Entonces los obreros encuentran a su lado a numerosos grupos medios enclavados en la educación media, trabajadores por cuenta propia y sectores políticos independientes. Juntos formaron los primeros grupos de oposición organizada contra el sistema de explotación. Se crea la Juventud Patriótica, como aliento político de las guerrillas sandinistas que operaban en la montaña. En estas condiciones se organiza en 1961 el Frente Sandinista de Liberación Nacional (FSLN), como alternativa de aglutinamiento de las fuerzas populares y campesinas, que encuentran en la vía armada una salida a sus aspiraciones de cambio revolucionario. El triunfo de la Revolución Cubana alentó la organización de la lucha armada. Como contraparte, con una clara estrategia contrarrevolucionaria, la dictadura somocista juega a las presiones de la burguesía y da paso a un gobierno encabezado por el miembro del Partido Liberal, René Schick. Este cambio, la intensa represión en contra de los grupos de izquierda y la reactivación de la economía con el proceso integracionista, hacen disminuir el empuje de la lucha armada y facilitan la más amplia coptación de los grupos medios hasta entonces ajenos al Estado y las nuevas actividades. A finales de los años sesentas, con la elección de Somoza Debayle en 1967 y el ahondamiento de la crisis en el seno de la clase dominante, coincidente con la crisis del mercado común centroamericano, la lucha armada se reactiva en todo el país. Estas operaciones guerrilleras de 1967 son el antecedente más claro de la lucha de los años setentas, por

[42] CIDAMO, p. 6.

haber traído consigo nuevas formas de acción revolucionaria con la participación activa de importantes grupos campesinos. La intensa represión rural y urbana dificulta la organización, bajo conducción de cuadros de izquierda, de los obreros industriales. Esto permitió que la burguesía penetrara esos sectores bajo la bandera del pensamiento social cristiano, provocando así una división que habría de expresarse en la creación de núcleos sindicales, que aunque minoritarios, disponían de mayores facilidades de organización y financiamiento.[43]

En 1974 y 1975 las organizaciones obreras adquieren fuerza y beligerancia política. El sandinismo ha logrado imprimir un acento revolucionario a la actuación de varios grupos, básicamente allegados a la industria de la construcción, logrando disminuir la influencia burguesa en la lucha sindical. El desempleo ocasionado por la crisis de 1975, acompañado de constantes alzas de precios de los productos básicos, favorecen un incremento de la lucha popular. Es el año en que ocurre el desgaste más claro de la dictadura. La reactivación de la economía en 1976 y 1977 no disminuye el empeoramiento del nivel de vida de los trabajadores. La decisión de Somoza de recurrir a las compras masivas de equipo para obras públicas sin licitación y en abierta provocación de las empresas importadoras y constructoras privadas, incrementa en 1977 la pugna interburguesa. Las ofensivas sandinistas de 1977 obligan a la burguesía a la búsqueda de un diálogo con Somoza. En 1978 este comportamiento de la burguesía es más claro aún. A mediados de febrero de ese año y en plena huelga general convocada por grupos burgueses como repudio al asesinato de Pedro Joaquín Chamorro, los obreros tomaron el control de la huelga y la burguesía se vio obligada a replegarse y emitir un comunicado en el que hacía implícito su apoyo a Somoza, bajo condiciones tales como amnistía, disminución de la competencia desleal de Somoza y algunas medidas de democratización. Pese a que la economía en general estaba en proceso de reactivación, la crisis política se incrementó generando a su vez una crisis económica coyuntural (fuga de capitales, falta de divisas, huelgas y abandono de tareas de producción en el campo).[44]

El intento de conducir el proceso es realizado nuevamente por la burguesía en 1978, durante el mes de agosto. Pero la insurrección de septiembre y la toma del Palacio Nacional por el Frente Sandinista, trasladan de nuevo a las organizaciones revolucionarias la iniciativa. La derrota de la insurrección y la imposibilidad de obtener una ruptura en el seno del

---

[43] CIDAMO, p. 6.

[44] *Coyuntura Internacional*, núm. 10, año III, octubre-diciembre, México, 1978, pp. 42-46. Trae un análisis sobre Nicaragua, bajo el título "Hacia el deslinde con la burguesía".

régimen de dominación, permite el paso a la mediación internacional, por la cual la burguesía busca la protección del imperialismo y éste a su vez trata de imponer una salida constitucional a la crisis. La reunificación operativa de las tendencias que en el desarrollo de la lucha se habían formado en el interior del Frente Sandinista, favorece una ofensiva final contra la dictadura, descartando los esfuerzos del imperialismo y los sectores disidentes de la burguesía por instalar un gobierno burgués sin Somoza, lo que configura un auténtico somocismo sin Somoza. Al mismo tiempo las acciones genocidas de la Guardia Nacional convocan amplias campañas de apoyo internacional a la lucha sandinista. La burguesía no tiene entonces otro camino que jugar el riesgo de la victoria revolucionaria y edificar una nueva estrategia que le permitiera influir en el nuevo gobierno. Con la agudización de la crisis interburguesa, los sectores más afectados por la misma propugnaron una fórmula de compromiso con la izquierda, expresada en los acuerdos de San José. La presión de las armas revolucionarias, por un lado y la presión internacional avalada por los Estados Unidos, dieron pie a la aplicación de tales acuerdos que se concretaron en la salida de Somoza.

II

El fin de la dictadura y las perspectivas inmediatas

En julio de 1979, mientras se amplía el forcejeo en el frente sur y ocurre la retirada estratégica del frente de la ciudad de Managua, las negociaciones con Estados Unidos adquieren fuerza. Si bien la burguesía no conduce tales negociaciones, tiene beligerancia y ésta incidirá en el acuerdo obtenido para la salida de Somoza.

La situación particular por la que atraviesa el actual periodo de transición, en el cual es apreciable el grado de participación de la burguesía en los cuadros formales de Gobierno, ha generado alguna confusión en cuanto al carácter revolucionario del nuevo Estado. Tal confusión ignora que el poder político de una clase no se expresa en la acción que lleva a cabo en su nombre un grupo de funcionarios, sino en la capacidad de coerción material que ella pueda ejercer en el plano de la lucha final por el poder. Lucha que aún no ha terminado. Por otra parte el carácter de las instituciones vigentes en el país y los cuadros que las dirigen, pese a su reconocida filiación burguesa en una buena parte de ellas, cambia necesariamente ya que han dejado de expresar la voluntad de una minoría y han pasado a expresar la voluntad de una alianza de clases. Voluntad que tendrá una expresión política más definida en la medida que las fuerzas revolucionarias logren organizar las bases de un poder alternativo. El desarrollo de estas bases: el nuevo ejército sandinista y el partido revolucionario, dependerá a su vez de la remoción de los obstáculos establecidos para su realización por la correlación de fuerzas a nivel de la sociedad, así como por el peso específico de la burguesía y la pequeña burguesía en el seno de la coalición gobernante. En este sentido es importante advertir la intensa campaña internacional que promueve una política encaminada a reforzar la capacidad orgánica de la burguesía, proponiéndola como capaz de constituirse en un elemento indispensable en la conformación de una alianza social revolucionaria. Campaña que favorece el otorgamiento de ayuda condicionada, el fortalecimiento de los grupos políticos burgueses y el empecinamiento en considerar como versión principal de somocismo la que define a éste como la suma de funcionarios y militares y no como régimen de dominación clasista. Esto es importante señalarlo por su incidencia en la formulación de la nueva política económica y la asignación de cuadros que la implementen.

La caída de Somoza no significa el fin de la crisis del sistema de dominación burguesa en Nicaragua, sino el replanteamiento de la misma bajo nuevas condiciones entre las cuales la exacerbación de la lucha de clases y las contradicciones que ésta conlleva, constituyen el nuevo eje de referencia que habrá de definir a quién corresponde en definitiva el poder político.

Si bien el acceso importante del sandinismo al poder estatal no ha llevado a la expropiación y represión de la burguesía, sí ha permitido cubrir la organización de nuevas formas de poder popular, como medio de preparar sólidamente el paso a nuevos estadios en la lucha por el poder político. De la legitimidad adquirida por las armas, el sandinismo procura basar ahora su legitimidad en la organización masiva de los trabajadores y la configuración de un proyecto aglutinante de las clases populares.

Es frente a esos esfuerzos de organización para la conquista del poder político que debe ser evaluado el avance revolucionario en el periodo posterior a la caída de Somoza. Esos esfuerzos representan la concreción de una posibilidad que no se logró en el periodo de la insurrección, tal es la de forjar un poder popular alternativo al Estado burgués, elemento fundamental para forzar un deslinde en el interior de la alianza actual con la burguesía.

Los términos en que se plantea en Nicaragua la cuestión del poder, están definidos a partir del conjunto de la correlación de fuerzas a nivel de la sociedad y la forma en que esas fuerzas desplazan su poder y su capacidad de coerción tanto hacia el interior de la alianza interclasista como hacia el exterior de la misma (las relaciones internacionales). De tal manera que el avance en la organización de un poder popular alternativo está condicionado no sólo por el mismo movimiento de los trabajadores y sus contradicciones internas, sino también por la situación en que se encuentra actualmente la dominación económica, política e ideológica de la burguesía en el plano de las relaciones de producción.

Hemos visto en las páginas anteriores que la caída de Somoza no es sólo el resultado de un agravamiento de las contradicciones y luchas entre la burguesía y el proletariado, sino también el resultado de las contradicciones generales en el seno de la clase dominante en combinación con las pugnas entre facciones de la misma y las demás clases sociales.

Es preciso comprender esto para captar mejor el carácter del gobierno que se instala a la caída de Somoza, como punto de referencia de un abanico de fuerzas políticas heterogéneas y virtualmente antagónicas.

La alianza de clases enderezada contra Somoza incluye progresivamente a la burguesía agropecuaria, comercial y financiera vinculada no sólo a la economía agroexportadora sino también al imperialismo por la vía de la industrialización. Aun cuando la alianza de clases originalmente propuesta —clases sociales en las que se destacaban la pequeña y mediana burguesía, el proletariado urbano y rural y sectores estudiantiles de origen medio— daba prioridad a los intereses generales de las clases populares, las condiciones en que se plantea la insurrección sandinista desde 1975 y la participación de los Estados Unidos y los países de su esfera política en las negociaciones para la salida de Somoza, favorecen que algunos sectores burgueses del gran capital reformulen su relación con el somocismo, dando paso a ciertos vínculos que amplían la alianza con el sandinismo, que si bien posibilitan el desalojo de Somoza, complican la definición del proceso posterior al mismo.

Es ese peso específico que la burguesía ejerce para la modificación en la correlación de fuerzas previas en el seno de la clase dominante y el peso específico que adquiere la pequeña burguesía en el seno de la organización sandinista lo que vendrá luego a determinar que una buena parte de las políticas diseñadas a la caída de Somoza sean convenientes a sus respectivos intereses de clase. Pero no sólo esto, sino que la presencia de los intereses de clase en el nivel del Estado se derivan del hecho fundamental que significa la conservación de su poder material. El peso de una clase no se deriva de la voluntad de sus dirigentes sino del poder real que posee la clase que éstos representan.

La burguesía agropecuaria conserva el control del 80% de ese sector y la burguesía industrial el 75% de su propio sector, en el cual tiene relevancia fundamental el capital y los intereses externos. Esto implica la continuidad de las relaciones capitalistas de producción, con su efecto sobre las relaciones sociales en el campo y la ciudad.[45]

Es en torno a estos hechos reales que giran las condiciones en que se plantea la lucha por el poder político.

La destrucción de la guardia nacional, la desarticulación del Estado somocista y las medidas de nacionalización de la banca y las empresas de Somoza y los civiles y militares no burgueses allegados a él, así como la organización, el liderazgo y el carisma del sandinismo imponen, por su lado, un condicionamiento al poder que la burguesía logra conservar. Un condicionamiento contradictorio: mientras la instalación de un nuevo ejército y la remodelación que fortalece al Estado tienden hacia un mayor estatismo y hacia la formación de un área de producción social y la organización de formas de poder popular, que imponen márgenes de acción a la burguesía, el no afectamiento de su base material (tierras y fábricas) hace descansar las estructuras productivas en el marco tradicional de la economía de mercado.

Es a partir de este juego de contradicciones que la burguesía replantea su estratégica política. Es consciente de que "ha perdido el sombrero pero no la cabeza" y a partir de ahí ha sido capaz de mantener el ritmo de sus presiones sobre las pretensiones sandinistas de ubicarla bajo el control de las masas, ejercido tanto en el nivel de la producción como en el de la distribución. Si bien ha logrado que el discurso sandinista considere la consigna del control obrero como inoportuna y atentatoria de la unidad revolucionaria, no ha impedido que el sandinismo desarrolle la organización de cuadros que puedan llevar al control de las masas sobre la producción y la distribución en un momento dado.

Es en este aspecto que la burguesía desconfía de sus propios compromisos tácticos con el sandinismo y algunos otros sectores sociales allegados al mismo, en beneficio de las razones de su antisomocismo dado por el interés de preservar el orden capitalista. Es en reacción a esa amenaza latente que insiste en oponerse a la central única de trabajadores, a los comités de defensa de la revolución, a los comités políticos, a la movilización de masas sin control del Estado, etc.

En una aparente contradicción, la burguesía nicaragüense podría inclusive debilitar su posición importante en la conducción del Estado, a cambio de que las masas se mantengan en una situación política subalterna de manera que no atenten, en su dinámica, contra la propiedad de los me-

---

[45] Datos tomados de declaraciones de dirigentes sandinistas publicados en el *Unomásuno*, México, jueves 13 de diciembre de 1979; coincidentes con los manejados por Adolfo Gilly en su serie de artículos sobre Nicaragua, publicados en *Unomásuno* del 5 de diciembre al 16 de diciembre de 1979.

dios de producción. Nada nuevo, pues la propiedad burguesa de los medios de producción no implica necesariamente el ejercicio directo del poder político. Precisamente bajo el somocismo la burguesía delegó en la dictadura el papel dirigente en el aparato estatal en beneficio de su dominación. Es evidente que en la actualidad no puede decirse que el sandinismo estaría dispuesto a hacerle el juego a la burguesía al extremo de convertirse en su nuevo brazo armado, o en una dirección política que gestione sus intereses. Sin embargo, la burguesía puede lograr con apoyo internacional, una influencia importante en las decisiones nacionales y en la sobrevivencia de las estructuras de producción capitalistas, sin recurrir a una presencia masiva en los organismos de poder formal. Este papel puede ser jugado por la pequeña burguesía calificada y los cuadros medios modernizantes. En tal línea se ha venido desplazando la ayuda económica internacional mayoritariamente de origen capitalista.

La preservación de la fuerza económica de la burguesía reduce el poder de los sectores revolucionarios dentro de la conducción política, lo que termina por restringir el poder de decisión autónoma de las clases trabajadoras y sectores populares que se esfuerzan por representar el eje de la movilización hacia objetivos socialistas.

Esto tiene un doble significado en las luchas por el poder. En primer lugar la prudencia revolucionaria ha favorecido la organización de las masas sin recurrir a la movilización revolucionaria de las mismas. En tales circunstancias ha acercado las organizaciones populares al Estado no para enfrentarlo como alternativa sino para legitimarlo. Siendo el Estado actual una proyección de la alianza de clases en la cual la burguesía ocupa una fracción importante, las organizaciones populares sacrifican la oportunidad de autonomía y en consecuencia la de tomar conciencia de clase frente a sí misma y frente al exterior. En segundo lugar la falta de autonomía de la clase trabajadora le impide conformar una alianza revolucionaria con los sectores populares más afines a un proyecto nacional que llene sus aspiraciones de conducir la vida nacional en función de sus intereses. El resultado de esta situación es una conducción política pluralista, que no produce una reformulación de clases en el sistema de poder.

No es difícil percibir los conflictos que presenta esta evolución formulada por la presencia de la burguesía y el peligro que ello desemboque finalmente en una versión modificada de las experiencias del populismo latinoamericano.

El colapso del régimen de gobierno somocista toma a la sociedad en un momento de activas tensiones sociales cuya conversión en programa para la toma del poder sólo es organizada por el sector de la militancia popular armada (FSLN).

Es obvio que el acceso al poder por parte de la coalición lidereada por el
sandinismo se enfrenta en ese momento no sólo a la beligerancia de la burguesía, sino también a debilidades en la capacidad organizativa y definición
ideológica de la clase obrera, urbana y rural.

Durante el periodo de la expansión capitalista, los centros urbanos nicaragüenses sufrieron cambios estructurales que incidieron en la constitución
del proletariado asentado en ellos. Los grupos de campesinos que arriban
a las principales ciudades del país en los años cincuenta encuentran ciudades con amplias posibilidades de absorción, si no en cuanto servicios en
cuanto a disponibilidad de tierras en condiciones de fácil adquisición. La
rápida pero ordenada formación de los barrios nuevos en el oriente de
Managua durante esos años constrasta dramáticamente con la formación
de los nuevos barrios en los extremos oriental y occidental en los años sesenta y setenta. Mientras los primeros dan paso a la formación de grupos
obreros y artesanales integrados al proceso económico-social de los cuales
habrán de surgir un buen número de miembros de la clase popular con
acceso a la educación media e inclusive universitaria, los segundos pasan
a depender, para su ubicación en las zonas urbanas, en algunos casos del
paternalismo estatal (los trabajadores marginados ubicados en los barrios
OPEN, repartos Schick, José Somoza, etc.) y, la mayoría, en asentamientos
ilegales, sin perspectivas de ningún cambio más que la alternativa de una
pasividad agresiva ante los grandes despojos e intensa explotación que sufren. Una gran mayoría de esos sectores trabajadores no estuvieron en condiciones de reconocer la importancia del sindicalismo frente la organización
que le imponían en el ambiente político de la dictadura. A su vez, los
sectores más favorecidos se afiliaron a un activismo político concentrado
en formas de mutualismo y socorro, fraternidades obreras y organizaciones
gremiales. La atomización de las formas de producción artesanal y fabril,
impidió la constitución de centrales sindicales de importancia política. El
intenso grado de represión y el estilo en que la burguesía presenta una
alternativa política, a los trabajadores luego de la revolución cubana, viene
a desquiciar aún más las posibilidades de organización que se le abren a la
clase obrera cuando se produce la instalación de la gran empresa industrial.

En esas condiciones el proletariado aceptó los términos propuestos por
los valores dominantes: nacionalismo (impregnado por las gestas heroicas
de la lucha sandinista contra los yankis) el desarrollismo (entendido como
más oportunidades de empleo, independientemente de las condiciones del
mismo) y la reglamentación de las leyes que rigen el sistema de trabajo.
En tal contexto el antagonismo de clase fue desplazado para su proyección
política hacia los sectores radicalizados, invariablemente sujetos a represión y vida clandestina.

Aun en su momento de mayor dinamismo, a partir de la crisis de 1967, el sindicalismo no alcanza un alto grado de desarrollo en las relaciones entre el número de obreros urbanos, las organizaciones sindicales y la dirigencia política.

La concentración monopólica del poder permitió a la burguesía desarrollar un estilo de liderazgo sindical particularmente demagógico, similar al de la dictadura. El sindicalismo que se desarrolla en las grandes empresas industriales (ramas modernas de integración subregional) bajo conducción del capital extranjero tiende a desplazarse de los intereses de la mayoría de los obreros por la particular especificidad de sus relaciones contractuales, conforme las cuales los salarios tienden a ser mayores y las prestaciones más amplias que las del resto de la economía.

La clase obrera se desarrolló así segmentada, ideológicamente comprometida con la lucha puramente reinvindicativa, y aislada de la radicalización preconizada por los sectores obreros clandestinos, y posteriormente por grupos de la clase media y la pequeña burguesía insertos en la lucha guerrillera. Así la demagogia sindical patrocinada por el Estado y los grupos de oposición burguesa fue más bien una técnica de reglamentación política que en mecanismo de politización.

El esfuerzo sandinista por romper tales estructuras sindicales pasivas encontraron desde 1967 una doble resistencia, la de los sindicatos manejados por la concepción de un proceso largo y necesariamente colaboracionista y la de los sindicatos penetrados audazmente por el cuestionamiento paraburgués del capitalismo degradante y el socialismo comunizante. En ambos casos la conciencia obrera estaba dominada por la conciencia de movilidad social implícita en la ideología burguesa, lo que las ubicaba en un plano constante de clase subalterna, en todo sentido.

Sin embargo es de este juego contradictorio impulsado durante los años de la crisis interburguesa (1975-1979) y coincidente con el agravamiento de las condiciones sociales, que surge una mayor concientización acerca del papel de la clase obrera dentro del proceso global de definiciones para la solución de la crisis nacional. Sin embargo, esa concientización y el incremento del número de huelgas en los años 75/79, no desprendió a los sindicatos de sus afiliaciones originales (sindicatos independientes de izquierda y sindicatos sociales cristianos y democratacristianos de tendencias anticomunistas). La participación activa de la burguesía, la iglesia y sectores internacionales afines al capitalismo al lado de los planteamientos favorables a la democratización del poder favorecieron que la afiliación ideológica original de los trabajadores no se rompiera para dar paso a planteamientos claros respecto la lucha de clases y la búsqueda de un nuevo orden social bajo la tesis de la dictadura del proletariado.

Fue la insurrección la que enseñó a los obreros un conjunto visible de hechos y acontecimientos políticos concretos sobre los cuales poder apreciarse a sí mismos frente a las otras clases sociales. El punto de partida para proceder a una reelaboración de su conciencia de la situación nacional.

El sandinismo victorioso no es entonces consecuencia de una clara conversión de las masas en clases sociales, sino que es coincidente y alimentado por el inicio de esa conversión. De ahí que no cuente, por la simple toma del poder, con el sustento de una clase obrera organizada capaz de sugerir un proyecto nacional conforme a sus intereses, viéndose obligado a patrocinar desde arriba una organización de obreros que aún no terminan de entender su propia participación en el nuevo esquema de poder. Situación que se dificulta por la sobrevivencia activa y militante de la burguesía que en algún momento le dio impulso de organización.

Esto hace difícil pero no imposible el encuadramiento de los obreros en un esquema de poder, conforme el cual se le cierran, por un lado, las respuestas eficaces a las reivindicaciones salariales y por otro se deja fuera de posibilidad el control obrero de la producción. Y más claro aún que tal posibilidad se aleja hacia el futuro, ya que la reconstrucción, bajo el molde capitalista permitirá a la burguesía la recuperación de sus fuerzas y una mejor posición para ordenarlas a nivel interno y adecuarlas a las condiciones externas que le favorecen.

Son estas contradicciones en el movimiento obrero y además, el desplazamiento de una buena parte de los cuadros técnicos del Estado anterior de origen no burgués, las que vienen a complicar las tareas sandinistas para organizar un poder popular alternativo. Y en consecuencia abren una serie de interrogantes a las posibilidades de un deslinde ordenado y controlado en el seno de la alianza con la burguesía. Las últimas huelgas obreras hacen prever sin embargo un incremento de las presiones obreras por una nueva definición de los términos concertados originalmente para esa alianza.

Cabe señalar sin embargo que tales presiones, si bien no generalizadas aún, encontrarán una resistencia organizada por parte de la burguesía, sin que sea ésta directamente la que tenga que ejercerla abiertamente. Tendrá que ser el Estado y en ese sentido, será el crédito de los sandinistas el que aparecerá deteriorado. Por el contrario, si los sandinistas abrieran los cauces para una movilización revolucionaria de las masas enfrentarían una situación caracterizada por la internacionalización del poder que conserva la burguesía.

El proceso revolucionario nicaragüense se ve así afectado hondamente en sus bases de organización política. Mientras las organizaciones de masas encuentran salida a las contradicciones que las apremian, el ejército sandinista sigue siendo la expresión de poder material más clara del sandinismo, lo que lo lleva de hecho a asumir también un abierto carácter político.

Las relaciones internacionales juegan un papel que termina por imprimir mayores dificultades a un intento de radicalización.

LA REVOLUCIÓN SANDINISTA Y LAS RELACIONES INTERNACIONALES

La revolución nace enclavada entre las viejas espaldas de la dominación imperial (el Canal de Panamá) y las nuevas espaldas del esquema de seguridad norteamericana (la línea petrolera del sureste mexicano). Surge en un momento en el que los dos últimos intentos de revolución socialista (aun cuando por vías distintas) han sido descontinuados sin la intervención directa de las fuerzas armadas norteamericanas (Portugal y Chile). Al mismo tiempo, surge en momentos en los cuales, también sin una intervención armada directa, los Estados Unidos trabajan con empeño en la desestabilización de la revolución iraní y de los esfuerzos reformistas jamaiquinos, por citar dos cosas.

Una hábil campaña de aprovechamiento de la intervención soviética en Afganistán, está dándole a los Estados Unidos oportunidad no sólo de encontrar salida a su proceso electoral interno, sino también de reactivar a las fuerzas políticas y militares de las naciones aliadas.

Urgida de recursos para la reconstrucción y ahogada por una pesada deuda exterior, la revolución nicaragüense nace atada a los factores de peso internacional.

Si bien la victoria sandinista significa un duro golpe a la estrategia norteamericana diseñada para lograr en la zona una transición gradual de los regímenes políticos autoritarios a democracias resguardadas o viables, representa también una forzada prueba de la capacidad norteamericana para revertir el proceso a su favor. En este sentido los Estados Unidos han dado la respuesta apropiada a la crisis nicaragüense, fortaleciendo el juego interno de la oposición al sandinismo revolucionario y fomentando la participación de las potencias de segundo orden como garantía del curso democrático del proceso.[46]

[46] Para una relación detallada de la política hacia Centroamérica, así como de la forma en que Estados Unidos afrontó la crisis nicaragüense, pueden verse los trabajos que aparecen en el núm. 5 de *Cuadernos Semestrales*, Estados Unidos: perspectiva latinoamericana. Centro de Investigación y Docencia Económicas (CIDE), México, 1979 y en el núm. 6 de la misma publicación. En el primer número mencionado, aparecen artículos sobre el papel de las potencias emergentes en el área y en el segundo, aparecen artículos sobre la relación con Centroamérica, en los que destacan el de Sally Shelton, "Estados Unidos y América Central"; el de Donald Castillo, "El marco sociopolítico de la crisis de Nicaragua y los efectos de la intervención del gobierno del presidente Carter" y finalmente el de Jorge Lawton C.,

El apoyo a las fuerzas anticomunistas adquiere sentido una vez que éstas participaron en alianza con el sandinismo para el derrocamiento de Somoza. Se canaliza a través del respaldo económico a los proyectos que garantizan la reactivación de la economía privada y a los proyectos gubernamentales que garantizan el mejoramiento de las condiciones de vida general de la población. Política que ya venía siendo alentada por los Estados Unidos en sus programas de crédito de los últimos años, conforme los cuales los recursos facilitados a los gobiernos centroamericanos debían canalizarse en beneficio de los pobres (en ese contexto fueron ubicados los créditos para educación rural, desarrollo municipal y financiamiento de los pequeños productores, por parte de la AID a partir de 1977 en todos los países de Centroamérica). El apoyo a las fuerzas conservadoras y antisomocistas pero definitivamente anticomunistas, elimina la necesidad, al menos por ahora, de brindar apoyo a las fuerzas militares del antiguo régimen. La contrarrevolución se vuelve menos visible, más sutil y más efectiva.

Por el lado de las fuerzas populares la influencia norteamericana asume dos modalidades concretas. En primer lugar refuerza el apoyo a los sindicatos social cristianos y social demócratas, incluyendo a los partidos que los conducen políticamente y, en segundo lugar, hace llegar el mensaje de moderación a los grupos de izquierda, por medio de la participación en el proceso de las naciones más fuertes del área (México, Venezuela, Costa Rica y Panamá). En este juego de relaciones Estados Unidos ha encontrado el camino para insertarse en el esquema mismo de soluciones sandinistas.[47]

Si bien es prematuro afirmar cuál será la definición ideológica del futuro nicaragüense, es evidente que la influencia directa e indirecta de los Estados Unidos para esa definición es sorprendente.[48]

"Crisis de la hegemonía. La política de Carter hacia Nicaragua: 1977-1979". También en el presente número de *Foro Internacional*, es importante ver el análisis de Luis Maira, "Fracaso y reacomodo de la política de los Estados Unidos hacia Centroamérica" y el de Fernando Flores Pinel, "El Estado de seguridad nacional en El Salvador: un fenómeno de crisis hegemónica".

[47] Un análisis de las contradicciones de la política sandinista en relación a la actitud norteamericana en Nicaragua, se encuentra en el trabajo de Jorge Castañeda, "Nicaragua: si el imperialismo no existiera, habría que inventarlo". Publicado en el suplemento de *Unomásuno*, del 29 de diciembre de 1979, México, p. 4.

[48] Es relevante para este aspecto el material surgido de las sesiones del Senado norteamericano, relacionado con el préstamo a Nicaragua, como parte del programa de asistencia especial a los países centroamericanos y del Caribe. En las discusiones aparecen bien claras las fricciones que existen hacia el interior del aparato estatal norteamericano respecto a las relaciones con la revolución sandinista, en el contexto de la estrategia global de esas zonas.

DEMOCRACIA Y DOMINACIÓN EN COSTA RICA

José Luis Vega Carballo

INTRODUCCIÓN

Este trabajo no pretende ser una síntesis histórica, ni una interpretación sociológica global de la evolución de Costa Rica o del Estado Nacional Costarricense. Es, más que todo, una primera reflexión que persigue señalar algunas tendencias o *constantes* en dicho proceso, las que a criterio del autor permiten explicar y entender por qué en estos momentos Costa Rica presenta, ante la vista de muchos observadores de la escena política latinoamericana, una sobresaliente y hasta ejemplar excepción. En efecto, las instituciones de la democracia liberal o republicana han funcionado en ella de una manera relativamente estable e institucionalizada desde hace muchos años, sobre todo si se las compara con las de otras naciones del continente y en especial de Centroamérica. Aunque para estudiar la excepcionalidad o especialidad del caso tomaremos como campo de observación y análisis a la historia costarricense desde el periodo colonial, hacemos la salvedad de que dicha historia no es sino, hasta hace menos de una década, objeto de investigaciones sistemáticas, las cuales por supuesto tuvieron sus antecesores.[1] Esto para indicar que aquí se trata sólo de plantear unas cuantas tesis con el afán de que queden sujetas a corrección y estimulen el estudio de estos procesos, para seguir con ello contribuyendo a labrar en un camino de estudios comparativos que se ha esmerado en dejar abierto con positivos resultados Barrington Moore Jr., en sus libros seminales.[2]

---

[1] Me refiero principalmente a la obra de Rodrigo Facio Brenes. Cf. su *Estudio sobre economía costarricense* y el artículo del autor, J. L. V. "Rodrigo Facio: Aspectos de una reflexión sobre el desarrollo nacional" en: Daniel Camacho (comp.) *Debate sobre la teoría de la dependencia y la sociología contemporánea* (San José, EDUCA, 1979, 739 pp.).

[2] Cf. *The Social Origins of Dictatorship and Democracy* (Boston: Beacon Press 1966) e *Injustice: The Social Bases of Obedience and Revolt* (Boston: Beacon Press, 1978). Sin embargo, en este trabajo no se discutirán sus implicaciones todavía con respecto a los problemas históricos y sociopolíticos introducidos por Moore.

Asimismo deseamos contribuir a aclarar algunos de los problemas planteados más recientemente por Guillermo O'Donnell y Oskar Ozslak, en sus estudios sobre el Estado en América Latina.[3]

EL IGUALITARISMO BÁSICO

En el afán ya señalado de buscar las *constantes* principales en la evolución del país y su democracia representativa, observamos de inmediato una cualidad que desde hace mucho se ha venido destacando en estudios sobre la materia, que se proyecta desde el periodo mismo de la colonización española del territorio, y que aparentemente el capitalismo agroexportador no logró del todo abolir: un cierto "igualitarismo básico" entre la población.

El país pudo desarrollar un capitalismo basado en la exportación agrícola, que no tuvo que "arrastrar" superestructuras sociales e institucionales heredadas de un pasado "feudal", esclavista o despótico que quedaran incrustadas en él como resabio sobre todo de la estructura que tuvo la colonia española entre los siglos XVII y XVIII. Los intentos para instaurar el esclavismo indígena o negrero, o algo semejante al "feudalismo" que en su fase suprema supuestamente exportaba España como mercantilismo,[4] si es que los hubo no sobrevivieron más allá del periodo mencionado, y no jugaron un papel decisivo que cambiara la modalidad y la ruta de expansión hacia afuera que se hizo posible, respaldada por el régimen parcelario o pequeño-campesino que floreció en la región central y alta del país, donde se concentró y concentra cerca del 80% de la población.[5] A pesar de que hubo núcleos territoriales donde florecieron, para propósitos productivos específicos, instituciones con sistemas coactivos de explotación de mano de obra —sobre todo indígena—, el régimen de propiedad dentro del cual se enmarcó la mayoría de la población rural, ha sido casi hasta la fecha el de la mediana y pequeña propiedad, a pesar de que en las últimas décadas las fincas más grandes tienden a crecer y a multiplicarse según lo indican los dos últimos censos de 1963 y 1973 y de que se han presentado por periodos

[3] Cf. Guillermo O'Donnell, "Apuntes para una teoría del Estado", en: *Estudios Sociales Centroamericanos*, No. 20, mayo-agosto, 1978, pp. 177-220 y Oskar Ozslak y Guillermo O'Donnell, *Estado y políticas estatales en América Latina: Hacia una estrategia de análisis*, Documento de CEDES/CLACSO, No. 4, Buenos Aires, 1976.

[4] Tal es la tesis de Pierre Vilar en "The Age of Don Quixote", *New Left Review*, No. 68, July-August, 1971.

[5] Hemos discutido estos aspectos en "La Evolución Agroeconómica de Costa Rica: un intento de periodización y síntesis, 1560-1930", *Revista de Costa Rica*, No. 9, abril de 1975, pp. 19-70 y más recientemente en *Costa Rica: economía y sociedad en el periodo colonial, 1560-1820*, mimeo, 1979. Cf. Parte I de la tesis de Roger Churnside, *op. cit.*

fuertes procesos de concentración de propiedad.[6] Es interesante observar que el porcentaje de trabajadores remunerados en el agro se mantuvo estable entre 1950 y 1973, años para los que el censo da las cifras respectivas de 59.53% y 58.66%; por otra parte, los trabajadores por cuenta propia pasan de 9.13% en 1950 a 22.94% en 1963 y aumentaron a 25.83% en 1973. Estos datos deben dar origen a un estudio más a fondo sobre las tendencias a la "proletarización" agraria, con el fin de encuadrar mejor las discusiones sobre la acumulación y el avance de las relaciones capitalistas en Costa Rica.

No vamos a realizar aquí un análisis exhaustivo sobre el tema del predominio o desaparición de la pequeña propiedad. Creemos que ésta es perfectamente compatible con la vigencia de un esquema generalizado de explotación capitalista de los recursos humanos y naturales del país; pero consideramos que introduce en ese esquema límites y modalidades importantes que favorecen a los procesos de democratización en el plano político. Veamos por qué.

La *combinación* peculiar de una economía pequeño-campesina que puso límites tanto al surgimiento de estructuras despóticas precapitalistas como a los procesos de expropiación de productores directos, y el de una moderna economía agroexportadora de orientación capitalista, hizo posible un proceso de acumulación que no fue tan despiadado e inhumano como el delineado por Marx para el caso inglés en *El Capital*, y que no siguió la misma ruta obviamente. De allí, entre otras cosas, lo absurdo de trasladar mecánicamente el esquema marxista de la acumulación al caso costarricense —y diríamos que en general al latinoamericano.[7] Fue así como se estableció en el que nos ocupa, una especie de equilibrio inestable entre dos polos desiguales de organización productiva, social y cultural de la propiedad agraria que se impusieron ciertas reglas de reciprocidad en cuanto a la prestación de servicios y la distribución de excedentes e ingresos.[8] A pesar de algunas tensiones surgidas, el modelo funcionó con relativo éxito como efectiva matriz articuladora de la formación social en las zonas centrales del país; y no sólo con respecto al cultivo del café sino por ciertos periodos

[6] En este sentido el trabajo de R. Churnside apenas abre un debate muy importante. Cf. *The Development of the Labour-Force in Costa Rica*, Ph. D. Thesis, Sussex University, 1979.

[7] A veces se olvida que en muchos países como Costa Rica, la "acumulación originaria" puede haberse realizado por la vía directa de mecanismos menos brutales, mucho más ligados a "la acción directa del hombre sobre la naturaleza que va proporcionando, de esa manera, un fondo adicional de acumulación, sin intervención de un capital adicional". Karl Marx, *El Capital* (Buenos Aires: Editorial Cartago, 1973), I, p. 578.

[8] Habría que incluir en esto la institución del "paternalismo", estudiada por S. Stone, *La dinastía de los conquistadores* (San José: EDUCA, 1976). pp. 107-110.

también en la organización cañera y de otros ramos. Ya en 1933 el Estado intervino por medio del Instituto de Defensa del Café para reglamentar precisamente las relaciones entre esos polos del "pacto cafetalero" cuando la agudización de las desigualdades amenazaba con destruirlo,[9] lo que repercutió positivamente sobre la institucionalización de los conflictos sociales y la reproducción de los capitales; luego este esquema de regulación por el Estado se extendió a otros productos. Volveremos sobre el tema cuando hablemos del Estado y su intervención.

Lo decisivo por ahora es darse cuenta de que el freno de las tendencias hacia la proletarización excesiva del campesinado no implicó un retardo insuperable en el desarrollo de los procesos de extracción y acumulación de excedentes agrícolas y monetarios. Estos se dieron conforme aumentó la productividad del trabajo agrícola; pero no dentro del marco de una expropiación masiva de tierras con una polarización tajante e irreconciliable entre asalariados y capitalistas, o entre éstos y otras clases parapetadas en sistemas en los que la explotación de la mano de obra se hiciera por métodos coactivos, brutales y abiertamente fraudulentos.[10]

¿Qué implicaciones ha tenido, políticamente hablando, la particular *articulación* económico-social de la burguesía agraria costarricense con las clases subordinadas, particularmente de los pequeños y medianos propietarios? Desde un principio del desarrollo cafetalero éstos se hicieron *indispensables*. La estructura predominante de la pequeña propiedad sobre la cual se erigió dicho desarrollo, la escasez de capital monetario para iniciar las empresas por parte de los primeros cafetaleros, así como la bien conocida escasez de brazos acompañada por la posibilidad del pequeño productor "expropiado" de las tierras centrales de reconstituirse como tal en la zona de voltea o de frontera agrícola de baldíos, hicieron ver muy claramente después de los años 50 del siglo pasado, que el *bloque de poder* no podía excluir de plano a esos actores tan importantes en el desarrollo de las fuerzas productivas;

[9] Las tendencias en este sentido fueron claramente apuntadas por Mariano Montealegre, "El problema del campesino", *Revista del Instituto de Defensa del Café*, No. 86, 1941.

[10] Ciro F. Cardoso revisa todos estos aspectos en "La formación de la hacienda cafetalera en Costa Rica (siglo xix)", *Revista Estudios Sociales*, No. 6, Septiembre/Diciembre, 1973, pp. 22-48. Muchas de las llamadas "expropiaciones" no son más que ventas voluntarias de tierras realizadas por sus dueños. Razones especulativas, en condiciones de alza de precios en las zonas de suelos más aptos para el café, indujeron la desposesión, pero sólo para fomentar la reconstitución de parcelas en la periferia agrícola, donde se subastaban los baldíos y donde con la pequeña fortuna era más fácil transformarse en pequeño empresario. Véase el resumen de tendencias que hace Cardoso en p. 60. En igual sentido Stone afirma que la formación de la burguesía cafetalera u oligarquía en vez de hacer desaparecer la pequeña propiedad, la refuerza y expande. *Op. cit.* pp. 102-105.

sin embargo, los "barones del café" eran la fracción más fuerte de la clase dominante, en cuyo nivel se ligaban por intereses pecuniarios y fuertes lazos familiares, con los grandes comerciantes importadores y con los financistas que representaban a los intereses de las casas británicas y que facilitaban el crédito para la cosecha del grano de oro, encargándose de organizar la comercialización externa del producto.[11] Es decir, que a pesar de los límites que imponía a la explotación típicamente salarial la no-separación de infinidad de pequeños y medianos productores de café de sus medios y condiciones tradicionales de producción, esto no significó que existiera polaridad de clases que transaban en condiciones de igualdad ni nada por el estilo. La fracción dominante dentro del bloque de poder era la de los capitalistas cafetaleros, en cuyo surgimiento y consolidación el factor crediticio-comercial fue fundamental, a veces más que la propiedad de grandes extensiones de tierra y el monopolio de la transformación de la renta del suelo en plusvalía capitalista "pura" vía un régimen salarial generalizado. Esto es importante de anotar, porque el desarrollo de los cafetaleros y de los grandes comerciantes usurarios del siglo pasado, tiene lugar como un proceso en el cual, ocupando las posiciones relativamente dominantes en el plano económico-social desde el periodo colonial, no pudieron llevarlas a un punto de absolutización o hegemonía incontrastada desde el cual impusieran un sistema de explotación y dominación despótica, coactiva, o que subordinara y hasta excluyera a la masa de los colonos pequeño-campesinos y a otros agentes en los procesos de producción y comercialización.

En otras palabras, la *reciprocidad* en el trato que se manifestaba en la interdependencia clasista, o sea en el "pacto cafetalero", *no* implicaba que la clase que mayormente se beneficiaba con la extracción de excedentes y su comercio quedara inscrita en un bloque de poder como elemento coconstitutivo y no dominante; lo que sí se hizo patente fue su imposibilidad estructural de "acorralar" y marginar a las clases subordinadas, incluso a los peones semi-desposeídos de sus parcelas a los que por lo general tuvo que proveer de medios de subsistencia en las propias fincas y pagar salarios comparativamente altos, a fin de retenerlos para que no emigraran hacia las zonas de frontera agrícola, y, más adelante, cuando se establecen los enclaves del banano y del cacao, hacia las tierras cálidas y húmedas de las costas atraídos por más altos salarios.

Bajo tales condiciones, el poder de los más grandes cafetaleros quedaba de hecho bastante limitado y reglamentado con sus funciones y tasas de ga-

[11] Hemos analizado esto con algún detalle en "La formación de un régimen de burguesía dependiente: el caso de Costa Rica", en los Nos. 5 y 6 de *Estudios Sociales Centroamericanos*, 1973.

nancia.[12] Se acrecentó con ello el capital usurario lógicamente, sobre cuya base se levantó el bancario ya en la segunda mitad del siglo pasado. Podemos hablar, por consiguiente, de la burguesía costarricense para ese periodo como de una clase capitalista de tipo comercial-usurario, ya que la extracción del excedente lo hacía *principalmente* desde su posición de ventaja en la cadena de dependencias que ataban a los campesinos menores al capital financiero británico y que pasaba por el complejo del beneficio de café y el transporte a puerto de los sacos con el "grano de oro". Claro está que también eran los barones del café poseedores de las más grandes fincas; pero su imperio descansaba esencialmente sobre el poder económico y social que directamente ejercían en las inmediaciones del beneficio sobre otros productores que hacían las "entregas". Esto hizo a los grandes cafetaleros *políticamente vulnerables* ante las presiones y demandas que "desde abajo" comenzaron a aparecer después de 1890, lanzadas por los sectores subyacentes de la población en busca de reformas que ampliaran sus horizontes de participación política y mejoraran sus condiciones de vida.[13] De más está mencionar la importancia de todo ello para el surgimiento y desarrollo de instituciones democrático-liberales, en especial la del sufragio que se fue haciendo cada vez más universal.

En síntesis, que en el plano sociopolítico costarricense, se fijaron primero barreras a la destructividad ilimitada, tanto humana como material del capitalismo agrario. Con las leyes de este régimen se familiarizó pronto casi toda la población, en clara disposición mercantil que llamó mucho la atención de los viajeros del siglo XIX. Pero luego, paulatinamente, a base de presiones y luchas, avances y retrocesos que todavía están por estudiarse en detalle, la masa de pequeños y medianos productores, artesanos y pequeños empleados, peones y carreteros, fue valiéndose de la posición comparativamente ventajosa que tenía dentro de la articulación clasista que regulaba a la formación social y la extracción de excedentes, para arrancar concesiones a los barones del café y del comercio, a pesar de las resistencias que éstos pudieron oponer. Se abrió entonces, especialmente entre 1890 y 1910, como lo veremos más adelante, el camino de la ruptura del sistema oligárquico de gobierno y cambió radicalmente el estilo del ejercicio del poder

---

[12] Recordemos además que el cultivo y el transporte del café absorbió grandes cantidades de mano de obra que no pudo ser sustituida por aplicaciones tecnológicas, lo que en condiciones de escasez de brazos, impedía la formación de un "ejército de reserva" por la peculiar composición orgánica del capital. Cf. Churnside, *op. cit.*, pp. 168 y siguientes.

[13] Stone señala otras vulnerabilidades, principalmente de los grandes cafetaleros, debido a que los hijos de éstos que no se aplicaban por herencia al manejo de las fincas y beneficios, se dedicaban a las profesiones y a la política, asumiendo posiciones críticas o liberales. *Op. cit.*, pp. 262-263.

en Costa Rica. Y con respecto propiamente al desgaste del sector cafetalero después de esos años habrá que mencionar los avances logrados con la creación del Instituto de Defensa del Café en el año 1933, que atrajo la intervención del Estado para obtener mejoras en las relaciones de los débiles con los grandes exportadores-beneficiadores. Años más tarde, con la ley del Régimen de Relaciones entre Productores y Beneficiadores y Exportadores de Café, del año 1961, se avanzó más hacia un relativo debilitamiento de los cafetaleros. Además, en la segunda mitad de este siglo han tenido que competir y compartir con otras nuevas y pujantes fracciones de burguesía en la configuración del bloque de poder, que se ha diferenciado bastante a partir del proceso integracionista centroamericano y la ampliación del mercado interno, teniendo que incluir entre otros actores, a los nuevos industriales, a la "burguesía gerencial", a los altos jerarcas de la "burguesía burocrática" (que controla los puestos estatales por turnos), y aun a importantes sectores de las clases medias, burocráticas y no-burocráticas sindicalizadas o aglutinadas alrededor de los colegios profesionales, y a otra infinidad de grupos de presión y de interés.

Al ingresar estas nuevas fracciones de clase como actores políticos, se ha consumado un interesante proceso de *diferenciación* a nivel de la clase dominante y del bloque en el poder, que se venía perfilando desde mediados del siglo XIX cuando los historiadores señalan la primera división —y también los primeros conflictos— entre grandes productores-exportadores de café y comerciantes exportadores. Lejos ha estado la clase dominante costarricense de haber mostrado monolitismo a lo largo de su trayectoria histórica, la que en medio de una creciente diferenciación muestra conjuntamente una gran *continuidad,* muy bien ilustrada por Stone en su obra ya mencionada.

Mas lo decisivo para el tema que nos atañe es que conforme progresaron y se consolidaron esas diferenciaciones y surgieron distintas fracciones de clase en el bloque de poder, en vez de desmantelarse el esquema básico de fuerzas y contra-fuerzas que alentaba al igualitarismo y a los diversos procesos de democratización, éste se ha visto reforzado en la medida en que la competencia por votos escasos entre esas fracciones y sus organizaciones partidistas, ha contribuido a que se hagan concesiones favorables a las redistribuciones de ingreso y a la apertura de canales de participación. Y esto ha sido tan importante para el desarrollo del modelo de la democracia costarricense que nos atrevemos a introducir la hipótesis de que *sin ese divisionismo* de la clase dominante, que ha ido acompañado de su "expropiación" con respecto a los medios de administración, o aparato de Estado, como lo veremos más adelante, hubiera sido muy difícil que avanzaran los procesos de democratización; pues la clase dominante hubiera podido bloquear las reformas, presentando un frente antagónico unificado y contestando incluso autoritariamente los retos provenientes "desde abajo".

Somos contrarios pues a la tesis de que el esquema del igualitarismo, entendido como relativo a las particularidades costarricenses, se haya deteriorado a raíz del surgimiento de nuevas fracciones de clase dominante, sino que por el contrario se ha matenido —y quizás hasta reforzado— en la medida en que dichas fracciones han tendido a proyectarse a la palestra política en busca del apoyo popular y de las clases medias para sus diversos "proyectos nacionales". El bloque de poder se ha diversificado evidentemente y nuevos procesos de acumulación, concentración y centralización de capitales han sucedido, algunos sumamente rápidos; pero al haberse mantenido abiertos los mecanismos de la participación y la influencia ciudadana en la elección de los conductores políticos del Estado, la legitimación de aquellos procesos ha requerido un accionar político electoral que ha resultado ser muy favorable para que, a pesar de las desigualdades socioeconómicas existentes, se pueda hablar de un proceso concomitante de integración nacional.

LA INSTITUCIONALIDAD ESTATAL

Congruente con el firme devenir de las relaciones sociales favorables a un tipo de desarrollo capitalista "híbrido", en el sentido en que lo hemos aclarado, se fue formando, o más bien con-formando, un Estado liberal democrático que reunía características que conviene examinar brevemente.

Hay acuerdo entre los estudiosos de la historia costarricense en que, así como el peso de las estructuras precapitalistas sean feudales, patrimoniales o señoriales, fue en Costa Rica muy bajo o nulo, en el plano político el Estado (concebido como una relación social de dominación y como articulación general de la sociedad) y su aparato administrativo (la objetivación de dicha relación) fueron muy débiles y periféricos dentro del conjunto de la organización colonial de la corona española que se centraba en la Capitanía General de Guatemala.[14] Además, los funcionarios de ésta se dedicaron a impedir que política o militarmente los inquietos y algo anárquicos colonos de su periferia sur cercana a Panamá, pudieran ampliar su comercio externo y fortalecer sus instituciones públicas, bajo el temor de que esto incrementara las tendencias separatistas o produjera una gravitación autónoma más fuerte de aquéllos con respecto al "transitismo" panameño y, por ese medio, una dualidad de poderes en el resto del Istmo. Y cuando se logró abrir algunas nuevas vías de desarrollo de la economía colonial en Cos-

---

[14] Cf. Rodrigo Facio, *Trayectoria y crisis de la Federación Centroamericana.* (San José: Imprenta Nacional, 1949).

ta Rica, con el cacao y el tabaco, se hizo al final del ciclo regional más favorable de exportación de los productos, lo que deflacionó todavía más a la estructura e impedía su "despegue", así como el surgimiento de una poderosa aristocracia agraria por sobre el núcleo amplio de los pequeños colonos-agricultores, comerciantes y contrabandistas pueblerinos.[15]

De tal modo que la ex-colonia entró al periodo de formación de un Estado Nacional en 1821, con una estructura administrativa raquítica que giraba, con rentas de apenas entre 10 a 15 000 pesos, alrededor de la famosa "factoría de tabacos" que se había ubicado en San José, distante de Cartago, la capital colonial y sede del gobierno y las familias más poderosas.[16] Una vez que en 1823 se logró el traslado de la capital nacional a San José (hecho que se ratifica definitivamente en 1835 a raíz de la llamada Guerra de la Liga), se pasó a centralizar y concentrar allí la administración, así como el mando sobre los cuarteles. Con estas medidas se asentaron las bases mínimas de un gobierno estable, que se vieron luego muy fortalecidas con el ascenso al poder del abogado y comerciante Braulio Carrillo (1838-42), quien impulsó con mano dura la lucha contra los localismos municipalistas e introdujo importantes avances en la legalización del orden administrativo y financiero.[17] Se puede decir que realizó las tareas que con gran facilidad permitieron a la emergente clase cafetalera apoderarse directamente de un pequeño, pero eficaz, aparato adicional de poder, que se expandía paralelamente con el auge exportador y que le sirvió de apoyo en su lucha tendiente a controlar las mejores tierras y las probabilidades de lucro frente a los pequeños productores de café, los comerciantes y los carreteros del Valle Central. Con Carrillo se hizo posible la transición del sistema de *Estado paternal-ilustrado* al estilo de las administraciones del Presidente Mora Fernández (1825-33) a un *sistema patrimonial-oligárquico*, en el cual el Estado aparece como una entidad poco diferenciada de la "sociedad civil" y del control directo que sobre él ejercen los capitalistas sin contar casi con el apoyo de mediaciones ni racionalizaciones que disimularan o encubrieran su papel controlador.[18]

[15] Cf. el excelente estudio de Murdo J. Macleod, *Spanish Central America, A. Socieconomic History, 1520-1720* (Berkeley: University of California Press, 1973).

[16] Cf. Marco Antonio Fallas, *La factoría de tabacos* (San José: Editorial Costa, 1972) y Ligia Estrada, *La Costa Rica de Don Tomás de Acosta* (San José: Editorial Costa Rica, 1965).

[17] Para más detalles el artículo del autor "Algunos procesos sociales y económicos en los inicios del desarrollo político de Costa Rica", *Revista de la Universidad de Costa Rica*, No. 31, septiembre de 1971, pp. 129-140.

[18] Cf. del autor, *La evolución del Estado en Costa Rica: una primera aproximación general, 1821-1979.* Proyecto de Investigación ICAP. Fundación Ford, Doc. No. 11, Abril de 1979, San José, Costa Rica.

En efecto, una vez salido Carrillo del poder y expulsado el general Morazán que lo derrocó en 1842, los capitalistas de nuevo cuño comenzaron a ocupar posiciones relevantes en la estructura del Estado, evidenciando en el plano institucional el poder que ya disfrutaban en los otros ámbitos de la sociedad y en la vida económica. Además, para todo ello contaban siempre con el respaldo y el respeto de los embajadores del capital británico, con quienes guardaban estrechas afinidades e intereses que fueron más allá del corto plazo, llegando hasta los años 40 de este siglo, cuando los bancos locales se hicieron cargo de la financiación de toda la cosecha de café.[19] Hasta esa fecha, la vinculación externa que fomentaba la permanencia de esa constelación de intereses creados, fue decisiva para la consolidación del poder de Estado, para su reconocimiento internacional y para el papel (y sus límites) que podía jugar internamente. Pero a mitad del camino, aproximadamente a la altura de las dos últimas décadas del siglo pasado, importantes cambios en la estructura de aquel poder se dieron, una vez desaparecido el general Tomás Guardia, hombre fuerte en la década anterior, introductor del capital extranjero en el país y verdugo político-militar de la clase dominante a la que arrebató, en un primer y decisivo paso, el manejo directo y familiar del aparato de Estado, dando inicio a la redefinición a fondo que de su papel harán los liberales después de su muerte.[20]

Estas cortas anotaciones historiográficas eran indispensables para poder indicar la ruta de la temprana diferenciación e institucionalización en Costa Rica de un Estado de corte liberal que, sin dejar de responder a los intereses generales y básicos de la clase dominante criolla y del capital extranjero que fluía en esa época hacia el país, adquirió rasgos más definidos de ente público, de aparente neutralidad clasista y de mayor racionalidad legal. Asistimos, entonces, a una nueva transición, esta vez de un *Estado de tipo patrimonial-oligárquico,* donde además se usaba a discreción la ilegalidad y el intervencionismo militar para solucionar las crisis de continuidad, a un *Estado liberal-oligárquico,* en el cual las funciones de la estaticidad se separan o aíslan (relativamente) del ámbito familístico y de controles directos y evidentes que ejercía la clase dominante, y se trasladan a un equipo o *élite* gobernante que se desenvuelve de manera especializada en el campo

---

[19] Carmen de Malavassi y Belén André, *El café en la historia de Costa Rica,* tesis de grado. Universidad de Costa Rica, 1958.

[20] Sobre este periodo histórico y las pugnas de Guardia con la "oligarquía", ver de Ricardo Fernández Guardia, *Cartilla histórica de Costa Rica* (San José; Imprenta Lehmann, 1967), pp. 116-118. Afirma el autor que con la llegada del general Guardia se dio "la anulación de las oligarquías político-mercantiles a merced de cuyos intereses estuvo el poder público por muchos años" (p. 117). Semejante tesis sostiene también Rodrigo Facio en *Estudio sobre economía costarricense,* tomo i (San José: Editorial Costa Rica, 1972), p. 212.

político o de lo público.[21] Desde allí esta élite organizó y legitimó la dominación con cierta flexibilidad y astucia propias, que por lo general no lograban desplegar los hombres de negocios cuando les tocaba a ellos mismos ocupar las posiciones y los mecanismos del mando gubernamental. Pero ¿cómo interpretar esta especie de "expropiación" o retiro de los capitalistas de las funciones de manejo del Estado y sus políticas públicas? ¿Qué implicaciones tuvo esto para el proceso de democratización y estabilización de la sociedad costarricense en momentos de fuerte penetración del capital extranjero?

Lo primero y más evidente que se observa es *la atenuación y casi liquidación del intervencionismo militar en lo político*, el cual se venía dando desde que el presidente Braulio Carrillo diera el primer golpe de Estado en 1838, abriendo con ello una etapa de inestabilidad y autoritarismo que se fue agudizando conforme la concurrencia mercantil y las crisis agudizaban las divisiones y conflictos —por lo demás esperables en un proceso de veloz acumulación de capitales— entre segmentos familiares de la clase dominante o entre los sectores comerciales, financieros y terratenientes de la misma.[22] Sobre este punto volveremos al hablar de la hegemonía "culturalizada" de la clase dominante ejercida a través del Estado liberal-oligárquico transformado más adelante en gran educador popular.

Lo segundo es que, contrario a lo que esperarían muchos defensores de una concepción marxista lineal o mecánica, el distanciamiento de los hombres de negocios con respecto a las responsabilidades del ejercicio directo, abierto e implacable del mando en lo político y estatal así como su sustitución por una intelectualidad burguesa dirigente, *fortaleció al capitalismo criollo y por otra parte afianzó los nexos con el capital extranjero,* disimulándolos, racionalizándolos y garantizándolos efectivamente no sólo con el capital y las tierras de los cafetaleros, sino esta vez además con la base tributaria sostenida por toda la población, base que se había ampliado sustancialmente desde mediados de siglo. En otras palabras, lo que sucedió fue que

---

[21] No podemos aquí hacer un análisis de los condicionantes económicos de esta transición. Señalemos únicamente que esto sólo fue posible debido al auge y madurez alcanzado por la economía agroexportadora capitalista. Así por ejemplo, en la década 1865-1874 los aumentos anuales promedio de la exportación de café duplicaron a los de la década anterior 1855-1864; y entre 1875-1884, la expansión continuó, aunque a un ritmo más lento. Esto nos indica que los procesos de acumulación *habían* ya contribuido a la consolidación de una nueva clase, que era poseedora de los 256 beneficios de café existentes en 1880 y que controlaba la vida comercial y financiera. Cf. Churnside, *op. cit.* p. 239 y tablas 4.1 y 4.2.

[22] Cf. Rafael Obregón Loría, *Conflictos militares y políticos de Costa Rica* (San José: Imprenta La Nación, 1951). Hemos tratado este tema en varios ensayos publicados en la revista *Respuesta* titulados "¿Militarismo en Costa Rica?", en sus números 4, 5 y 6 del año 1979.

el Estado se tornó así en un mejor y más eficaz garante y coadministrador de las relaciones sociales fundamentales sobre las cuales se asentaba todo el sistema de dominación *qua* sistema y no como conjunto específico, particularista o patrimonial de familias o individuos. No decimos que en esas décadas finales del siglo pasado se completara este proceso, sino que alrededor de las mismas tuvo sus inicios y afirmación definitiva como constante histórica que ulteriormente se seguirá elaborando.

En tercer lugar, la institucionalización del Estado y su clara delimitación con respecto a la sociedad civil y al ejercicio del dominio clasista, *lo llevó rápidamente más allá del esquema del Estado "gendarme".* Por una parte, desde los inicios de su formación como Estado Nacional, el gasto público que se extraía de las antiguas rentas coloniales —principalmente del tabaco y del aguardiente y del producto de los impuestos de aduana—, se dirigió hacia la creación de infraestructura favorable al desarrollo del cultivo del café y hacia la construcción de edificios públicos para albergar en ellos a los funcionarios cuyo número iba creciendo paulatinamente. Luego llegó hasta un 40%, lo que de esas rentas tuvo que destinarse al pago de la deuda externa contraída a raíz de los contratos ferroviarios de 1871 y subsiguientes; pero también en este caso, el Estado aumentó su base tributaria y extractiva para invertir en un proyecto que beneficiaría eventualmente a los capitalistas nacionales, aunque ahora nos percatamos de que el principal favorecido fue Mr. Minor Keith y luego la United Fruit Company a partir de 1899, quienes se valieron del ferrocarril para montar sobre éste el "enclave" bananero sin participación de los capitalistas locales. En general, el *record* de gastos públicos en infraestructura tanto del Estado patrimonial-oligárquico (1840-1870) como del liberal-oligárquico (1870-1940), fue impresionante, así como el viraje que muy a principios de este siglo, se observó en cuanto al traslado de fondos del ramo militar y policial hacia el de educación, lo que indicó una variante en el estilo de la dominación gestada desde varios lustros atrás.[23]

Después de la Primera Guerra Mundial, y a pesar de la reacción desatada contra los intentos renovadores del presidente González Flores (1914-17) quien aspiraba a ampliar las funciones del Estado, el intervencionismo de éste fue en ascenso en campos que afectaban de manera directa la rela-

---

[23] Una importante recopilación de datos sobre todos estos aspectos puede hallarse en Maarten Romijn, "Contribución al Proyecto de Investigación Nacional Evolución Histórica del Sector Público de Costa Rica". Proyecto de Investigación ICAP-Fundación Ford, Doc. No. 10, abril, 1979, en el cual basamos nuestras interpretaciones para el análisis del gasto público y las tendencias intervencionistas del Estado. Sobre el intervencionismo del Estado patrimonial-oligárquico. Cf. del autor, *"La Intervención Estatal dentro del campo económico durante el periodo oligárquico",* (Heredia: UNA, 1979).

ción capital-trabajo y no sólo indirectamente su reproducción. Sin entrar a regular el funcionamiento de las empresas mercantiles —ni siquiera en el nuevo Código de Comercio de 1964 se hace—, los estadistas liberales con gran tacto y a ritmo muy lento van reaccionando ante los problemas planteados por la "cuestión social".

Es interesante observar cómo hay marcados cambios en la orientación del Estado liberal al inicio de la década de los años veinte los cuales ya han sido bien estudiados e ilustrados.[24] El proceso que lleva a la entronización del Estado Benefactor en los años 1942-43, se inició mucho antes al nivel de debates sobre la "cuestión social" nacidos al calor de los movimientos populares y sindicales que desde el inicio del siglo agitaron significativamente el ambiente político nacional. Llama la atención asimismo el radicalismo de estos procesos, lo bien que resaltan en la prensa del periodo, y cómo no dejaron de traslucirse en los debates dentro de los organismos representativos del Estado, en especial la Asamblea Legislativa, lo que fue más notorio en los años 1920-25.[25]

La legislación social y laboral de los años 40 constituyó todo un capítulo de la historia nacional, y en las materias que nos atañen, un viraje muy fuerte cuyos antecedentes hemos indicado brevemente. La promulgación del Código de Trabajo (1943), la incorporación a la constitución política del capítulo de las Garantías Sociales así como la creación de la Caja Costarricense del Seguro Social, dieron máxima expresión al intervencionismo estatal en la regulación de las relaciones obrero-patronales y consagraron el abandono de las viejas prácticas liberales, por lo menos en lo concerniente a los asalariados urbanos, ya que en las zonas rurales los derechos de la seguridad social y del sindicalismo tardarán más décadas en adentrarse. Pero los avances de los años 40 fueron muy significativos.[26]

¿A qué conduce con el tiempo el creciente intervencionismo estatal y la expansión de su estructura administrativa y financiera que se observa sinto-

[24] Especialmente por Carlos Monge Alfaro, en *Nuestra historia y los seguros* (San José: Editorial Costa Rica, 1974).

[25] Otro aspecto inexplorado hasta el momento, pero que debe estudiarse a fondo en otra ocasión, es el de los avances del intervencionismo estatal por la vía de los contratos-ley con que se apoyó la penetración del capital extranjero desde 1871. Con los contratos ferrocarrileros y luego del banano, la energía eléctrica, la navegación aérea y el comercio de la gasolina, el Estado con gran fuerza respaldó la entrada del gran capital monopolista; pero intervenía de ese modo también restringiendo la actividad particular y el funcionamiento del mercado local para garantizar la estabilidad *general* que demandaban los representantes de ese capital. Facio apenas aborda el tema. Cf. *Op. cit.,* pp 89 y siguientes.

[26] Aspecto ampliamente reconocido por los tratadistas de nuestra historia, cuyas tesis revisamos en *Costa Rica: una interpretación de su desarrollo socio-político reciente, 1930-1975* (Heredia: *Universidad Nacional,* Cuadernos Prometeo, 1978), pp. 5-11.

máticamente a partir del año 1943 y que se acelera alcanzando volúmenes y cifras sin precedentes después de la Guerra Civil de 1948?[27] En una primera etapa, que entra en rigor con la llegada al poder del presidente Calderón Guardia en 1940, el Estado con el doble instrumento del capítulo constitucional de las Garantías Sociales y del Código de Trabajo y con la ampliación de sus funciones en el terreno de la seguridad y el bienestar social, adquiere el carácter de un *Estado Benefactor*, sin transgredir el marco del capitalismo, ciñéndose a "proteger" el aspecto trabajo de la relación social básica de la sociedad, que comprende a patronos y trabajadores.[28] Es de conveniencia general dentro de un régimen capitalista de producción que aquéllos no se excedan en la explotación de éstos, poniendo en peligro la reproductibilidad del régimen como un todo, razón por la cual el Estado actúa como equilibrador de la relación en cuanto tal, restituyendo un clima adecuado para el normal funcionamiento de los negocios y limando en lo posible los factores que atentan contra la "paz social". De este modo el perfil interventor no transgrede los principios centrales de la dominación social; pero contribuye a redistribuir ingresos, a mejorar la calidad de la mano de obra, a combatir el desempleo y la radicalización política, y a dinamizar la demanda de bienes y servicios vía el aumento de los gastos en los renglones denominados "sociales".

Las bases del Estado Benefactor o Social quedan establecidas en los años 40 y los resultados de la Guerra Civil de 1948 no llevan a la derogación de las leyes sociales ni a la contracción de los gastos públicos de estabilización social. Por el contrario aumentan enormemente con la fundación de innumerables "instituciones autónomas" y el llamado "sector público" se transforma en general en el motor principal que da impulso al desarrollo de los procesos de acumulación y redistribución de ingresos.[29] Las nuevas políticas

[27] Véase el gráfico xix de M. Romijn, *op. cit.* que ilustra las tendencias presupuestarias de 1899 a 1976. En 1943 el presupuesto era de C39.5 millones; en 1950 de C129.2; en 1960 alcanzó a C326.7; en 1970 se elevó todavía más a C796.9 y en 1976 a C2 720.1 (pp. 101-102). Este año alcanzará los C8 000 millones. (Las cantidades estan en Colones, moneda costarricense).

[28] Un resumen de las leyes laborales y de otros aspectos de interés sobre el tema tratado pueden verse en Isaías León, *Evolución histórica de la legislación social en Costa Rica*. (Tesis de grado, Facultad de Derecho, Universidad de Costa Rica, 1957). Hay razones de peso para sostener que la introducción de esta legislación obedeció más que todo a necesidades políticas y sociales de reforma muy ligadas a la difícil coyuntura que vivió el gobierno del presidente Calderon Guardia (1940-44), ya que evidentemente no se había iniciado el proceso de industrialización ni existía un aguerrido proletariado urbano que hubiera presionado para obtenerlas. Las principales alteraciones del orden las lleva a cabo la pequeña burguesía.

[29] Para un panorama general en torno a este papel véase, Instituto de Investigaciones, Universidad de Costa Rica, *Estudio del sector público* (1962). Podríamos afirmar que la "función manifiesta" de las Reformas Sociales no se cumple realmente

estatistas se desatan principalmente con la llegada al poder en 1953 de José Figueres. Las sucesivas administraciones del Partido Liberación Nacional dan un empuje tal a la inversión pública que la llevan a competir o a integrarse en "joint ventures" con la privada, según un esquema que para muchos ha conducido a la aparición de un Estado que, además de ser "benefactor" se ha tornado ahora "empresario", para llenar quizás las insuficiencias de la iniciativa individual. Mas a pesar de las constantes quejas de los capitalistas y de las cámaras patronales frente a la creciente injerencia del Estado en campos que supuestamente les pertenecen, lo cierto es que ni han sido expropiados, ni han retrocedido en sus posiciones hegemónicas de influencia y poder, ni han dejado de hacer negocios y acumular capitales cuyo monto era inconcebible hace una década.[30] Aunque sí se ha producido una redistribución de los ingresos, aparentemente muy favorable al ensanchamiento de la clase media,[31] esto ha ampliado el mercado interno, ha contribuido a fortalecer un clásico amortiguador de los conflictos sociales bipolares y a brindar a la misma empresa capitalista un contingente especializado de mano de obra mejor preparada técnicamente que en otras épocas. Durante los últimos veinte años y en especial a partir del ingreso en 1963 del país al Mercado Común Centroamericano, se fortaleció el desarrollo industrial dependiente, lo que también ha contribuido en general a abrir múltiples y novedosas posibilidades lucrativas para muchos "nuevos ricos"; pero también ha ido acompañado el proceso de un fuerte tutelaje estatal y de un aumento considerable de los empleados y funciones de la burocracia pública.

A este último punto deseábamos llegar. El ascenso y crecimiento de la nueva clase media ha estado sensiblemente determinado por el papel asumido por el Estado desde su transformación en institucionalidad benefactora-empresarial que se impone a la sociedad civil. Un sector mayoritario de esta clase, llamado por algunos "improductivo",[32] se ha anclado al apa-

hasta entrados los años 60, cuando se inició la industrialización sustitutiva, con la formación de una más pujante clase obrera que las pudo entonces disfrutar. El campesino permaneció marginado de ellas (razón por la cual el gobierno del Presidente Oduber [1974-78], se vio obligado a lanzar el programa de emergencia denominado "Asignaciones Familiares"). Pero tuvieron la "función latente" o imprevista de contribuir al desarrollo de las clases medias, al aumento del gasto público y la expansión de las atribuciones institucionales del Estado, que han sido caras de un mismo proceso en la modernización del país y que han desvirtuado en mucho los objetivos primarios de los reformistas de los años 40.

[30] Samuel Stone analiza el papel jugado por estos capitalistas en su *Dinastía de los Conquistadores*, capítulo XI.

[31] Según Víctor Hugo Céspedes, *Distribución del ingreso y consumo de algunos alimentos*. (San José: Instituto de Investigaciones Económicas, Universidad de Costa Rica, 1973).

[32] Esto se debe a que como lo señala Marcos Kaplan, "la expansión de las clases medias ha resultado desproporcionada en relación al grado de desarrollo de la pro-

rato de Estado y lo maneja con muchos márgenes a favor de sus propios intereses traducidos conscientemente a nivel de un poderoso sindicalismo de cuello blanco que abarca a cerca del 60% de los empleados públicos y que viene a amplificar el potencial de sus demandas y la carga política directa que conllevan las mismas. Fenómeno nuevo en la historia del país por su importancia cualitativa y cuantitativa y que obliga a repensar la estructura y orientación de todo el esquema clasista y de la constelación de intereses.

En síntesis, que asistimos en Costa Rica a un proceso de superación de los viejos moldes del Estado Oligárquico-Liberal, que tiene sus antecedentes en las reformas intentadas durante la Primera Guerra Mundial y que se proyecta hasta los años 40, época cuando queda inaugurado el esquema del Estado Capitalista-Benefactor, el cual al intervenir en el campo de la estabilización económico-social poniendo más límites a la explotación indiscriminada del trabajo social, favorece por esa vía a los procesos de democratización interna. Da origen, sin proponérselo, al surgimiento de nuevas clases medias que han participado activamente en la vida democrática y electoral de la sociedad, reforzando los procesos de burocratización y redistribución de los ingresos. Se han abierto en esta forma nuevas oportunidades de movilidad social que han contribuido a alentar la creencia en los valores de la igualdad y la libertad. Por lo menos hasta el momento se mantienen esas clases como bastiones relativamente fuertes de la democracia representativa, dentro de cuyo marco han obtenido importantes concesiones y privilegios. Actualmente la "tecno-burocracia" estatal, densamente sindicalizada, aparece como la vanguardia sociopolítica de esas clases medias en continuo ascenso y plantea al mismo Estado retos de proyecciones difíciles, pues pueden implicar una posible "uruguayización", del modelo costarricense, con las negativas consecuencias de ello para el destino de la democracia.

La dominación indirecta

Varios acontecimientos y procesos aparecidos en la sociedad costarricense entre los años 1890-1930 han tenido excepcional importancia desde el punto de vista del establecimiento de un sistema de dominación que hemos denominado "indirecto", a saber un sistema que no se basa en el ejercicio coactivo ni en la permanencia de una combinación expuesta y autoritaria de poder empresarial y militar ejercido por la propia clase dominante que por esa vía aparecería también como una "clase gobernante".

No vamos a repasar en este momento todo el registro histórico que dé sus-

ductividad y de la eficiencia económica, y a la tasa de crecimiento del sistema". En: *¿Hacia un fascismo latinoamericano?* Mimeo, p. 9.

tento a la aparición de esa *tendencia* a sustituir los mecanismos directos y verticales de la dominación de clase en el periodo patrimonial oligárquico, y que eran reforzados por la intermitente intervención del factor militar, por un sistema mucho más sofisticado que combina al liberalismo y al paternalismo y los viste con ropajes de la mayor legalidad. Quizás sí valga mencionar por lo menos tres hechos importantes, antes de entrar en el análisis de la porte sociológicamente decisiva de ese proceso, que como proceso histórico tuvo sus antecedentes en el agreste liberalismo popular de principios de siglo xix, en la tradición municipalista, y en la mentalidad ilustrada de los primeros gobernantes que impulsaron los procesos del sufragio y la educación pública. Esos hechos, que se producen como resultado de una larga maduración histórica son los siguientes: la insurrección popular de 1889, la entrada del "Olimpo" y de los gamonales a la palestra política aparejada por varias reformas electorales, y la caída altamente significativa del régimen dictatorial de los hermanos y generales Tinoco Castro en 1917, con la ayuda de los "ejércitos" liberales de maestros y escolares.

Con el primer hecho se abrió una historia respecto al sufragio popular y participación política de masas o "desde abajo", la cual, con cortas interrupciones y altibajos, ha continuado aumentando y perfeccionándose a través de las décadas siguientes, aunque sin rebasar todavía plenamente los límites que le impone el esquema de los partidos políticos personalistas o de "notables" que cala contra ella como una fatal herencia tradicional y antidemocrática.[33] Pero de todos modos lo que importa es percibir las constantes históricas detrás de las miriadas de hechos, avances y retrocesos, victorias y derrotas que han afectado el avance de las fuerzas democratizantes dentro de la sociedad costarricense. Y en este sentido la lucha de 1889 es un indicador importante de que las cosas en el país iban a tener un viraje profundo y aleccionador, que pesaría mucho sobre el giro de los acontecimientos futuros, principalmente con respecto al manejo y al estilo del poder político encarnado en las instituciones y en los funcionarios públicos tanto civiles como militares o policiales. Veremos cómo de una manera bastante generalizada, se hizo más evidente a partir de esa fecha que el Esta-

---

[33] Ni siquiera el Partido Comunista costarricense, después de 50 años de lucha y experiencia, ha podido superar efectivamente este esquema a cabalidad, a pesar del énfasis que en él se pone a la importancia operacional y estratégica de la "maquinaria". Mucho menos lo han logrado otras organizaciones políticas que forman parte de la trama del dominio burgués y pequeño-burgués que se ejerce sobre el país y con la cual se moviliza a las masas en periodos electorales, claro está que con el apoyo de una cada vez mejor dirigida y tecnificada publicidad orientada a "vender" los candidatos al igual como lo hacen los comerciantes. Véase del autor, *La crisis de los partidos políticos tradicionales de Costa Rica* (San José: Academia Costarricense de Bibliografía, 1978).

do debía cumplir una función distinta a la de prestar su concurso para decidir cuál fuerza social debía ganar una lucha por el control o apropiación del aparato mismo de Estado, de esa objetivación institucional y jurídica del "tercer sujeto histórico" de la sociedad burguesa dependiente.

Se comenzó así a neutralizar el peso del sesgo que aportaban las intromisiones parcializadas de las autoridades públicas (especialmente las policiales) en las contiendas electorales y retrocedió también una modalidad del dominio oligárquico que fue común en las décadas anteriores y que intermitentemente hubo de retornar para encontrar siempre fuertes resistencias que remitían a aquellos hechos tan importantes de 1889, a veces tan poco destacados por los nuevos estudiosos de nuestra historia. Claro está que los logros que examinaremos fueron parciales; pero histórica y sociológicamente fueron decisivos, ya que así se dio inicio, con respaldo popular, a la lucha por la superación del problema que implicaba la participación electoral activa de quienes ocupaban posiciones políticas y militares en el aparato de Estado. Otros logros vendrán en las décadas del 40 y el 50, con la institucionalización a fondo y la paralela neutralización de los mecanismos electorales; la entrega del mando de la fuerza pública a un Tribunal Supremo de Elecciones concebido como máxima autoridad en este campo y que actúa hoy día como un "cuarto poder" de la República; la prohibición Constitucional de la reelección presidencial y de la participación del presidente en actividades partidarias y electorales; así como de los empleados públicos en cuanto tales, y otras más que justificaron la Guerra Civil de 1948 y el nacimiento del Partido Liberación Nacional como la mayor organización política actual en el país.

Pero veamos algo directamente de lo sucedido y extraigamos las conclusiones relevantes para lo que fue el desarrollo del novedoso sistema de la "dominación indirecta" de clase en Costa Rica.

En efecto, en el año de 1889, el presidente Bernardo Soto apoyó abiertamente la candidatura "oficial" de Ascensión Esquivel como sucesor.[34] Después de una agitada campaña en la que reinó la más absoluta libertad de prensa y debate, éste perdió las elecciones frente a José Joaquín Rodríguez. Ante la vacilación de Soto para aceptar la derrota y con los cuarteles militares pronunciándose a favor de Esquivel, grandes contingentes de masas populares que habían venido participando activamente en el proceso electoral con una intensidad y entusiasmo nunca antes vistos en el país, sitiaron la noche del 7 de noviembre la capital y los principales poblados de la región central armados de palos, machetes y cuanto consiguieron, para exigir el respeto al sufragio y rechazar la imposición oficialista. Movilizados por una

---

[34] Para un relato y análisis de todos los hechos en 1889, véase de José María Pinaud, *El 7 de noviembre de 1889* (San José, Imprenta La Tribuna, 1942).

fogosa dirigencia política, lograron sentar un importante precedente en el camino hacia la eliminación de la injerencia directa de las autoridades públicas en las contiendas electorales, al obligar al presidente Soto a entregar el poder a su opositor y desmovilizar los cuarteles. Pero lo más importante de todo esto es que dicho precedente planteaba ya, abiertamente, la necesidad de escindir la esfera de acción del aparato de Estado frente a lo propiamente político-electoral. Al buscarse una neutralización de la injerencia electoral de los funcionarios y los policías, se permitía que el "mercado" electoral operara librado a sus propias fuerzas, sin interferencias que lo sesgaran e impidieran que efectivamente se desenvolviera un verdadero "juego" político reglamentado imparcialmente por las autoridades que representarían la institucionalidad estatal misma. Es decir, que si el Estado y sus empleados tenían alguna función que cumplir, era la de velar porque la relación de poder que existía en el seno de la sociedad civil, se expresara electoralmente y fuera compatible con las exigencias y mecanismos de la relación gobernante-gobernado.

Así como la misión del Estado en el terreno económico era y es la de garantizar la vigencia y reproducción contractual de la relación social básica de clase que favorecía a una sociedad capitalista agro-exportadora, a saber, la relación entre poseedores y no poseedores de medios de producción con todas sus variantes, en el plano de lo político el Estado debía constituirse en el garante supremo del contrato político salido del juego formalmente libre de los agentes sociales que competían en el "mercado" de los votos y las ideologías por establecer una hegemonía. Y así como en un caso, el resultado de su papel debía ser el mantenimiento de la relación básica en el régimen del capital-trabajo, en el otro tenía que serlo necesariamente la relación asimétrica gobernante-gobernado, por cuya legitimación había igualmente que esmerarse en reforzar. Sin el respaldo dado a *ambas* relaciones a la vez, así como a las reglas de su configuración y reproducción, el Estado no podía aspirar a constituirse en un guardián, aparentemente neutral, del nuevo orden oligárquico establecido por la intelectualidad política de fines de siglo. Tal era, pues, la lógica oculta que emanaba de las luchas por la inauguración de una especie de *New Deal,* que entre otras cosas expulsara a los militares de la política y que, al peso de los sables y los oscuros cuarteles, sobrepusiera el de los votos que conseguían los gamonales y las "luces", que emanaban de las escuelas públicas. Y tal lógica es, por excelencia, la que rige en la "dominación indirecta" cuando una clase dominante opta por liberalizar el funcionamiento de la sociedad civil y por abrirse a un juego político más competitivo, donde el Estado contribuye a impulsar la democratización manteniendo una hegemonía ideológica que las fracciones de la clase dominante no podrían por sí solas establecer.

El primer paso hacia adelante que da la élite liberal para labrarse una *base política propia* o relativamente autónoma sobre la cual asentar la nueva república oligárquica, lo dio el presidente Ricardo Jiménez en 1910, al tender un puente hacia los gamonales de pueblo para ascenderlos a la palestra política como importantes socios y cazadores de votos en las zonas rurales, hasta el momento poco incorporadas a las corrientes de renovación política que se agitaban en los poblados mayores. Como lo señala Samuel Stone,[35] al abrir al gamonal la posibilidad de participar electoralmente en la integración y dirección de las municipalidades del país —que antes se circunscribían a las cabeceras de provincia que controlaban los gobernadores nombrados por el presidente de la república y que con la reforma se establecieron en las cabeceras del cantón—, Jiménez descentralizaba el poder que se concentraba en la capital, sujetaba a elección popular los mismos cargos de gobernador, e insuflaba nuevas ambiciones y ansias de poder en los dirigentes locales, que se vieron de repente lanzados de lleno a la política electoral donde lo que contaban eran los votos y, por supuesto, también las conexiones con los políticos de mayor popularidad que aspiraran a la presidencia de la república. También se establecían infinidad de trampolines de acceso a la Asamblea Legislativa que por esa vía comenzó a "popularizarse". A partir de allí las funciones latentes y los efectos multiplicadores democratizantes de la reforma de 1910, no se hicieron esperar y se avanzó hacia lo que Gino Germani llamara hace unos años un típico régimen de "democracia representativa con participación ampliada".

Pero los gamonales no fueron los únicos, ni siquiera los principales y más estratégicos sostenes del nuevo orden liberal-oligárquico y de su forma estatal de organización. La "dominación indirecta" requería además del "cultivo de las ideas" para ser realmente eficaz y de un acto demostrativo que le diera hegemonía a su función, el cual se tuvo a mano en 1919, cuando los liberales pudieron mostrar sus "armas" así como sus "soldados".

Efectivamente, cuando la dictadura de los generales Tinoco emerge el 27 de enero de 1917, a raíz del "complot" oligárquico para sacar del poder al primer gran reformador anticipado del Estado-Liberal en pro del Estado-Benefactor, Alfredo González Flores, los políticos que promueven y defienden los intereses dominantes de la época, no tienen el menor inconveniente de unirse a la protesta popular y del presidente Woodrow Wilson de los Estados Unidos, en contra de los desmanes anticonstitucionales y autoritarios de un gobierno que quiso romper completamente con el nuevo trato.[36] Al

---

[35] *Op. cit.,* pp. 233-237.
[36] Para un relato de los acontecimientos ver Carlos Monge Alfaro, *Historia de Costa Rica* (San José: Imprenta Trejos, 1959), pp. 240-280; también Carlos Luis Fallas

retornar al viejo esquema de mando por medio de los cuarteles y a las formas más rudimentarias del peculado, la dictadura —que al principio contó con gran apoyo popular— violentó demasiado los principios de la previsibilidad y legalidad de una sociedad y una economía capitalistas que estaban en pleno desarrollo a pesar de los problemas de la guerra mundial. Por otra parte, al mismo tiempo se extralimitó en su misión específica, cual era la de remover al brillante reformador de su puesto y evitar que implantara sus sistemas avanzados de nueva tributación y administración financiera que los cafetaleros y grandes comerciantes no estaban dispuestos a aceptar, mucho menos cuando no había agentes sociales o de clase suficientemente fuertes y organizados como los habrá en el futuro para exigírselos. La dictadura tenía y tuvo, pues, sus días contados. Era imposible sostenerla ante las contradicciones que levantaba en diversos planos de una sociedad que por esa fecha se había acostumbrado a la fluidez y brillantez del régimen liberal, a su ideología y al estilo gubernamental de sus políticos. Y fueron éstos precisamente, los que reaccionaron contando ya con su propio "ejército" de maestros y escolares que los aplaudían en las plazas públicas y los alentaban en los corrillos. En los meses de mayo y junio de 1919, movilizaron las masas populares, esta vez contra la dictadura, e hicieron con ello avanzar los ímpetus de la democratización interna, quizás sin proponérselo conscientemente, movidos por la fuerza de las circunstancias que sobre ellos pesaban.

Desde la perspectiva que nos interesa en este estudio, la corta dictadura de los Tinoco y su mismo derrocamiento ocurrido entre el 13 de junio y el 12 de agosto de 1919, representa efectivamente facetas que son sociológica y políticamente importantes y que merecen destacarse. Sobre todo queremos insistir en la activa participación de *maestros* y *escolares* en la resistencia popular contra los cuarteles, fuerzas que conjuntamente con otras (inclusive las de la diplomacia y las de un barco de guerra de la marina norteamericana apostado en Puerto Limón), fueron decisivas para su caída. Si en 1889 apenas se iniciaba con brío la expansión del sistema educativo costarricense al calor de las reformas liberales, para la época de la primera guerra mundial, dicho sistema funcionaba perfectamente como una alternativa frente a la dominación autoritaria sobre las clases populares y los procesos de formación de cuadros nacionales.[37] En el "proyecto nacional" que se hallaba implícito en las reformas de final de siglo, la educación tenía una centrali-

Monge, *Impacto de la Primera Guerra Mundial en la Administración González Flores, 1914-1917*. Tesis de Licenciatura, Escuela de Historia, UNA., Costa Rica, 1974) y Octavio Quesada Vargas, *Proceso de restauración o la intervención americana en Costa Rica* (San José: Imprenta Alsina, 1922).

[37] Una visión de la época con excelente documentación y datos puede hallarse en la tesis de Fallas Monge, *op. cit.*, especialmente caps. II y III.

dad especial como función del Estado.[38] Este mecanismo societal, antes confundido con la gestión cuartelaria que se volvía abiertamente represiva en momentos de cambio de gobierno o de crisis interna, aparecía ahora revistiendo a un auténtico "Estado pedagogo", a un afanoso constructor de escuelas, colegios y ateneos al servicio de la cultura y el intelecto, que respetaba la libertad de prensa y sufragio, y que sin algarabía forjaba los cuadros de maestros que eran el coro fiel que los "políticos-educadores" venían trabajando por la hegemonía ideológica en las aulas. Las escuelas que desparramaban éstos por todo el país, eran el centro desde el cual los nuevos cuadros se lucían compitiendo exitosamente en atracción, eficacia de movilidad social y prestigio con los curas, las hermitas y los restos de la autoridad tradicional y familiar en que se asentaba la vieja república patrimonial.[39]

Pero el proceso de movilización político-cultural *no* fue espontáneo. Se percibe sobre la acción histórico-política de los cuadros la influencia prepotente de una intelectualidad orgánica superior, de un estrato o *élite* de ilustrados pedagogos, juristas, escritores, pensadores y periodistas, que bajo el título un tanto rimbombante y hasta pedante de "Olimpo", tejieron la malla cultural protectora del nuevo orden oligárquico. Forjados en las mejores y más actualizadas tradiciones del liberalismo europeo, se dedicaron a dirigir el aparato político y cultural del Estado por cerca de dos generaciones, imprimiéndole a la "dominación indirecta" un peculiar carácter "ilustrado" que adobaban con los gestos y la lírica del 'paternalismo de campo'. Ante ellos cedieron los empresarios, se inclinaron los gamonales, vibró la masa y se configuró poco a poco una *ciudadanía*. Fueron los verdaderos constructores de la República Liberal, de la estabilidad y seguridad burguesa, y los enterradores por varias décadas del militarismo.[40]

Sin duda que este tipo de intelectualidad activa es, allí donde aparece, la alternativa ideal frente a la dominación "dura" de los aparatos policiales y es a la vez uno de sus principales enemigos; así como amiga es esa intelectualidad, aunque no incondicional, de las clases dominantes burguesas en las que se apoya y a cuyos intereses de mediano y largo plazo responde por lo

[38] Cf. Luis Felipe González Flores, *Historia del desarrollo de la instrucción pública en Costa Rica*. (San José, 1945).

[39] En 1874 se gastaban en guerra $319 622 y $93 620 en Instrucción; en 1888 las cifras fueron de $358 000 y $281 000 respectivamente; en 1900 de $970 046 y $801 158 y para 1905 de $771 424 y $1 118 185. A partir de los años 20 de este siglo los gastos de guerra disminuirán todavía más hasta verse duplicados en 1930 por los de educación: $2 757 354 contra $4 678 034.

[40] Para un análisis del "Olimpo", sus antecedentes y papel histórico puede consultarse a Carlos José Gutiérrez, "Libertad, derecho y desarrollo", *Revista de Ciencias Jurídicas* (U.C.R.), No. 1, mayo de 1963, y a Samuel Stone, *op. cit.*, cap. VIII.

general. No hay que sorprenderse pues de que, bajo determinadas condiciones críticas, sea esta intelectualidad perseguida y hasta exterminada por los estados mayores del militarismo y de las clases terratenientes de los Estados oligárquicos represivos de la América Latina. Lo cierto, en el caso de Costa Rica, es que la "dominación indirecta" que prefirieron e impulsaron las fracciones más conscientes de la clase dominante, *no* hubiera sido posible sin la cooperación y la relativa lealtad de esta *élite* que se encargó de hacer más tolerante y sofisticada la hegemonía conseguida *previamente* por la clase agro-comercial del país, con el apoyo del capital financiero británico que aportó el oro para su proyecto histórico-nacional.

Le dieron los "Olimpos" al aparato estatal y a sus funciones el carácter de *utilitarismo social* que les faltaba, aunque sin rechazar en el campo económico las ventajas del *utilitarismo individualista*. Aprovechando algunas tensiones de la clase dominante con los sectores populares hicieron resaltar las ventajas de aquél, siendo por tanto, en algunos casos, precursores en ideas del moderno Estado benefactor, intervencionista y paternal, pero no precisamente anticapitalista. Fueron, hasta donde pudieron, en este sentido, los más preclaros y oportunos sembradores de la tendencia popular-reformista que en los años cuarenta de este siglo se abrirá en pleno, señalando el nacimiento de una nueva etapa en el desarrollo del país. Pero fueron ante todo los artífices del sistema de la "dominación indirecta" que tanta eficacia ha tenido para evitar la injerencia militar y para abrir paso a los procesos de la democratización.

LA DOMINACIÓN ABSTRACTA

Aunque esta dominación funciona integralmente como un ingrediente de lo que llamamos "dominación indirecta", desde un ángulo puramente analítico conviene separarla de ésta para observar sus funciones históricas de apoyo racionalizante y legitimador del nuevo orden liberal y democratizante establecido desde finales de siglo y cuya continuidad "reformada" observamos todavía en la actualidad.

¿Por qué hablamos ahora de "dominación abstracta"? No lo hacemos en absoluto porque fuera "irreal", "invisible" o "ineficaz". Es todo lo contrario; su sistematización y puesta en vigencia desde el plano de *lo jurídico* la eleva a un status estratégico, una vez que las relaciones capitalistas lograron en Costa Rica un sustancial desarrollo en el último tercio del siglo XIX y reafirmaron en el país la hegemonía de la clase dominante agroexportadora. Porque ciertamente hubo antecedentes, si se quiere prematuros, en los grandes esfuerzos legisladores del presidente Braulio Carrillo (1838-

40) que tuvieron que ampliarse y pulirse con la llegada del general Tomás
Guardia al poder en 1870 y mucho más durante la *belle époque* inaugurada
por los jóvenes juristas del Olimpo. Pero aquellos esfuerzos sentaron las
bases desde las cuales se abrió paso, fortalecida y rejuvenecida, una tendencia legalista muy bien reconocida en nuestra historia, que fue sagaz-
mente aprovechada para tejer el sistema sutil y para muchos invisible de la
"dominación abstracta".[41]

Sin entrar en mayores detalles historiográficos, que aquí no interesan en
sí mismos, indiquemos que el Código General comenzó a ser sustituido por
una serie de códigos menores o más específicos, entre los cuales debemos
mencionar el Código Penal (1880), el Código Civil (1886) y la modernización por medio de varias leyes del Código de Comercio de 1853. En el año
1901 se emitieron importantes leyes paralelas como las del Registro Civil,
Ministerio Público, Notariado, Tribunales, Registro Público y otras más.[42]
Aparentemente, la confección de estos Códigos y leyes liberales y la proliferación de los famosos contratos-ley —inmodificables unilateralmente por
una de las partes y que regularon la relación entre el Estado y las empresas
extranjeras a partir de la firma de los primeros en 1871 para la construcción del ferrocarril al Atlántico—, son para muchos ingeniosas aplicaciones
o innovaciones jurídicas que contribuyen magistralmente a la regulación
ideal de las relaciones entre los bienes y las personas, que se establecen libremente a manera de obligación.

Lo cierto es que *detrás* de las formalizaciones jurídicas lo que se va te-
jiendo, en abstracto y simultáneamente, a todo lo largo del camino reco-
rrido por los brillantes juristas liberales, no es otra cosa que la especifica-
ción y sistematización normativa de la estructura del Estado. Su papel como
garante universalista (y democrático) de las relaciones sociales básicas que
conforman la sociedad costarricense, queda entonces inscrito en las leyes, los
reglamentos y procedimientos jurídicos que aseguran, desde un punto abstracto en apariencia y de aplicabilidad general, tanto la *coherencia* como la
previsibilidad de esas relaciones. Al unísono se formalizaron y jerarquizaron
los órganos y relaciones de autoridad y competencia de las instituciones estatales sobre todo de manera que no atentaran contra la propiedad privada
y el liberalismo comercial. La dominación que se desprende de esas relaciones sociales básicas, aparece entonces como el *atributo abstracto* de un Estado que personifica la coacción que debe servir de marco de fondo al

---

[41] Hemos extraído nuestras propias conclusiones de la excelente exposición de Carlos José Gutiérrez, *El funcionamiento del sistema jurídico.* San José: Ediciones Juri-
centro, S. A., 1970), que pasa revista a la evolución del mismo con sensibilidad sociológica.

[42] Cf. Jorge E. Guier. *Historia del derecho,* "Bosquejo de una historia del derecho
costarricense". (San José: Editorial Costa Rica, 1968). pp. 1157-1213.

contractualismo jurídico que priva, principalmente, en la relación capital-trabajo.

Con lo anterior queremos afirmar que una de las constantes más notables que aparece en el marco de la "dominación indirecta", es ésta de esconder y disimular bajo el manto del derecho a la articulación de clases desiguales. El poder es percibido como una función legítima que emana de órganos superiores y especializados, donde aparentemente no privan las distorsiones de los intereses e instrumentos de clase, y menos los del patrimonialismo y el personalismo. Vista desde este ángulo la actividad legisladora que se produce, bajo gran continuidad constitucional desde 1871 a 1949, es un indicador muy claro en la Costa Rica liberal, del desarrollo de las relaciones capitalistas de producción y comercio; pero lo es *también* de la transformación en algo abstracto y formal del sujeto jurídico de la compra-venta del trabajo y de todo lo concerniente y derivado de la misma, incluyendo al papel del Estado como el de su garante supremo e invocable restaurador. Que todo esto apoya, como lo hemos afirmado, a la "dominación indirecta" de clase es innegable, ya que desvanece bastante el papel coactivo de los hombres de negocios, así como el de los políticos e intelectuales que pueden actuar sigilosamente en consonancia legítima con los intereses pecuniarios. Dicho papel coactivo es "traspasado" al Estado y a sus instituciones, nivel en el cual la dominación es suavizada y se establece por añadidura según los principios reforzantes de la "ciudadanía", es decir, de los mecanismos de representación y participación en la elección de quienes legislan y por esa vía materializan las decisiones y forjan la institucionalidad del Estado, en lejanía aparente de los intereses más visibles de la clase dominante.

En Costa Rica el cultivo del legalismo ha sido un artificio que ha favorecido la democratización a pesar de representar como tal, la "dominación abstracta" de los códigos, pero resulta que esta no se ha visto como tal al ser sistemáticamente reforzada por la extensión paralela de los derechos ciudadanos a capas más amplias de la población todo lo cual ha logrado legitimarla y racionalizarla junto con la "dominación indirecta".

CONSIDERACIONES FINALES

Desde temprana época del siglo pasado Costa Rica comenzó a destacarse en el contexto centroamericano y latinoamericano por su relativa estabilidad política, respaldada por un régimen de democracia liberal representativa, el cual con breves interrupciones ha funcionado "clásicamente" como envoltura superestructural de una economía y sociedad agroexportadora. Muchos factores de índole interna y externa han debido jugar importantes papeles en ese desarrollo. En este estudio hemos escogido algunos de ellos para elaborar una interpretación de la ruta seguida por el país en el sentido indicado, dejando de lado por el momento la consideración de varios otros, incluyendo los de índole externa o geopolítica, que no dejan de tener una gravitación importante. Nos hemos concentrado en los siguientes:

a) El igualitarismo básico;
b) La institucionalidad estatal;
c) La dominación indirecta; y
d) La dominación abstracta.

Más que factores "causales" en el estricto sentido del término, se trata de constantes histórico-sociales que han operado lentamente en el transcurso de la evolución favoreciendo doblemente tanto el retroceso de los métodos coactivos en la dominación social como la formación temprana de un Estado Nacional de tipo democrático-liberal, en un proceso sostenido por la reproducción ampliada de los capitales agrarios sujetos a un patrón acumulacionista que no rompió los marcos de la pequeña y mediana propiedad del Valle Central.

Esas constantes son en realidad procesos impulsados por multitud de fuerzas y agentes sociales, incluyendo los movimientos y luchas de clases, a los cuales hemos hecho referencia, pero sin entrar de lleno en su consideración, ya que preliminarmente nos ha interesado sólo trazar las líneas generales del proceso histórico, más que su dinámica interna; aunque éste es un aspecto sobre el cual tenemos conciencia de la necesidad de ahondar. Pero hay todavía lagunas importantes en el conocimiento histórico de los movimientos sociales y la formación de los partidos políticos y organizaciones de clase (incluyendo las propiamente sindicales) que nos limitan sobremanera, esperamos que sólo sea temporalmente, mientras avanzan más la multitud de investigaciones que se efectúan por parte de las nuevas generaciones de estudiosos de nuestra historia social y económica. El hecho de que se le haya dado mayor énfasis a esta última, no debe implicar que se relegue la otra a segundo plano en un giro economicista que, desde un punto de vista sociológico y dialéctico, es insuficiente para explicar los fenómenos sociales en su conjunto, movimiento e interrelación estructural e ideológica.

Unas palabras finales solamente con respecto a los factores internacionales que favorecieron el proceso. Primero que todo la debilidad del nexo colonial en los siglos XVII y XVIII. En segundo lugar, en el XIX, la relación con el capital británico que no implicó entrega territorial alguna, ni tampoco su penetración o injerencia directa, política o militar, lo que significó que la oligarquía agrocomercial recibió un temprano y muy oportuno reconocimiento a sus esfuerzos de estabilización interna y por aumentar la productividad que sustentaba a una boyante economía exportadora. Y en tercer lugar, la entrada del capital norteamericano bananero a finales de siglo, seguido por otras inversiones en las ramas de los combustibles, las comunicaciones, la energía eléctrica y más recientemente de la industria, se ha aprovechado de las condiciones favorables que ejerce la democratización sobre el capitalismo y el desarrollo del mercado interno, más que atentado contra ellas.

Si en algunos casos se han aliado los intereses extranjeros con los nacionales en el combate de algunas medidas democratizantes, especialmente después de 1940, en las fases decisivas han sabido trabajar evitando las imposiciones, vía la negociación y la intermediación, más que la conspiración y la desestabilización. Asimismo, las élites locales han estado siempre muy conscientes de sus debilidades político-militares hacia el exterior; pero también de su fortaleza y hegemonía internas, lo que les ha valido un cierto reconocimiento de independencia que han sabido aprovechar para incluso integrarse a los procesos de la inversión foránea sacando algún partido, aunque por supuesto, no "la parte del león". Se ha tratado en síntesis de un sistema de "dependencia negociada", con aperturas y cierres, periodos nacionalistas de tensión y otros en donde a veces la apertura excesiva de la economía ha desestabilizado —como en la actualidad— los finos mecanismos del balance interno de fuerzas. Difícil realidad, plagada de medidas pragmáticas, que no se doblega fácilmente a los esquemas y las generalizaciones simplistas.

En síntesis, hemos querido ofrecer un esbozo de algunas tendencias de la evolución social y política costarricense, sin pretender agotar el tema. Más bien llamamos la atención sobre la necesidad de profundizar más en el estudio *comparativo* del caso y de ir precisando mejor las interrelaciones entre los distintos factores del proceso a fin de obtener explicaciones cada vez más coherentes y sistemáticas.

PANAMÁ ANTE LA DÉCADA DE 1980

Guillermo Castro Herrera

I. Antecedentes para el análisis

Hasta la década de 1970, la República de Panamá ocupó un lugar relativamente secundario en la realidad latinoamericana. Para las fuerzas nacionalistas y antiimperialistas del continente, Panamá constituía ante todo un dato más en la cronología de las agresiones norteamericanas contra las naciones de América Latina. La imagen dominante que esas fuerzas tenían del país era la de una "república inventada" para legitimar el despojo hecho a Colombia de una parte de su territorio en 1903. En realidad, la tónica de la actitud latinoamericana hacia nuestro país era básicamente la que se derivaba de la interpretación imperialista de nuestra historia, sintetizada en el "I took Panama" con que el presidente Teodoro Roosevelt canceló las discusiones sobre el papel de los Estados Unidos en nuestra tardía independencia.

Esta actitud, que tanto dificultaba una comprensión verdadera y efectivamente solidaria hacia los problemas del pueblo y la nación panameños, no ha desaparecido por completo, aunque está en proceso de hacerlo. Todavía existe, de una u otra manera —e incluso dentro de algunos sectores de la sociedad panameña— esta visión oligárquica y semicolonial, por su contenido reaccionario y sus consecuencias políticas desmovilizadoras, del pasado —y por ende del futuro— de Panamá. No es el objeto de este trabajo desmentir lo que la realidad misma ha desmentido ya, sobre todo en la última década. Sin embargo, para que el ensayo de interpretación de nuestra coyuntura que intentamos sea posible, es necesario empezar por reiterar algunos hechos básicos.

El más importante de estos hechos es el de que la independencia de 1903 fue el resultado de un proceso de formación nacional cuyos primeros rasgos distintivos se remontan a finales del siglo XVIII. Este proceso fue mediatizado por la intervención —una de tantas en nuestro país— del imperialismo norteamericano en contubernio con el sector más reaccionario de la sociedad panameña de principios de siglo. En efecto, desde la desintegración de la Gran Colombia bolivariana en el segundo cuarto del siglo XIX, Panamá conoció múltiples intentos de independencia, que reflejaban una composición y una problemática histórico-sociales distintas y antagónicas a las de la submetrópoli bogotana. Cada uno de esos intentos, a su vez, estuvo marcado por una u otra de las tendencias sociales cuya contradictoria unidad definía a la sociedad panameña, y muchos de ellos terminaron mediante la intervención norteamericana a favor de las fuerzas más reaccionarias, de Colombia en general y del Istmo en particular.[1]

En este sentido, se puede afirmar que el imperialismo contó en 1903 con la coyuntura que le ofrecía una doble contradicción, desigualmente madura: entre las oligarquías colombiana y panameña, por un lado, y entre ésta última y el pueblo panameño, por el otro. Por esta hendija penetró el imperialismo, con aspiraciones de eternidad. De esa entrada resultó una independencia cuya forma política venía a ocupar un lugar intermedio entre el neocolonialismo impuesto por los Estados Unidos a Cuba tras la intervención de 1898-1902, y el coloniaje renovado que la misma potencia impuso a Puerto Rico desde aquel entonces. La organización política inicial de la dependencia de Panamá respecto al imperialismo norteamericano se reflejó en una formación estatal que puede ser caracterizada como oligárquico-semicolonial, expresiva del maridaje entre una oligarquía comercial-terrateniente y un enclave colonial sometido por completo a la autoridad de un Estado extranjero.

El maridaje entre el imperialismo, como fuerza hegemónica, y la oligarquía, como socio menor, encontró su instrumento jurídico-formal de mayor alcance en el Tratado Hay-Bunau-Varilla, de 1903[2] Dicho Tratado se con-

---

[1] Dichas intervenciones se dieron al amparo del Tratado Mallarino-Bidlack, negociado en 1846 a 1848 entre los Estados Unidos y la República de Colombia. Se echa de ver que por esas mismas fechas los Estados Unidos preparaban, desataban y consumaban la guerra de agresión que culminará con el despojo hecho a México de la mitad de su territorio. Pero lo fundamental a considerar aquí es que fueron las contradicciones internas de la sociedad oligárquica colombiana, y la inestabilidad permanente de ellas derivada, las que hicieron realmente posible el ejercicio por los Estados Unidos del derecho de intervención así adquirido.

[2] Aparte del Tratado de 1903, otras negociaciones de importancia tuvieron lugar en 1926 (por la que se pretendía atar a Panamá a los Estados Unidos de modo automático en caso de guerra, y que fue rechazada bajo fuerte presión popular); en 1936 (por la que se revocó el derecho de intervención de los Estados Unidos en los asuntos internos de Panamá y se consiguieron algunas ventajas económicas para la naciente burguesía panameña); en 1947 (por la que se pretendía que permanecieran fuera de la Zona del Canal las bases establecidas para su protección durante la guerra, y que fue rechazada por presión popular, dando una clara demostración de que el pueblo panameño no reconocía a los Estados Unidos ningún derecho fuera del enclave colonial); en 1955 (por la que se ampliaron y perfeccionaron las ventajas económicas obtenidas en 1936, abriendo espacio al proceso de industrialización que en-

virtió inevitablemente en el sostén fundamental del poder oligárquico en Panamá a nivel *político*, con sus cláusulas de perpetuidad y de derecho de intervención en los asuntos internos de Panamá a favor de los Estados Unidos. Pero, simultáneamente, la capacidad de la oligarquía para promover el desarrollo capitalista-dependiente del conjunto de la economía panameña, conservando al propio tiempo su unidad como bloque de poder apto para negociar con el imperialismo los intereses de la nación, se convirtieron en la condición interna ineludible para preservar las formas oligárquico-semicoloniales de la dependencia panameña.

Es necesario señalar aquí que las condiciones de esta relación fueron extremadamente duras, incluso para la oligarquía panameña. Hacia 1925, ésta había agotado todo el espacio político que le había abierto el Tratado de 1903 para la organización de su poder en Estado, y se veía obligada a recurrir a las fuerzas de ocupación norteamericanas para reprimir las primeras manifestaciones importantes de descontento popular. Con ello, quedaba en evidencia que su capacidad para representar el interés general de la nación en el marco de las relaciones de dependencia instituidas en 1903 se había agotado en el curso de una generación. De allí en adelante, se inician dos procesos paralelos: por un lado, un permanente esfuerzo del bloque oligárquico por renegociar los aspectos más regresivos que la relación original de dependencia imponía a su propio desarrollo y al de la nación en general y por otro, una constante y creciente pérdida de legitimidad de ese bloque como agente negociador de los intereses nacionales, que tendían a disociarse cada vez más de los que él representaba.

De esta manera, se gestó desde la década de 1930 una forma peculiar de expresión de los conflictos internos y externos de la sociedad panameña, caracterizada por una sucesión de negociaciones y reformas al Tratado de 1903 que, de hecho, dieron lugar a una específica cronología de nuestro desarrollo histórico hasta el presente. En 1926, 1936, 1947, 1955, 1967 y 1977 se produjeron resultados de muy disímil importancia en esta negociación permanente, de los cuales los más importantes en cuanto a las consecuencias históricas del acuerdo logrado son probablemente los de 1936 y 1977, del mismo modo que el de mayor importancia en cuanto a la imposibilidad de lograr un acuerdo fue el de 1947. Es importante tener presen-

tonces se iniciaba en Panamá); en 1967 (por la que se pretendía modificar las formas más visibles de la relación semicolonial, sustituyendo la perpetuidad por un plazo de 100 años, dando pleno derecho al desarrollo de instalaciones militares en la Zona y concediendo el derecho a la construcción de un nuevo canal a nivel con su correspondiente "Zona" a los Estados Unidos, todo en un solo paquete. Su rechazo bajo presión popular marcó el fin de la capacidad oligárquica para la administración de la política interna del país); la de 1972-1977, que condujo a los Tratados Torrijos-Carter, descritos sumariamente en este trabajo.

te que estos acuerdos han constituido siempre la expresión jurídico-formal
de una correlación de fuerzas económicas, políticas y sociales internas y externas a Panamá y que, por lo mismo, cada uno de ellos debe ser visto como el reflejo de una situación histórica más amplia que él mismo, y como
una suerte de "programa general" para la solución de determinadas contradicciones inherentes a esa situación. Del mismo modo, debe entenderse
que cada acuerdo logrado entre Panamá y los Estados Unidos ha tenido
como límite real de su vigencia el de la correlación de fuerzas que obligó
a negociarlo: resultado de ello ha sido que la "perpetuidad" acordada en
1903 se agotara en 74 años, del mismo modo que el derecho de intervención
en los asuntos internos de Panamá quedara cancelado en 1936.

En todo caso, siempre es útil insistir en el hecho de que, aun en las condiciones extremas de dependencia en que se ha dado el desarrollo de la
nación panameña, sus conflictos internos han sido la condición fundamental en última instancia para la acción de los factores externos que coinciden
con ellos en la conformación del panorama global del que cada Tratado
ha sido expresión y respuesta. De este modo, aunque el enclave colonial
constituyó durante mucho tiempo la expresión más patente de nuestras contradicciones con el imperialismo, no era la causa fundamental de ellas, sino
la más destacada de sus consecuencias. En efecto, la causa fundamental
de esas contradicciones ha sido, y es, nuestro desarrollo capitalista dependiente, que permea y mediatiza el desarrollo de la nación panameña en su
conjunto.

El carácter global y totalizador de esta vía de desarrollo capitalista explica y encubre, a un tiempo, las razones de fondo y las aparentes parado-
jas eventuales con que se expresa el consenso generalizado de la necesidad de
luchar contra el enclave colonial, consenso éste que ha sido un elemento
constante en el desarrollo de los sectores fundamentales de la sociedad panameña que, con su antagonismo hacia el bloque oligárquico de poder, han
escrito lo fundamental de nuestra historia. El enclave representa una forma
visible y concreta de cotidiana agresión imperialista, mucho más fácil de
percibir y de ser utilizada como instrumento de movilización política que las
inherentes a formas más sofisticadas de neocolonialismo. Esto, combinado
con el atraso general de la formación social panameña en su fase oligárquica,
dio lugar a un proceso ideológico de formalización nacionalista de las luchas sociales, el cual vendría a tener una importancia fundamental en la
década de 1970.

En las condiciones descritas resultaba inevitable, en efecto, la permanente transfiguración de toda lucha civil fundamental en una lucha nacional
dirigida contra el enclave colonial, en el que se reconocía además una condición *sine qua non* de la permanencia del bloque oligárquico de poder.
Era inevitable la percepción de que la total dependencia de la oligarquía

respecto al imperialismo, aunada a su rígida estructuración del poder político, la obligaba por un lado a entender toda negociación como un perfeccionamiento de las condiciones políticas y económicas de su poder, lo cual por otro lado la enfrentaba a un movimiento popular cuyas reivindicaciones propias definían un "programa mínimo" que no era posible violar sino al costo del fracaso de toda negociación. Resulta significativo, en este sentido, que a partir de 1936 el bloque oligárquico sólo pudo negociar con éxito relativo reivindicaciones puramente económicas limitadas a su propio beneficio, como las plasmadas en el Tratado de 1955, mientras fracasaba en toda negociación de acuerdos que tuvieran un alcance político global, como ocurrió en 1947 y 1967.

Por otra parte, en la misma medida en que a lo largo del periodo 1947 a 1967 quedó en evidencia que eran una y la misma lucha contra la oligarquía y contra el enclave colonial, ocurrió además que el bloque oligárquico perdió a lo largo de esos años la capacidad de conservar su propia unidad interna. Nuestro proceso de industrialización sustitutiva se desarrolló en la década de 1950 y, tardío y dependiente como fue, bastó para generar divisiones que llegarían a ser antagónicas entre un sector "tradicional" y uno "modernizante" de la oligarquía, terrateniente-comercial el primero, y de vocación industrial-financiera el segundo. Hacia 1960, este último sector proponía un plan de desarrollo económico que, por otros medios, sería recuperado en buena medida en la década posterior[3] a través de un complejo proceso de recomposición del bloque de poder a partir de las condiciones creadas por el golpe de Estado de 1968.

---

[3] Roberto P. Chiari, candidato a la presidencia en ese año por la Unión Nacional de Oposición, congregada en torno al Partido Liberal Nacional, planteaba que "deben establecerse estímulos al comercio internacional, a fin de incrementar las exportaciones, de mejorar nuestra balanza de pagos y de incrementar nuestra capacidad de importar. Se debe también hacer un estudio de la legislación y de las prácticas administrativas que tiendan a mantener a nuestro país como un Centro Financiero Internacional, aumentando las condiciones para que se puedan establecer empresas que operen en el comercio y en las finanzas internacionales... Lo que interesa es aumentar el P.N.B. y el nivel de vida de la población y ello ha de resultar en una mayor actividad comercial e industrial... Deben ampliarse los mercados y comercio internos, simplificarse los procedimientos administrativos, acatarse el Código Fiscal... [Hay] urgencia del salario mínimo; el Estado debe dirimir los conflictos obrero-patronales, facilitar el mercado de la Zona..." Chiari resultó electo ese año, pero no dispuso nunca del poder real suficiente para implementar realmente ninguna de esas demandas; lo sucedió el régimen de Marco A. Robles, que se distinguió por su capacidad represiva, y tras él accedió a la presidencia Arnulfo Arias en 1968, la cual conservó durante once días. El régimen surgido a partir del derrocamiento de Arias llevaría adelante lo fundamental de los demandas de Chiari, pero ya no dentro de las viejas estructuras de poder oligárquico, sino a partir de una reforma profunda de éstas que le garantizó el consenso popular de que no dispuso Chiari. La cita está to-

En efecto, a partir del golpe de Estado de ese año quedó finalmente en amplia evidencia que no había modernización posible al margen de una solución al problema del enclave colonial, cuya obsolescencia impregnaba toda la realidad nacional. Pero, al propio tiempo, no era posible una tal solución sin una previa modernización interna en Panamá, que permitiera reconstruir el consenso perdido por el bloque oligárquico en el poder hasta entonces. Con ello, a su vez, quedaba a la vista el hecho de que el Estado oligárquico-semicolonial constituía el nudo gordiano que era preciso cortar, en la medida en que su estrecha imbricación con el enclave lo convertía a él mismo en obsoleto. De este modo, había llegado a resultar inevitable que la transición hacia formas más modernas de dependencia se iniciara a través de la ruptura del eslabón más débil del sistema de dominio tradicional que se buscaba superar. Las consecuencias de esta ruptura, y las formas políticas de expresión que adoptó, constituyen lo esencial del análisis de coyuntura que intentaremos a continuación.

II. La década de 1970 y los Tratados Torrijos-Carter

Mediante una síntesis quizás excesiva, y a partir de los antecedentes señalados, se puede decir que el hecho esencial en el desarrollo sociopolítico de la nación panameña durante la década de 1970 fue un complejo proceso de transición de una forma semicolonial a una neocolonial de dependencia, proceso éste que, unitaria y contradictoriamente, se expresó como una lucha de liberación nacional que con toda probabilidad terminará por negar y superar sus condiciones y objetivos de origen. Este proceso de transición ha implicado dos fases sucesivas, anterior una y posterior la otra a la firma de los Tratados Torrijos-Carter, que serán designadas en el curso de este análisis como el "proceso", la primera, y como el "Estado", la segunda.

Lo característico de la primera de estas fases fue el esfuerzo del régimen surgido del golpe de Estado de 1968 por recomponer un bloque de poder en el cual los sectores "modernos" de la burguesía dependiente conservaron la dirección económica en lo esencial, mientras que le correspondía a sectores de la pequeña burguesía nacionalista la dirección política, orientada a reconstruir el grado de consenso necesario en el movimiento popular que permitiera una renegociación de las condiciones de dependencia. En las condiciones reales de la política panameña, esta necesidad de consenso tenía

mada de Calderón Artieda, Leonor del Rosario y Méndez Robles, Esilda Inés: *Proceso económico-político de la formación social panameña. Contradicciones internas y externas (1513-1968)*, tesis profesional presentada en 1976 para optar al grado de licenciadas en Relaciones Internacionales y Sociología, respectivamente, en la Facultad de Ciencias Políticas y Sociales de la UNAM.

la suficiente importancia como para permitir a la pequeña burguesía nacionalista incorporada al gobierno un margen relativamente amplio de iniciativa, que se expresó en una serie de medidas conforme en la legislación laboral, en las relaciones de propiedad en el campo y en la prestación de servicios de salud, educación y cultura, las cuales contribuyeron a que se avanzara por el camino de la modernización antes mencionado y, con ello, le crearon al régimen una base de apoyo popular de la que había carecido en su origen.

Hacia 1975, el proceso de reformas modernizadoras en lo interno había llegado a su punto más alto. El Estado había fortalecido su participación directa en la economía a un grado nunca antes visto, que le permitía obtener un 20% de su presupuesto por concepto de actividades productivas, sobre todo en la producción de energía eléctrica, servicio de comunicaciones, actividades agroindustriales y algunas industrias de transformación. A ello se sumaban importantes inversiones de interés social, sobre todo en las áreas de educación, salud pública y desarrollo de infraestructuras, todo lo cual le permitía disponer en lo político de una capacidad de movilización y apoyo suficiente como para haber obligado al bloque oligárquico a retirarse del ejercicio directo del poder político y plantear al imperialismo negociaciones encaminadas a liquidar el enclave colonial.

Sin embargo, la contrapartida de estos hechos llegó entre 1975 y 1977, cuando a un conjunto de problemas no resueltos (y, de hecho, imposibles de resolver en el marco de las relaciones de dependencia), entre los que destacaban la inflación y el desempleo, se sumó el servicio a una deuda externa que consumía cerca del 40% del PNB. A partir de este momento, el imperialismo, negociando desde posiciones de fuerza y con poderosos aliados internos, pudo contar con el debilitamiento de los sectores pequeñoburgueses que actuaban en el seno del gobierno; que se vieron obligados a respaldar medidas antipopulares que erosionaron la base política del régimen y favorecieron el desarrollo de una creciente hegemonía burguesa en el propio proceso de negociación. Este cambio en la correlación de fuerzas internas, que se expresó en el congelamiento —y en algunos casos, la involución— del proceso de reformas anterior, constituyó el antecedente más inmediato en la firma de los Tratados, y definió una tendencia en el desenvolvimiento político posterior del "proceso" que no ha cesado de producir consecuencias hasta hoy.

La primera fase de la transición al neocolonialismo culmina, entonces, con la firma de los Tratados Torrijos-Carter en 1977, que vino a ser el año límite en la capacidad del régimen para generar el grado de consenso interno imprescindible para un acuerdo de esa naturaleza, límite que era a su vez el de la capacidad del imperialismo para generar una correlación de fuerzas que lo favoreciera en un proceso negociador que sólo podía darse con un régimen como el surgido del golpe del 68. De este modo, y en el sentido antes planteado, los Tratados pueden ser vistos como el "programa general" con que se busca formalizar el proceso de transición del que ellos son producto, lo cual nos indica que, de una u otra manera, dichos Tratados constituyeron a su vez una expresión del interés general de la nación panameña en la coyuntura.

Aquí es necesario hacer algunas precisiones. Siendo la nación una forma histórica de organización de la lucha de clases, inherente a todo proceso de desarrollo capitalista, se puede entender como "interés general" de la misma el de todas las clases involucradas en dicho proceso por resolver un conjunto de obstáculos que se oponen a su desarrollo *como tales clases*. En condiciones de dependencia, ese interés general suele adoptar la forma expresa de un movimiento de liberación nacional, esto es, un movimiento del conjunto de las clases involucradas en la formación nacional hacia la liberación de las trabas que se oponen al desarrollo de las fuerzas productivas en el ámbito territorial de la nación, trabas éstas que obstaculizan a su vez el libre desenvolvimiento de las contradicciones inherentes a las relaciones de producción que resultan del movimiento de dichas fuerzas productivas. Es lógico, como de hecho ocurre en Panamá, que la percepción social de un proceso de este tipo se dé en primera instancia al nivel formal de la constatación de contradicciones entre el interés nacional y el de la potencia opresora, y que dicha constatación se transforme por tanto en el recurso ideológico y el instrumento político más directamente adecuados a la expresión concreta del interés general de la nación en el sentido antes indicado.

Es en este sentido que podemos decir que los Tratados Torrijos-Carter, aunque expresan la hegemonía alcanzada por el sector burgués del bloque de poder en el proceso negociador, no expresan únicamente los intereses de clase de este sector, sino la articulación posible en la coyuntura entre esos intereses y los del conjunto de la nación que en los hechos aceptó ser de ese modo representada en las negociaciones. De este modo, no nos parece correcto hacer una lectura de dichos Tratados en términos de ventajas y desventajas globales para los Estados Unidos y para Panamá, como si ambas partes constituyeran entidades separadas que se relacionaran de manera puramente externa. Por el contrario, nos parece necesario que la lectura sea en sí misma social y que, por tanto, sea hecha a partir de las condiciones reales de la contradicción que los Tratados buscan resolver por la vía del consenso.

En este sentido, nos parece que los Tratados pueden y deben ser vistos, desde el punto de vista de la burguesía nacional dependiente y el imperialismo, en términos de una solución global a sus diferencias en tres niveles.

En primer lugar, un nivel *político*, en el que los Tratados permiten resolver algunos de los aspectos más conflictivos de las relaciones entre ambos países y, por ende, contribuyen a estabilizar a la burguesía neocolonial en su papel de socio menor e intermediaria del imperialismo en sus relaciones con la nación panameña. En segundo lugar, un nivel *económico*, en el que los Tratados abren nuevo espacio al desarrollo del capitalismo neocolonial, tanto a través del fortalecimiento del Estado como de la creación de nuevos incentivos para la inversión extranjera y el desarrollo de enclaves como el representado por el Centro Financiero Internacional, con lo que se aspira a obtener condiciones materiales que faciliten el desarrollo de la hegemonía burguesa neocolonial y permitan a este sector de la clase dominante conservar su propia unidad y avanzar en la recomposición de un bloque de poder más moderno que el oligárquico y más adecuado, por tanto, al desenvolvimiento de las nuevas relaciones de dependencia. Por último, es necesario considerar la existencia de un nivel *militar*, amparado en el Tratado de Neutralidad, que le otorga a los Estados Unidos el derecho de intervención en Panamá aun después de su retirada, si ello es necesario, desde el punto de vista del imperialismo, para garantizar el funcionamiento del canal ante amenazas extranjeras. Dadas las características de los otros dos niveles, es dable suponer que este derecho será interpretado por el imperialismo y sus aliados internos en términos de la preservación del orden surgido ·de las negociaciones, esto es, en el lenguaje del imperio, ante cualquier intento de "penetración comunista" en el país.

Por su parte, los sectores populares, y en particular los sectores organizados de la clase obrera, no pueden ver en los Tratados sino lo que son: un instrumento para el desarrollo del capitalismo dependiente en Panamá. Sin embargo, a partir de la comprensión del carácter dependiente de este desarrollo y de la debilidad intrínseca de la burguesía nacional, los trabajadores han podido encontrar en estos acuerdos elementos que han merecido su apoyo. A nivel social, en la medida en que los Tratados implican la cancelación del enclave, abren por primera vez en nuestra historia la posibilidad de que los trabajadores se integren a escala realmente nacional, tanto al nivel del planteamiento de sus reivindicaciones como de la lucha por ellas. En este sentido, el desgajamiento de un sector del proletariado panameño del control directo de la AFL-CIO y su incorporación a una problemática "interna" viene a resultar un problema más rico, complejo y de mayor alcance para el futuro de la sociedad panameña que el ritmo de devolución de tierras o el grado de integración de las tareas administrativas del enclave.

Por otra parte, a nivel ideológico, los Tratados se insertan en un proceso general de desarrollo capitalista dependiente que ineluctablemente obligará a todos los sectores populares a plantearse los problemas nacionales como problemas de clase. Con ello se abre por primera vez una posibilidad real de superar la hegemonía pequeño-burguesa en el movimiento popular, pues se agota justamente la fuente del "interés general" en el que esa clase podía sustentar su reformismo nacionalista. Esto abre, a mediano y largo plazo, posibilidades de desarrollo y acción a nivel político hasta ahora insospechadas, que necesariamente deberán empezar por negar y superar la hasta ahora habitual transfiguración de lo civil en nacional, característica de nuestras luchas sociales a lo largo de este siglo. Y en esta posibilidad radica además el único camino para neutralizar por la vía de la política de masas la posibilidad de intervención militar imperialista que dejan abierta los Tratados.

En realidad, vistos desde esta perspectiva, los Tratados facilitan el desarrollo de las distintas clases en lucha dentro de la nación panameña *como tales clases* y, en este sentido, vienen a ser quizás el paso de avance más importante hasta hoy conseguido en nuestra lucha por la liberación nacional y social del pueblo panameño. Este avance define tendencias que se afirman de manera contradictoria en la coyuntura inmediata, pero cuya existencia es innegable. Y, en este sentido, es necesario estar de acuerdo con José Martí, quien decía que los pueblos son como los volcanes, que crecen en lo profundo de la tierra, donde nadie los ve, hasta que un día surgen de improviso, aterrando a los que suponían eterna la tranquilidad de la superficie. Por eso, decía Martí, era mejor "crecer con ellos". Los primeros momentos de ese crecimiento, y sobre todo sus dificultades, es lo que procuraremos examinar a continuación.

III. LA COYUNTURA INMEDIATA

La firma de los Tratados Torrijos-Carter abrió con inusitada rapidez la que hemos llamado "segunda fase" de la transición al neocolonialismo en nuestro país. Lo característico de esta fase ha sido la tendencia a la conversión del hasta entonces "fluido" proceso político interno en un "Estado" formal de cosas, a través de un esfuerzo de institucionalización de los resultados obtenidos en la fase anterior. Este esfuerzo se orienta a consolidar un régimen capaz de mantener el consenso obtenido durante la fase de las negociaciones, con vistas a desarrollar ahora "hacia adentro" las nuevas condiciones de dependencia negociadas en lo exterior. Entre las medidas más sobresalientes en ese sentido se cuenta, sin duda, el retorno a un régimen formalmente civil, la apertura de espacio político a las fuerzas de oposición y, en particular, la creación por el Estado de un instrumento de participación política propio, del que hasta entonces había carecido: el Partido Revolucionario Democrático. Estas medidas no han significado en ningún caso una "vuelta atrás", por demás imposible: por el contrario, ellas han puesto en primer plano cambios de gran importancia en el panorama político nacional, tanto en términos de fuerzas organizadas como, sobre todo, de una profunda redefinición de las alternativas para el futuro inmediato.

En su fase inicial, la transición se dio a través de una movilización limitada de las fuerzas populares, que de este modo participaron en el esfuerzo ideológico y político de neutralización —en ningún caso de destrucción— de las fuerzas más reaccionarias de la oposición interna. Tomando las reivindicaciones nacionalistas más urgentes como bandera común de lucha, el régimen surgido de la Constitución de 1970 expresó sus objetivos más generales con la consigna "ni con la izquierda, ni con la derecha: con Panamá". En la presente perspectiva, es posible apreciar que dicha consigna revelaba y encubría, a un tiempo, la identificación del destino del país con el del nuevo régimen de dependencia "moderna" que se gestaba en la alianza entre la burguesía neocolonial y la pequeña burguesía nacional-reformista. En efecto, lo que la consigna rechazaba explícitamente era todo objetivo no-capitalista en el esfuerzo de liberación nacional, con lo que se definía en los hechos un estilo de gestión política neopopulista, en el que la izquierda podía contar como un aliado de segundo orden, pero nunca como una alternativa real, ni mucho menos deseable para el país.

En efecto, en la misma medida en que el régimen se definía como de "centro" en estos términos, se convertía en un punto de necesaria convergencia del conjunto mayor de las fuerzas no oligárquicas, que espontáneamente eran asumidas en el discurso político como un conjunto cuyos antagonismos internos podían ser reducidos a meras diferencias en razón del "interés general" que las convocaba a la acción. Éste constituyó el mecanismo más importante de la progresiva hegemonía burguesa, a nivel ideológico primero, y político después, en el seno del nuevo bloque de poder, pues el encubrimiento del carácter de clase como aspecto fundamental del conflicto nacional tendía por necesidad a situar en posiciones seguidistas a las fuerzas de izquierda del movimiento popular, instrumentándolas como generadoras de consenso en el seno de dicho movimiento, que una y otra vez se vio en la necesidad de subordinar sus intereses particulares a los de la burguesía neocolonial en ascenso, sobre todo de 1975 en adelante.

Fue necesario recorrer todo el camino de la crisis de 1975 a 1977, incluyendo las medidas antiobreras de la ley 95 en diciembre de 1976, para que, con la firma de los Tratados Torrijos-Carter y la apertura democrática posterior, el "centro" se viera en la necesidad de efectuar un deslinde explícito respecto a la izquierda y el ala "ilustrada" de la pequeña burguesía radical, el cual generó una inmediata recomposición formal de las fuerzas políticas en juego. El instrumento de este deslinde fue, justamente, el Partido Revolucionario Democrático, que se ha constituido así en el elemento más importante de la presente coyuntura, y en uno de los más novedosos en toda la historia del país.

Del Partido Revolucionario Democrático se puede decir que es, de esta manera, lo que él afirma ser: el partido del "proceso". Realmente, el PRD es —o aspira a ser— un instrumento de institucionalización de cambios ya logrados, antes que una herramienta de lucha por nuevos cambios. Pese a sus esfuerzos por distinguirse de manera más o menos crítica de las acciones más regresivas del Estado, el PRD ha venido a representar el medio por excelencia para la legitimación de ese Estado en su conjunto, al que contribuye a dar vocación de hecho consumado. Sin embargo, el PRD ha nacido en un momento en el que la marcha real de las cosas tiende a convertir en subversivas las concesiones al movimiento popular que caracterizaron la primera fase del "proceso", enfrentando en su propio seno la contradicción derivada del hecho del que el Estado que tiende a legitimar es justamente el que, llevado por la dinámica profunda del proceso de transición al neo-colonialismo, se ve en la necesidad no ya de suspender esas concesiones con medidas transitorias como la ley 95, sino de retraerlas a los límites cada vez más estrechos que. imponen las nuevas modalidades del desarrollo capitalista lo cual implica, en casos como el de la reforma agraria, pura y simplemente su cancelación.

El mecanismo de institucionalización representado por el PRD viene a implicar entonces el encuadramiento político de un sector del movimiento popular "creado" por la propia transición: aquel que *ya no* está dispuesto a aceptar el caudillaje oligárquico de viejo estilo, pero que *todavía no* está en condiciones de asumir como propio un proyecto político económico no sólo distinto, sino antagónico, al de la burguesía neocolonial. En la medida en que el PRD es el primer partido de masas no oligárquico en la historia de Panamá, constituye en cierto sentido el más alto logro "modernizador" de esa burguesía neocolonial en el plano político; sin embargo, esa "modernidad" implica al propio tiempo el hecho de que la burguesía neocolonial ha dado un reconocimiento explícito a la demanda de autonomía relativa que se hace presente en la disposición de un sector intermedio del movimiento popular de vincularse orgánicamente con ella a cambio del mantenimiento de un mínimo de concesiones ya logradas y de una política de equilibrio que lo proteja de los riesgos de una administración puramente burguesa de los resultados de la transición, la cual tendría por necesidad que sostenerse con un alto "costo social", eufemismo con el que tiende a designarse la necesidad por todos temida de tener que recurrir a soluciones abiertamente autoritarias.

En los términos planteados, el sector popular encuadrado en el PRD aporta a la materialización de la segunda fase de la transición un efecto legitimador de la mayor importancia para el bloque de poder. Su presencia indica que el Estado aspira a contar con un instrumento que proporcione forma y contenido permanentes a un estilo de gestión política basada en la conciliación de clases hecha a partir de una interpretación reformista del interés general de la nación, que rindió abundantes frutos en las condiciones existentes antes de la firma de los Tratados, y que se aspira a mantener de algún modo en las nuevas condiciones que dichos Tratados crean para el desarrollo del país. Por lo mismo, cabe preguntarse en el marco de qué correlación de fuerzas sociales es que el PRD podría institucionalizar esa función conciliadora, pregunta que no tiene respuesta en el solo marco del partido del proceso.

Puede apreciarse, en efecto, que la funcionalidad política del PRD dependerá ante todo de la capacidad que tengan los sectores más avanzados del movimiento popular para construir una alternativa política capaz de expresarse en una organización unitaria de masas o, por otro lado, de la capacidad de los sectores más reaccionarios de la política panameña para captarse el apoyo de los elementos más atrasados del pueblo, en especial las crecientes capas de marginados en proceso de resocialización, así como de los sectores no politizados de las capas medias y de los trabajadores del sector terciario, particularmente importante en la economía panameña. Ambas alternativas serán examinadas con mayor detalle a continuación. Sin embargo, nos parece importante señalar desde ahora que el PRD sólo podrá cumplir su función institucionalizadora a través de una permanente mediatización del movimiento popular panameño, esto es, a través de la permanente recreación de las condiciones de transfiguración de la lucha civil en lucha nacional y de encubrimiento de las contradicciones de clase presentes en el seno de la nación panameña. Porque ocurre que éstas, que fueron las condiciones espontáneas que hicieron posible la primera fase de la transición, se convierten ahora en las condiciones *necesarias* para la formalización de los resultados de la transición en su conjunto en un Estado de nuevo tipo.

De este modo, mientras el PRD no tenga un antagonista externo que lo obligue a pronunciarse ante las contradicciones que él tiende por necesidad a encubrir, el sector popular encuadrado en su seno actuará irremisiblemente, por el solo hecho de estar organizado a nivel nacional, como un agente conciliador y reformista en el seno del pueblo, obstaculizando así la propia "profundización del proceso" que el PRD aspira formalmente a lograr. Esto se debe a que, si sólo el sector intermedio del movimiento popular dispone de una estructura organizativa de gran escala, ese movimiento en su conjunto tenderá a mantenerse en posiciones intermedias, lo que en este caso se define por su igual rechazo a las formas más atrasadas de la dependencia, por un lado, y a la superación de toda forma de dependencia, por el otro. Con ello, el movimiento popular se enfrenta al riesgo de una mediatización, al perder conciencia de su dirección y sentido históricos como tal movimiento, que no son en última instancia otros que los del logro del poder para sí, esto es, los de la conquista del Estado.

En todo caso, en la coyuntura misma, el PRD ha venido a significar un hecho de importancia positiva para el futuro del movimiento panameño de liberación nacional, en la medida en que ha permitido privar a los aparatos políticos y civiles de los sectores oligárquicos de la burguesía panameña de algunas de sus posibles bases sociales de apoyo en su lucha contra el Estado de transición. En efecto, dada la incapacidad objetiva de la izquierda panameña para captar a ese sector intermedio del movimiento popular, el PRD viene a significar, por su misma naturaleza, una mínima garantía inicial del mantenimiento de un espacio político en el que esa izquierda podría aspirar a ganar fuerzas para el futuro. Pero es necesario reconocer que ese espacio, abierto por necesidad a todas las fuerzas políticas del país, ha sido aprovechado en medida mucho mayor por la derecha oligárquica, a través del Frente Nacional de Oposición (FRENO), que aglutina a viejos partidos derechistas y organismos patronales en torno al Partido Panameñista del anciano caudillo Arnulfo Arias, derrocado por los militares en 1968. Arias es, en efecto, el último de los caudillos nacionales de la oligarquía, dotado del prestigio de una gestión semipopulista en la década de 1940 que lo llevó a enfrentarse por momentos al imperialismo desde posiciones de nacionalismo reaccionario.

El poder económico y el peso político del FRENO lo convierten, así, en el antagonista inmediato del PRD, con lo que la presente coyuntura se define en torno a dos alternativas burguesas, reaccionaria una y reformista la otra, en las que las capas populares cuentan en términos cuantitativos antes que cualitativos. El hecho fundamental ante el que se definen estas alternativas es la caracterización de la crisis económica y política por la que atraviesa la sociedad panameña como resultado de la propia transición, y los medios que de allí se desprenden para enfrentarla.

Las alternativas representadas por el PRT y el FRENO tienen por límite común las nuevas formas en que tiende a reorganizarse el capitalismo dependiente en Panamá. En la medida en que ninguno de los dos cuestiona este orden económico como agente real de la crisis, la confrontación entre ambos tiende a mantenerse en un plano estrictamente político, en el sentido

der demócrata cristiano, Napoleón Duarte, ex alcalde de San Salvador y candidato de la Unión Nacional Opositora (UNO), a quien los militares agrupados en el Partido de Conciliación Nacional (PCN) desconocieron su victoria, lo que los obligó —para poder afianzar al nuevo presidente, Adolfo Molina— a endurecer todavía más su política represiva. Semejante pronóstico se demostró correcto, puesto que en 1977 se repitió de manera casi idéntica lo acontecido en 1972. El candidato de oposición que, de acuerdo con una práctica muy centroamericana era esta vez también un militar aunque ya retirado, el coronel Ernesto Claramount, fue víctima de una serie de maniobras que permitieron proclamar vencedor al candidato oficial, el ministro de Defensa, general Carlos Humberto Romero, lo que no hizo otra cosa que agregar un pequeño caudal de desprestigio adicional al ya saturado torrente de las prácticas antidemocráticas en El Salvador.

Esta última circunstancia, explica por qué el Departamento de Estado se preparó para el desarrollo de una política positiva en Guatemala, Costa Rica y Panamá (una vez que concluyó la negociación de los nuevos tratados del Canal), en tanto que diseñó una política de "apremios graduales" para los gobiernos de Honduras, El Salvador y Nicaragua, teniendo como horizonte la equiparación democrática de estos últimos países sólo en los primeros años de la década del ochenta. Esta última situación, resultaba del propio itinerario político electoral de la subregión: en 1981, debía ser elegido el sucesor de Anastasio Somoza, mientras que en 1982 se debía designar al reemplazante de Carlos Humberto Romero. Como por esos años se esperaba igualmente la culminación del proceso de apertura hondureño, en la Sección Interamericana del Departamento de Estado, se creía que en los primeros años del próximo decenio les permitirían culminar exitosamente su tarea de rediseño de los sistemas políticos centroamericanos y afianzar los intereses más profundos de la presencia norteamericana en un área potencialmente conflictiva, que ya no podía seguir siendo administrada con la descrecionalidad característica de los tiempos del *big stick*.

¿POR QUÉ FRACASÓ EL "NUEVO ENFOQUE" CENTROAMERICANO DE LA ADMINISTRACIÓN CARTER?

Se puede afirmar con toda certeza que si la política centroamericana se ha convertido en el segmento más desastroso de las medidas aplicadas en América Latina por la nueva administración demócrata, ha sido por desconsiderar una vez más una variable que, en nuestro continente, resulta fundamental: el nivel de desarrollo del movimiento popular. Para un enfoque estático, las predicciones del Departamento de Estado resultaban impecables. Vistas las cosas desde el lado de los gobiernos y las clases dominantes e imaginando un escenario en que la presión popular no es determinante para decidir la preservación o el relevo de los regímenes de fuerza, un escalonamiento de aperturas democráticas que dejaba para la última etapa a los gobiernos más difíciles de persuadir —El Salvador y Nicaragua— constituía un esquema que formalmente no se podía objetar.

Sin embargo, la desconsideración de este elemento central que, en el pasado había sido la causa de los mayores reveses que registra la política interamericana de Estados Unidos —una errónea estimación de este mismo factor, llevó a la emergencia y consolidación de la revolución cubana entre 1958 y 1961 y a la victoria electoral del presidente Salvador Allende y la Unidad Popular en Chile en 1970— privó de toda validez a las recomendaciones y lineamientos emprendidos por el nuevo gobierno norteamericano.

Entre los errores de "cálculo" de la política proyectada, conviene subrayar los más importantes:

a) *Una estimación insuficiente del poder social y la capacidad de movilización de la extrema derecha guatemalteca.*

Las elecciones de marzo de 1978 en Guatemala, tuvieron lugar en un contexto muy semejante al deseado por los diseñadores de la política norteamericana. La alianza gubernativa se quebró y dio origen a dos candidaturas diferentes: la del general Romero Lucas García, apoyado por las Fuerzas Armadas y el PID, por el Movimiento Aranista Organizado (una entidad constituida por el ex presidente Carlos Arana Osorio durante su gobierno) y, por el Partido Revolucionario, que integró como vicepresidente a uno de sus dirigentes más progresistas, el profesor universitario Francisco Villagrán Kramer; y una segunda del coronel Ernesto Peralta Azurdia, quien ya había ejercitado el poder *de facto,* a principios de los setenta y que concurrió como candidato exclusivo del MLN. Una tercera postulación, la del coronel Ricardo Peralta Núñez, fue presentada por el Partido Demócrata Cristiano y el Partido Revolucionario Auténtico (PRA).

Lo que en cambio no correspondió para nada a las predicciones y deseos norteamericanos, fueron los resultados de la elección. El nuevo bloque PID-MAO-PR tuvo una capacidad de convocatoria muy inferior a la esperada; la lista de la Democracia Cristiana y el PRA, a la que asignaba un papel marginal retuvo al control de sus principales contingentes electorales, mientras el partido de Sandoval Alarcón obtenía un respaldo tan elevado, que le permitió incluso sostener que habían vencido en las elecciones y que el resultado que dio como nuevo presidente a Lucas García, constituía también un fraude electoral.

Como consecuencia de esto, la situación política resultante en Guatemala en 1978, alteró profundamente las posibilidades de éxito de la política subregional de la administración Carter. En los hechos, el respaldo político, mayor de lo esperado, recibido por las fuerzas de extrema derecha, redefinió la naturaleza misma y los espacios políticos del régimen de Lucas García, llevándolo a posturas mucho más moderadas de las que inicialmente sus sostenedores habían planteado. Las tendencias de extrema derecha continuaron, de este modo, dictando en lo fundamental los contenidos y orientación de la política represiva y esto se ha traducido en persecusiones del movimiento obrero y campesino, que han anulado cualquier posibilidad de mejoramiento de la imagen del nuevo gobierno.

Como una primera derivación se ha producido igualmente una reducción del peso y las posibilidades de acción de sus colaboradores más moderados. La demostración más gráfica de esta situación ha estado en el papel desempeñado por el vicepresidente de la República. Luego de ser privado de todas las atribuciones y prerrogativas que podían acompañar a su cargo y de habérsele sustraído del conocimiento de las decisiones de política económica y social, Villagrán Kramer anunció que renunciaría definitivamente, a contar de enero de 1980, al cargo que, en verdad, nunca llegó a asumir.

Un punto igualmente determinante para el curso futuro de la situación guatemalteca, ha sido el fortalecimiento de las organizaciones paramilitares de derecha y el exitoso cumplimiento por parte de éstas de programas terroristas que han incluido la eliminación física de los dirigentes "alternativos", capaces de encabezar un proceso de recambio político. En lo que va de la administración de Lucas García, han sido asesinados, además de centenares de dirigentes populares, los dos principales líderes capaces de encabezar un recambio en Guatemala: Alberto Fuentes Mohr del PRA, antiguo ministro e intelectual destacado, estrechamente vinculado con los partidos de la Internacional Socialista Europea, y Manuel Colom Argueta, ex alcalde de Ciudad de Guatemala, principal dirigente de la organización de centro-izquierda Frente Unido de la Revolución (FUR) y uno de los pocos líderes progresistas de ese país con verdadera influencia de masas.

La eliminación de Fuentes Mohr y Colom Argueta está llamada a tener un impacto importante en el proceso político de Guatemala, en el sentido que deja sin conducción por un periodo largo a cualquier proceso de apertura política que sea algo más que una modificación de fachada del régimen actual.

Para Estados Unidos, a su vez, el resultado de las elecciones de 1978 y el curso posterior del gobierno de Lucas García ha determinado que el primero y más importante eslabón de la política exterior centroamericana que se intentó articular, ha desaparecido. La proyección de Guatemala como un modelo de democracia "viable" en Centroamérica no ha tenido lugar y, en lugar de eso, dicho país ha pasado a engrosar el listado de las situaciones peligrosas para Washington por los rasgos de autoritarismo interno y por la impermeabilidad de sus sectores más conservadores a las presiones externas, aun cuando éstas provengan de los niveles más altos del gobierno norteamericano, lo que les crea una situación muy difícil de administrar.

b) *Una coyuntura casi inmanejable en El Salvador debido al crecimiento de masas de las organizaciones de izquierda que han emprendido la vía armada.*

Intentaremos más adelante explorar con mayores detalles las alternativas actuales de la política norteamericana en El Salvador, uno de sus dos *test-case* críticos de la subregión; con todo, necesitamos consignar en este apartado un aspecto concreto de los acontecimientos políticos de ese país que ha ayudado al colapso de las propuestas originarias de política subregional de la administración Carter.

Éste se refiere a la correlación de fuerzas internas que originan las elecciones de 1977. La existencia de un segundo fraude que arrebató a la UNO el derecho a dirigir el gobierno ese año, acabó teniendo un impacto más profundo de lo que inicialmente se estimó, y esto tampoco fue detectado por los responsables de la política norteamericana. Fue a contar de entonces que se agotó la poca confianza que muchos tenían en los mecanismos electorales y se afirmó la convicción, en sectores representativos de las principales organizaciones populares, de que un cambio real de la situación no se podía esperar sino como resultado de una ofensiva revolucionaria que pusiera término por la fuerza a un régimen militar que se prolonga desde la contrarevolución de enero de 1932, la que en su oportunidad lo estableció a un costo social de 30 mil muertos, principalmente campesinos, en una época en que la población total del país era de un millón 300 mil habitantes.

El desarrollo de la campaña electoral que precedió a la elección de febrero de 1977, se basó en una medida importante en el ejercicio de la violencia abierta y el amedrentamiento realizados por una organización represiva vinculada abiertamente al gobierno y apoyada por éste, denominada Organización Democrática Nacionalista (ORDEN). Ésta, que fuera fundada en julio de 1975 para reforzar la capacidad operativa del PCN, cumplió su tarea destruyendo los locales de la oposición, impidiéndole a ésta realizar concentraciones y amenazando o castigando a los dirigentes de los partidos que integran la UNO. De nada valieron los reclamos de los líderes opositores, ni el intento de huelga general que paralizó El Salvador por una semana luego de las elecciones, ni la movilización social y el levantamiento de barricadas en las principales ciudades del país. Igual que su antecesor, el candidato triunfante, coronel en retiro E. Claramount, debió partir al exilio (hacia Costa Rica), mientras se desataba una oleada de represalias en contra de sus partidarios, que éstos llegaron a contabilizar en la cifra de 7 mil muertos.

Estos episodios acabaron por reducir el juego democrático a una promesa vacía en El Salvador, al punto que, sin conocer su racionalidad política anterior, es muy difícil comprender el curso de la situación actual. A partir de entonces se produce una importante vinculación entre organizaciones de masas y aquellas fuerzas políticas que levantan en su plataforma la vía armada como único camino para poner término a las administraciones militares que han resguardado durante casi cinco décadas los intereses de los grandes empresarios cafetaleros y de los más recientes grupos industriales y financieros, ligados a las empresas transnacionales norteamericanas.

La situación resulta más compleja debido a la diversidad de estas organizaciones; la más conocida internacionalmente ha sido las Fuerzas Armadas de Resistencia Nacional (FARN), aunque también tiene alguna importancia las Fuerzas Populares de Liberación (FPL), resultado de una de las escisiones de izquierda del Partido Comunista salvadoreño, en 1970, así como un tercer grupo guerrillero, el Ejército Revolucionario del Pueblo (ERP). Junto a ellos debe tenerse en cuenta, tanto por su capacidad agitativa como de resistencia militar, a aquellas organizaciones de masas que sin ser parte de la guerrilla también se han definido por la vía insurreccional y que actualmente realizan una implacable oposición a la Junta de Gobierno Cívico-Militar que derrocara al régimen de Romero en octubre de 1979: algunas estimaciones llegan a calcular en 100 mil el número de adherentes campesinos y obreros del Bloque Popular Revolucionario (BPR), en tanto que una adhesión nada despreciable reciben el Frente de Acción Popular Unificada (FAPU) y una, algo menor, las denominadas "Ligas Populares 28 de febrero".

La existencia de un segmento tan amplio de organizaciones de izquierda que rechazan toda forma de transición democrático-liberal y que, más allá de las dificultades que evidentemente hallan para hacerse del poder político y ejercerlo por sí mismas, tienen una capacidad más que suficiente para desarticular desde la base a cualquier gobierno resultante de reajustes no compartidos en la estructura de poder tradicional, plantean actualmente en El Salvador una situación extraordinariamente difícil para los formuladores de política norteamericana. Ahí, en función de los factores predominantes en la evolución política más reciente, aquel tipo de soluciones gradualistas y de apertura que en otros lugares resultarían francamente aceptables (como la instauración del actual gobierno cívico-militar, apoyado por fuerzas políticas de centro izquierda), sólo se convierten en factores que acentúan la agitación y el enfrentamiento, alejando la probabilidad de consolidación de un gobierno moderado, capaz de convocar con garantías a un proceso electoral limpio y de otorgar un mínimo de estabilidad al proceso político que responda a las expectativas de quienes articulan la política en Washington.

Así, por circunstancias que son muy peculiares de la estructura social salvadoreña se ha llegado a configurar una situación que hace muy razonable la conclusión de un análisis realizado por la columnista del *Washington Post*, Georgie Anne Geyer, con anterioridad al cambio de gobierno de octubre en el sentido de que "quizá ya sea demasiado tarde para que la clase dirigente de El Salvador y los militares traten de evitar una lucha interminable".[5]

　　c) *La gestación del amplísimo frente antisomocista que condujo al derrocamiento del régimen dinástico de Nicaragua.*

De todos los factores que han alterado las previsiones norteamericanas en Centroamérica y el diseño consiguiente de sus políticas, no hay duda que el más importante ha sido el desarrollo de la lucha popular que condujera a la caída de Anastasio Somoza Debayle, en Nicaragua, en julio de 1979.

Aunque diversos indicadores daban cuenta del creciente descontento interno de los sectores moderados y de los grupos empresariales en Nicaragua, en el nuevo cuadro político que había resultado de la etapa abierta con el terremoto de Managua, en diciembre de 1972, el gobierno de Estados Unidos y especialmente su diplomacia profesional, nunca calibraron adecuadamente la magnitud de esta amenaza en los años anteriores. Desorientados al parecer por los informes provenientes de embajadores tradicionales (del tipo de Turner Shelton) que se identificaban abiertamente con la familia Somoza y asumían su defensa frente a las autoridades del gobierno y el Congreso de Estados Unidos o, viendo reducido su margen de maniobras por la obstrucción que los integrantes del *lobby* de Somoza —encabezado por los representantes Charles Wilson, demócrata de Texas y John Murphy, demócrata de New York— amenazaban realizar en algunos comités y subcomités claves de la Cámara de Representantes, lo concreto es que su diseño de políticas hasta fines de 1978 se basó, en todo momento, en el supuesto de que a fin de cuentas el presidente Somoza y la Guardia Nacional acabarían por controlar la situación.[6]

[5] Citado en *El Día*, México, 11 de agosto de 1979, p. 10.
[6] Para una sistemática exposición de los vínculos de Anastasio Somoza con miem-

La interrogante más decisiva que le ha dejado a los encargados del Departamento de Estado la prolongada crisis iniciada a mediados de 1977, es: ¿por qué la Casa Blanca no se decidió en la debida oportunidad a jugar la carta del retiro de Somoza y la instauración de un gobierno democrático con hegemonía moderada? En un reciente trabajo,[7] James Petras ha hecho un lúcido recuento de las oportunidades que durante un corto periodo se ofrecieron a Estados Unidos en Nicaragua para implementar un proyecto de recambio, antes del asesinato del dirigente de la UDEL, periodista y abogado, Pedro Joaquín Chamorro. Como anota correctamente Petras, "el proceso de la lucha nicaragüense tuvo un momento de dirección burguesa, pero ésta se mostró incapaz de mantener el liderazgo una vez que las masas se movilizaron. El Frente Sandinista de Liberación Nacional desplazó al Frente Amplio de Oposición entre febrero y marzo de 1978, un periodo en el cual el proceso tomó crecientemente la forma de una lucha de masas armadas".[8]

Antes que esto aconteciera, la situación creada ofreció un campo de maniobra muy amplio a la diplomacia norteamericana, bajo el solo supuesto de que hubiera estado dispuesta a romper la histórica alianza con la familia Somoza y a aplicar con cierta consecuencia la retórica de los derechos humanos inaugurada por el presidente Carter. Se trataba simplemente de asumir el carácter minoritario y corrompido del régimen; de advertir que su larga tradición de represión lo hacía irrecuperable en sí mismo para cualquier tentativa democrática; de evaluar hasta qué punto el control por los miembros de la dinastía de la estructura productiva nicaragüense había originado una resistencia civil que incluía a capas cada vez más amplias de la propia burguesía. En fin, de darse cuenta que existían en Nicaragua fuerzas políticas internas capaces de dar forma a un nuevo gobierno democrático moderado. La disposición política de estos sectores quedó inicialmente de manifiesto durante la huelga general posterior al asesinato de Chamorro, cuando los propios empresarios pagaron las remuneraciones de sus trabajadores durante las primeras semanas del conflicto para garantizar que éste tuviera resultados más efectivos. Sin embargo, al verse desprovistos simultáneamente de un liderazgo individual apropiado y del apoyo norteamericano que resultaba fundamental para tratar de persuadir a

bros del Congreso de Estados Unidos, se puede revisar: "El *lobby* de los Somoza", en: "Estados Unidos Perspectiva Latinoamericana", Vol. 4, Núm. 9, septiembre de 1979; y el trabajo de Jorge Lawton, "Crisis de la hegemonía. La política de Carter hacia Nicaragua: 1977-1979", en: Cuadernos Semestrales de Estados Unidos. CIDE, México 1979, Núm. 6. p. 52 y ss.

[7] Petras, James, "Wither the Nicaraguan Revolution?", en: *Monthly Review*, Vol. 31, Núm. 5, octubre de 1979, p. 1 y ss.

[8] Petras, James. *Op. Cit.* p. 8.

Somoza de que debía marcharse, optaron por graduar su propio conflicto con el régimen y no llevaron la huelga general hasta sus últimas consecuencias. Vistas hoy las cosas en perspectiva, este momento y esta decisión constituyeron el *turning-point* de la situación nicaragüense e hicieron inevitable el predominio de aquellos, que, como los sandinistas, sí estaban dispuestos a llegar hasta el final.

A partir de dicha coyuntura, el predominio de los sectores más radicales resultó cada vez más incontrarrestable e incluso las diferencias tácticas sobre las formas de lucha al interior del Frente Sandinista resultaron funcionales para el incremento del asedio a la dictadura, puesto que la obligaron a distraer energías en el enfrentamiento de la guerrilla rural en las montañas organizada por la facción "Guerra Popular Prolongada" (GPP), al mismo tiempo que trataban de enfrentar la insurrección urbana dirigida por la fracción Tercerista y la creciente ofensiva de masas que llegó a adquirir dimensiones nacionales muy amplias.

En este contexto, Estados Unidos tuvo todavía oportunidades y cartas que jugar en la perspectiva de contrarrestar el predominio de las fuerzas izquierdistas. Sin embargo, desarticulada la política originalmente planeada, se puso de manifiesto uno de los talones de Aquiles que actualmente afecta a la diplomacia norteamericana en todas aquellas áreas carentes de un primer nivel de prioridad estratégica: la incapacidad de los diversos equipos encargados de formular política para reanudarse a un panorama nuevo y, luego de coordinar esfuerzos, definir una política alternativa. Situaciones del tipo de la registrada en Nicaragua a partir de septiembre de 1977, tienden, por el contrario, a acentuar la autonomía de los diversos niveles concurrentes a la formulación de la política internacional norteamericana. Esto sólo se traduce en pugnas y discrepancias burocráticas que llevan a la aplicación de distintas líneas contradictorias entre sí.

Así, mientras el Departamento de Estado buscó, a través de William Bowdler, la constitución de un nivel especial de negociación que consideraba a todos los actores y fuerzas involucrados en la disputa interna, el Departamento de Defensa y la Comunidad de Inteligencia propiciaron el fortalecimiento de la ayuda militar al gobierno de Somoza y la consolidación de la estructura de la Guardia Nacional como el elemento central a resguardar en cualquier cambio político. El Departamento del Tesoro, por su parte, mantuvo también una política de apoyo financiero al gobierno en crisis; al propio Secretario del Tesoro, Michael Blumenthal, comprometió el apoyo de Estados Unidos al crédito por 33.9 millones de dólares que el Fondo Monetario Internacional prestó a Somoza a principios de junio, exactamente seis semanas antes de su inminente colapso. Esto originó incluso una interpelación del presidente del Comité Bancario de la Cámara de Representantes, Henry Reuss.[9] El Consejo de Seguridad Nacional, por su parte, de acuerdo con las informaciones que se filtraran de su interior, compartió igualmente una línea tolerante frente a la dictadura, al punto que se le ha responsabilizado de la nota de congratulación que Carter dirigiera a Somoza en agosto de 1978 felicitándolo por los "progresos registrados en materia de derechos humanos"; del mismo modo, en fecha más reciente, se logró establecer que una imposición de última hora de Zbigniew Brzezinski introdujo en el discurso ya redactado del secretario de Estado Vance para la XVII Reunión de consulta de la OEA realizada en Washington en junio de 1978, la propuesta de constitución de una "fuerza interamericana de paz" que el Departamento de Estado había excluido expresamente como una opción a aplicar,[10] en lo que originó la primera derrota política de Estados Unidos en los 31 años de existencia de dicha Organización.

Así las cosas, el estudio de las decisiones de política hacia Nicaragua a partir de la segunda mitad de 1977 puede ser visto como un caso prototípico del predominio de tendencias disruptivas en la canalización política de una situación nueva y no prevista por el segmento del aparato estatal de Washington especializado en la política exterior. Y la causa de esto, es bueno insistir en ello, no ha sido otra cosa que la subestimación que los enfoques burocráticos tienden a hacer normalmente de la fuerza política y militar acumulada por los sectores populares que se dispusieron a emprender una lucha sin tregua y hasta el fin contra un régimen dictatorial con las características del de Somoza. Para semejante hipótesis de resistencia de alcances nacionales (igual que como para la guerrilla cubana de Sierra Maestra en los cincuenta), los formuladores de política norteamericana no tienen una respuesta rápida y apropiada.

d) *El desplazamiento del gobierno moderado en Honduras y el establecimiento de la dictadura militar del general Paz García.*

Un último factor que ha contribuido a modificar el cuadro político que sirviera de base al diseño primitivo de la política de la administración Carter hacia Centroamérica, ha sido el derrocamiento, en agosto de 1978, del gobierno del general Alberto Melgar Castro y la instauración del régimen duro encabezado por su colega Policarpo Paz García.

Aunque esta última situación puede ser considerada más como una consecuencia de los procesos anteriores que como una variable independiente, ha tenido su importancia en la readecuación del proceso político subregional.

[9] Ver: Rowen, Hobart. "Blumenthal Supports Loan to Nicaragua", en *Washington Post,* 14 de junio de 1979, p. D1.

[10] Ver: Jack Anderson; "A Troubled Relationship", aparecido en *Washington Post,* 8 de junio de 1979, p. 67.

El gobierno de Melgar Castro, resultante a su vez de otro golpe de Estado que, en 1974, había puesto término al régimen de facto de Osvaldo López Arellano, se había caracterizado por la búsqueda de una política de conciliación y equilibrio de las diversas fuerzas sociales hondureñas. Tanto por la retórica progresista de su antecesor, que llegó hasta aparentar enfrentarse al secular predominio de la empresa bananera norteamericana Standard Fruit Company (y había trabajado activamente en la promoción de una Organización de Países Exportadores de Banano, capaz de influir en la fijación de los precios y en el control de los mercados de ese producto), como por la existencia de un movimiento obrero y campesino muy fuerte y representativo en Honduras, el gobierno de Melgar Castro debió ubicarse en el centro del espectro político y favorecer la preparación de condiciones para un proceso electoral relativamente abierto. Con esta perspectiva, Melgar constituyó el Consejo Asesor de la Presidencia, un cuerpo colegiado donde estuvieron representadas las principales organizaciones nacionales y casi todas las corrientes políticas.[11] Por su parte en el contexto político regional, su gobierno buscó una efectiva neutralidad para Honduras, particularmente en relación a los sectores en disputa en la vecina Nicaragua. Esta posición resultó inaceptable tanto para los gobernantes militares de los países vecinos, como para los sectores más conservadores de sus propias Fuerzas Armadas, que comenzaron a especular acerca del peligro que representaba para su propio país el establecimiento de "una Segunda Cuba" en sus fronteras. Así, el desplazamiento de Melgar y el ascenso de Paz García tuvieron un significado muy preciso en el panorama centroamericano: cambiaron la posición de neutralidad de Honduras por una línea de identificación y apoyo a las restantes dictaduras militares.

De este modo, a partir de agosto de 1978 se intentó constituir un bloque militar de extrema derecha integrado por los presidentes de Guatemala, El Salvador, Nicaragua y Honduras, que trató de reemplazar el papel que no había podido jugar el Consejo de Defensa Centroamericana (CONDECA), una de las instancias creadas dentro del proceso de integración de los años 60 para dar estabilidad política a la región y preservación de los regímenes reaccionarios que registró claramente fracasos e insuficiencias desde el ascenso mismo de la crisis nicaragüense.

La reunión secreta de trabajo sostenida en diciembre de 1978 por los cuatro jefes de Estado en la residencia de verano del presidente guatemalteco, general Lucas García, sirvió, sin embargo, para apreciar en toda su magni-

---

[11] Hemos tocado este mismo tema en un trabajo anterior: "La política de Carter hacia América Latina: Balance del primer año", publicado en: *Carter y la lógica del imperialismo,* Hugo Assman y Franz Hinkelammert Editores. Tomo 2o. Editorial Universitaria Centroamericana, San José, 1978.

tud los márgenes sumamente limitados que estos regímenes tenían para darse solidaridad unos con otros. El potencial explosivo de la situación en El Salvador, que dejaba en 1978 un saldo de más de 800 víctimas como consecuencia de la violencia política interna, la situación igualmente comprometida en Guatemala, donde la política represiva sólo lograba mantener a raya a las organizaciones populares campesinas y la ya anotada significación de las organizaciones sindicales hondureñas tanto urbanas como rurales, echaron por tierra cualquier posibilidad de acudir en ayuda militar de Somoza, a pesar de que en los análisis realizados existió un consenso de que Nicaragua cumplía un papel decisivo en la política centroamericana y que un cambio drástico de la situación ahí debía provocar efectos negativos para las dictaduras y gobiernos militares en toda la subregión.

Se puede sostener que a partir de este momento, las tendencias que desembocaron en el relevo de Somoza y Romero hallaron un campo más abierto para expresarse y provocaron un impacto ampliado. La circunstancia de que cada uno de los gobiernos de fuerza de la región centroamericana haya tenido que ocuparse prioritaria e intensivamente de sus fuerzas de resistencia interior, privó a Estados Unidos de una opción política importante —el cordón sanitario frente a Nicaragua— la que los llevó a tratar de implementar desde principios de 1979, una línea de mayor prescindencia frente a Somoza y sus aliados de la subregión, al precio de tener que asumir las contradicciones y efectos secundarios que surgían de este cambio de línea.

La existencia del gobierno de Paz García en Honduras ha representado, con todo, un factor gravitante en los sucesos políticos centroamericanos de 1979. Su disposición para acoger a los elementos de la Guardia Nacional de Nicaragua luego de su derrota en julio y la mantenencia de una política tensa y agresiva frente al gobierno de Reconstrucción Nacional, han constituido elementos de inquietud en el manejo de su delicada política exterior para este último. Tras negarse a devolver los aviones sacados de Nicaragua por el personal de la Guardia en su huida, el gobierno de Paz García no mostró excesivo celo para impedir la organización de los casi 7 mil efectivos del ejército somocista que se refugiaron en su territorio, ni tampoco se interesó en frenar las incursiones punitivas y de amedrentamiento que éstos realizaban en la zona del norte de Nicaragua, próxima a la frontera con Honduras.

Las tendencias futuras de proceso político hondureño, son, por todas las razones anteriores, uno de los temas actuales de polémica entre las agencias y departamentos norteamericanos involucrados en la definición de los segmentos de la política exterior. Así, mientras el secretario de Estado Cyrus Vance, en una reciente exposición sobre la coyuntura política de América

Latina, ha incluido "la elección de una Asamblea Constituyente en Honduras en la primavera de 1980" como una demostración "de los cambios que
ahora tienen lugar en la región en una tendencia al resurgimiento democrático",[112] los encargados militares y de la inteligencia aducen razones de seguridad para fortalecer los programas de asistencia a las Fuerzas Armadas
de Guatemala y Honduras, subrayando el carácter moderno y el buen nivel
de adiestramiento de la Fuerza Aérea y el Ejército Hondureño, como un
factor importante que debería estar preparado para entrar en juego si el
desarrollo político interno de Nicaragua afianza una perspectiva revolucionaria.

LAS OPCIONES FUTURAS DE LA POLÍTICA NORTEAMERICANA EN CENTROAMÉRICA: LOS CASOS DE NICARAGUA Y EL SALVADOR

En los recientes acontecimientos de Nicaragua y El Salvador, los diseñadores de la política exterior norteamericana han encontrado dos modelos
políticos y un sinnúmero de lecciones. Estos procesos, además de convertir al conjunto de la subregión centroamericana en un punto neurálgico y
crecientemente amenazante para los Estados Unidos, los ha confrontado
ante la necesidad definitiva de rearticular una nueva política que, aunque
sea tardíamente, sepa tomar en cuenta los factores de impacto doméstico y
de impacto global de estos dos procesos.

Esta tentativa de rearticulación principió incluso en la etapa final de la
lucha popular contra Somoza, una vez que se hizo evidente que la victoria
de los opositores resultaba inevitable. La percepción por parte del gobierno
norteamericano de esta situación se puede fechar en el fracaso de la pro-
posición norteamericana en la OEA; a partir de ese momento se constituye
un equipo especial en el Departamento de Estado para ir avanzando en
las propuestas de una política alternativa.

El hecho de que las conclusiones de este debate no sean todavía cono-
cidas, dificulta adelantar en este momento[113] una caracterización detallada
del contenido de la nueva política centroamericana de Estados Unidos y
los juicios que ella merezca. No obstante, algunos elementos se pueden des-
prender de los planteamientos formulados por el secretario de Estado asis-
tente para Asuntos Interamericanos, Viron P. Vaky en su comparecencia
ante el Subcomité de Asuntos Interamericanos de la Cámara de Represen-

[112] Exposición del Secretario de Estado, Cyrus Vance ante la Asociación de Política Exterior de Nueva York el 27 de septiembre de 1979; Agencia Internacional de
Comunicación. (Mimeo.) pp. 3 y 4.

[113] El presente artículo ha sido redactado en la última semana de noviembre
de 1979.

tantes, a principios de septiembre de 1979. Igualmente para una visión de conjunto es útil el cuadro que resulta de la exposición sobre la situación actual de América Latina realizada el 27 de ese mismo mes por el Secretario de Estado, Cyrus Vance en Nueva York ante la Asociación de Política Exterior.[14] Esto, unido a las informaciones públicas permiten trazar una primera evaluación provisional de la línea que probablemente emprenderá el gobierno de Washington.

En cualquier caso, lo que resulta claro es que la administración del Presidente Carter ha decidido efectuar una revisión global de todos los criterios aplicados hasta ahora en los países de América Central, así como de los nuevos elementos introducidos por la coyuntura más reciente. En este sentido resulta fundamental la misión en el terreno enconmendada a Philip Habib en la subregión en julio de 1979. Habib, que fuera subsecretario de Estado para Asuntos Políticos al inicio del mandato de Carter y que renunciara en 1978 por razones de salud, es un personero de gran influencia en el gobierno. En 1977, luego de presidir la delegación norteamericana a la Asamblea Anual de la OEA efectuada en Granada, se le encargó la realización de gestiones para completar la normalización de relaciones con los países del Caribe inglés; sostuvo entrevistas con el primer ministro de Guyana, Forbes Burnham, que fueron decisivas para eliminar las tensiones existentes con ese país. Se sabe que al término de su actual comisión en América Central, Habib entregó a Vance una completa estimación de la situación en la subregión. Todo indica que varias de las gestiones posteriores realizadas por Vaky y Bowdler, tanto en Nicaragua como en El Salvador, tienen su origen en sus recomendaciones.

Todo este bloque de antecedentes permite deducir que entre los lineamientos del nuevo enfoque en gestación se consideran los siguientes puntos:

1) La estimación de que, pese a su importancia y potencial agudeza, los problemas que Estados Unidos afronta en Centroamérica no llegarán a tener una dimensión global, puesto que la Unión Soviética no tiene ni intenciones ni posibilidad de realizar una política de intervención en esa área. Los analistas internacionales norteamericanos estiman que esto no se producirá fundamentalmente por la baja disposición de Moscú a invertir una cantidad elevada de recursos para dar apoyo a nuevas experiencias latinoamericanas. Nuevamente, en un gráfico comentario editorial, el *Washington Post* reflejaba gráficamente esta estimación cuando afirmaba que la URSS no tiene interés en comprar en América Latina "another billion do-

---

[14] Statement by Viron P. Vaky Assistant Secretary of State before the Sucommitte on Inter-American Affairs. House of Representatives. "Central America at the Crossroads", Septiembre 11, 1979 (Mimeo); el del Secretario Vance es el ya citado en la nota 12.

llar baby", alusión manifiesta al costo de los programas de ayuda externa suministrados a Cuba.

2). La evaluación de que incluso en las situaciones más problemáticas (Nicaragua, El Salvador) existe una amplia franja de fuerzas políticas domésticas que se oponen a programas demasiado radicales, que rechazan cualquier vinculación internacional estrecha con el mundo socialista y que desean mantener relaciones normales con Estados Unidos. En este momento, al menos en el Departamento de Estado, se considera que el margen de maniobra para apoyar y fortalecer a dichos sectores es significativo. Esta línea de apoyo se vincula estrechamente con las necesidades económicas inmediatas de ambos gobiernos y con la magnitud de los intereses norteamericanos que subsisten en esos países y que han recibido hasta ahora seguridades de un tratamiento adecuado.

Es revelador que el primer informe económico del nuevo gobierno efectuado por el Banco Central de Nicaragua haya estimado como muy determinante el grado de penetración extranjera en la economía de ese país, al punto de que se señalaba que con una inversión inicial de más de 200 millones de dólares, 28 consorcios transnacionales (de los cuales la mayoría es norteamericano) controlaba, directa o indirectamente, cerca del 80% de la economía nacional, producían casi el 50% del PNB del país y generaban ganancias del orden de 300 millones de dólares que eran enviadas como remesas a Estados Unidos y otros países capitalistas. Sin embargo, pese a la magnitud de estos indicadores, el Gobierno de Reconstrucción Nacional ha anunciado su decisión de fijar reglas del juego estables para la inversión extranjera, un punto que ha merecido gran valorización en Washington.

En la misma línea los sostenedores de una política no rupturista subrayan que la mayoría de los integrantes del equipo económico del nuevo gobierno de Nicaragua son personas que merecen amplia confianza por su competencia profesional y por sus posiciones políticas moderadas. Entre estos personeros los más considerados son Joaquín Cuadra Chamorro, ministro de Hacienda, un economista y banquero con buenos vínculos en Estados Unidos, que fuera miembro del grupo de los 12; Manuel José Torres, ministro de Agricultura y un próspero empresario ganadero; Noel Rivas Gasteazoro, ministro de Industria, presidente de la Cámara de Comercio de Nicaragua y quien, si bien tuvo un importante papel en la convocatoria de la huelga general en febrero de 1978, es conocido por sus puntos de vista conservadores; Roberto Mayorga, ministro de Planificación Económica, un competente cuadro técnico con formación económica y jurídica que fuera secretario del Mercado Común Centroamericano y el gobernador del Banco Central, Arturo Cruz, hasta hace muy poco un alto funcionario del Banco Interamericano de Desarrollo, en Washington.[15] Este equipo económico ha trazado una línea que no ha ofrecido un solo flanco de ataque a la suceptible comunidad financiera norteamericana. Ha reconocido el monto total de la deuda pública externa de más de 1.8 millones de dólares dejada por Somoza, a pesar de que una parte sustancial de esta cantidad fuera contratada en los últimos dos años; ha abierto negociaciones con el Fondo Monetario Internacional para obtener un programa de ayuda de ese organismo y ha invitado a un equipo técnico de la Comisión Económica para América Latina (CEPAL) a hacer una estimación de los daños registrados en la economía nicaragüense durante la guerra civil. Todos estos puntos han sido también debidamente sopesados en Washington.

En cuanto a El Salvador, el conjunto de los sectores civiles que dan apoyo al nuevo gobierno presentan un registro que difícilmente permite un intento de descalificación ante los diplomáticos profesionales norteamericanos. Los miembros civiles de la Junta tienen todos hojas de servicios profesionales relevantes y ningún vínculo con organizaciones radicales o preferencias por los esquemas internacionales de la Unión Soviética. El más próximo a los círculos de Washington es el empresario Mario Andino, propietario de una subsidiaria del consorcio minero norteamericana Phelpps Dodge, pero igualmente buenos son los antecedentes del líder social demócrata Manuel Guillermo Ungo, máximo dirigente del Movimiento Nacional Revolucionario, uno de los tres partidos integrantes de la UNO, estrechamente vinculado con la Internacional Socialista o de Román Mayorga, el ex-rector de la Universidad Centroamericana (UCA) de San Salvador, propiedad de la orden jesuita, considerada por muchos observadores como una de las más importantes universidades católicas en América Latina.

Así las cosas, la existencia de amplias capas no radicales en los gobiernos nicaragüense y salvadoreño es apreciada en el Departamento de Estado como un elemento muy determinante en el diseño de sus propias políticas. Fortalecer progresivamente a dichos sectores, cuidando al mismo tiempo de que no sean excesivamente vinculados a las posiciones de Estados Unidos, es una parte esencial de la línea que se intenta seguir en el periodo próximo.

3) La estimación de que las Fuerzas Armadas constituyen el sector más crítico para el éxito del enfoque nuevo que se intentará aplicar por Estados Unidos en la próxima década. Un primer elemento que está definitivamente claro es que en esta etapa, al menos en estos dos países, Estados Unidos no ligará su suerte ni dará apoyo a los grupos responsables de la vieja estructura de poder militar. Del mismo modo que el gobierno de Carter hizo todo lo posible para impedir la desarticulación de la Guardia Nacional en

---

[15] Ver: "The New Government in Nicaragua", en: *Latin America Political Report* Vol. XIII, Núm. 30. 3 de agosto de 1979 p. 235.

cuanto a expresión orgánica de las Fuerzas Armadas de Nicaragua, en la
etapa anterior a la caída de Somoza, ahora no desea mantener ningún con-
tacto ni ha prestado apoyo a los proyectos contrarrevolucionarios fraguados
por los grupos de esta procedencia.

Uno de los temas que ha sido objeto de un tratamiento más cauteloso
en el Consejo de Seguridad Nacional y en el propio Departamento de Estado, ha sido la política de venta de armamentos norteamericanos al nuevo
gobierno nicaragüense. La determinación finalmente favorable para negociar este punto se funda, entre otras razones, en el temor de que una negativa norteamericana pudiera haber sido la base para la búsqueda de lazos
más estrechos con Cuba por parte del nuevo gobierno. Porque en Washington se advierte que, no obstante que el ministro de Defensa, coronel Ber-
nardino Larios es un antiguo oficial de la Guardia Nacional que sólo se
manifestó públicamente contra Somoza en noviembre de 1978, cuando debió
exiliarse en Costa Rica al fracasar un complot que preparara, los mandos superiores del nuevo ejército de Nicaragua son abiertamente hostiles a cualquier política de aproximación a los intereses norteamericanos (los comandantes Humberto Ortega y Luis Carrión pertenecen a los sectores de FSLN
con mayor definición revolucionaria y una más completa adhesión al pensamiento marxista). De ahí se deriva el hecho de que en los ejercicios des-
tinados a establecer cursos alternativos para la política nicaragüense, las
alternativas de radicalización son imaginadas como el resultado de un creciente predominio dentro del aparato estatal de estos sectores a los que se
atribuye un firme control del sector militar y del orden público, a través
del ministro del Interior, Tomás Borge. Se estima igualmente que la política exterior del nuevo gobierno es el resultado del equilibrio dinámico
e inestable entre los sectores moderados y estos grupos de la izquierda del
FSLN (a los que se considera globalmente adscritos a las posiciones cubanas).
Esta situación es la que explicaría las oscilaciones de la línea internacional
y que, por una parte, se mantenga una política flexible y ampliamente "positiva" hacia Estados Unidos y los organismos económicos internacionales en
que éste tiene influencias, mientras por otra, Nicaragua se haya afiliado
abiertamente en las posiciones más radicales y militado dentro del bloque
más próximo a la Unión Soviética (que encabezaran Cuba, Vietnam y Etio-
pía) durante la Sexta Conferencia Cumbre de Países no Alineados, efectuada en La Habana en septiembre de 1979.

Pero, con todo, no existen indicios de que el gobierno norteamericano
considere posible en un plazo breve la constitución de su sector disidente,
que pueda recibir apoyo entre los actuales mandos militares de Nicaragua.
Probablemente sea esto mismo lo que explique la cauta actitud de rechazo

a los requerimientos que les han sido efectuados por oficiales que pertenecieran a los cuerpos militares somocistas.

En El Salvador, entretanto, la situación militar es fundamentalmente diferente. Allí las Fuerzas Armadas no han sido desarticuladas e incluso el predominio de los oficiales aperturistas es todavía discutible. Las informaciones disponibles permiten establecer, sin embargo, que Estados Unidos decidió retirar apoyo al gobierno de Romero y a la línea más reaccionaria del ejército prácticamente como resultado de la misión Habib y del cambio interno en Nicaragua.

El influyente y calificado embajador norteamericano en San Salvador, Frank Devine, encargado hasta fines de la administración Ford de la coordinación dentro de la sección interamericana del importante Departamento de países andinos y uno de los más respetados diplomáticos de carrera como especialista en cuestiones latinoamericanas, ha desempeñado un importante papel en el retiro del apoyo al gobierno de Romero. Desde el inicio de su misión, Devine puso un fuerte énfasis en la cuestión de los derechos humanos en El Salvador. No debe olvidarse que uno de los primeros diferendos del gobierno de Carter con un país latinoamericano se produjo en 1977 con El Salvador, a raíz del informe que, en virtud de un mandato legal, remitió al Congreso el Departamento de Estado, para establecer la situación en materia de respeto de derechos humanos de los diversos países del Tercer Mundo que aspiran a ser beneficiarios de la ayuda económica norteamericana. Al conocerse en febrero de 1977 el informe que describía a El Salvador como "un grueso y abierto violador de derechos humanos" el gobierno salvadoreño decidió renunciar a la ayuda militar de Estados Unidos, en coordinación con varias de las dictaduras militares latinoamericanas.[16]

El embajador Devine, que mantuvo una constante presión sobre el régimen de Romero, a partir de la caída de Somoza en Nicaragua pasó a propiciar una línea de desidentificación y retiro del apoyo norteamericano. Se conoce una reflexión de Devine efectuada con posterioridad a la visita secreta que Viron Vaky hiciera a El Salvador en julio pasado y en donde tuvo amplios contactos con Partidos de Oposición: "Sería un error absolutamente imperdonable cerrar los ojos a la dramática lección de los trágicos eventos del país vecino".[17] Sus estrechos contactos con Habib, Bowlder y Vaky han hecho ciertamente de él una pieza determinante en el diseño del

---

[16] El texto de los diversos informes sobre derechos humanos preparados por el Departamento de Estado para el Congreso de Estados Unidos, en relación a países latinoamericanos, puede ser consultado en: Cuadernos Semestrales de Estados Unidos Números 5 (pp. 363 y ss.) y Número 6 (pp. 365 y ss.). En este último figuran los relativos a Nicaragua y El Salvador.

[17] Ver: *Latin America Political Report* Vol. XIII Núm. 20. "El Salvador: scars and stripes". 3 de agosto de 1979. p. 227.

comportamiento norteamericano para ayudar en la liquidación del régimen de Carlos Humbero Romero. En conocimiento de esta situación y preocupado por ella, el general Romero pidió a mediados de agosto de 1979 ser invitado a Estados Unidos para discutir directamente con altos funcionarios en Washington los programas que su gobierno pensaba adoptar, para encauzar una cierta apertura política. A esas alturas Romero había aceptado un control internacional en las elecciones municipales de 1980 por la OEA, había aprobado un plan para el retorno de los dirigentes políticos exiliados y ofrecía "garantías" de que el candidato del PCN en las elecciones presidenciales de 1982 sería un civil y no un militar, aunque se negaba, igual como lo hiciera su colega Anastasio Somoza, a discutir siquiera una propuesta de acortamiento de su mandato y una convocatoria anticipada al proceso electoral. En ese cuadro, Devine recomendó y obtuvo que el Departamento de Estado se negara a recibir a Romero. Esta actitud se adoptó a pesar de que en círculos influyentes del Departamento de Defensa se recomendaba precisamente lo contrario: sostener por todos los medios al gobierno de Romero y aumentarle la ayuda militar. Al poco tiempo el hecho se hizo público a través de una filtración.[18]

Por último se debe consignar que la embajada norteamericana en San Salvador, que mantuvo en todo momento amplios contactos con el sector de la oposición integrado por el PDC y el MNR, luego del golpe de Estado de los coroneles Majano y Gutiérrez, el 15 de octubre de 1979 no ha hecho ningún intento por favorecer a los mandos militares más ligados a los gobiernos anteriores de Molina y Romero que la Junta cívico-militar de cinco miembros piensa ir removiendo gradualmente.

d) El diseño de la nueva política tenderá a asumir una situación que ha ido consolidando a partir del ascenso de la crisis nicaragüense: la de considerar que Centroamérica no es una subregión importante para Estados Unidos en términos económicos, sino fundamentalmente en los aspectos militares y estratégicos. La inversión norteamericana en los cinco países centroamericanos se estima por el Departamento de Estado en alrededor de 750 millones de dólares, lo que representa sólo el 0.5% de la inversión extranjera directa global de Estados Unidos; el comercio total anual de Estados Unidos con la subregión es de alrededor de 1.8 millones de dólares y representa menos del 1% del comercio exterior de Estados Unidos. En la óptica norteamericana los países centroamericanos no suministran, ni al parecer po-

---

[18] Ver: "El Salvador: midfield manoeuvres", en: *Latin America Political Report*. Vol. XIII, Núm. 24, 31 de agosto de 1979 p. 269; Riding, Alan. "El Salvador's Troubles May Be Entering A New Phase" en: *The New York Times*, 21 de octubre de 1979, p. 2; y Jean-Pierre Clerc. "El Salvador: La guerre Civile rampante", en: *Le Monde*, París, 17, 18 y 19 de octbure de 1979.

seen, ninguna materia prima estratégica para su economía, pero, en cambio, dependen fuertemente de Washington para sus abastecimientos de maquinaria y equipos, para la colocación de su producción agropecuaria y para obtener los recursos financieros que les permitan expandirse.[19]

Si ligamos esta asimetría entre lo que los países centroamericanos "dan y reciben" de Estados Unidos con el ya referido supuesto de que la Unión Soviética no intentará extender su campo de influencia a la subregión centroamericana el problema fundamental de Estados Unidos pasa a ser la neutralización de una eventual penetración cubana, gobierno al que Washington sí atribuye propósitos autónomos de expansión de su influencia política y militar en ese entorno.

Esto probablemente explique el hecho de que la reciente propuesta de ayuda para Nicaragua en el nuevo presupuesto norteamericano, correspondiente al año fiscal 1980-1981, que ascenderá a 75 millones de dólares, haya sido anunciada como parte del programa de asistencia especial a los países de Centroamérica y el Caribe. Para los dirigentes de Washington la estrecha vinculación entre estas dos subregiones hace particularmente inquietante la creación de focos de radicalización en algunos de los países más pequeños del archipiélago caribeño tales como Granada, Dominica y Santa Lucía, en todos los cuales los gobiernos radicales o progresistas han reemplazado, en el curso de este año, a antiguos aliados moderados de Estados Unidos. Frente a este bloque de nuevas experiencias transformadoras, los equipos profesionales del Departamento de Estado son partidarios de oponer una estrategia flexible que se limite a neutralizar sus alineamientos en el "campo comunista", pero que sea capaz de tolerar líneas y actitudes internacionales de relativa independencia de los designios norteamericanos. Como creemos haberlo insinuado ya, este es uno de los asuntos que ocasionan mayor fricción al interior del aparato estatal estadounidense en lo que se refiere a la definición de un nuevo enfoque, puesto que los sectores principalmente más vinculados a la seguridad exterior (el Pentágono y la Inteligencia) prefieren una política dura y de contención de cualquier experimento potencialmente revolucionario, y de afianzamiento de todos los lazos con aquellos

---

[19] Para una completa evaluación de los antecedentes económicos relativos a los países de la subregión centroamericana, puede consultarse: International Marketing Information Series, U. S. Departament of Commerce, "Foreign Economic Trends and their implications for the United States"; en especial: los volúmenes 79-012 "Nicaragua", de marzo de 1979; y 79-089 "El Salvador", de agosto de 1979.

No escapa a nuestra percepción que existe una manifiesta contradicción entre los antecedentes que sirven de base a la evaluación de Washington y los indicadores ya citados del Informe del Banco Central de Nicaragua. Sólo cabe anotar que una tal diferencia en torno a aspectos factuales puede tener una significactiva incidencia en la forma como ambos actores conciban y organicen sus relaciones bilaterales en el futuro.

gobiernos de derecha que se autoproclaman aliados de Estado Unidos (como serían los casos de Haití y Guatemala, para referirnos a dos muy característicos).

Es evidente que esta importante contradicción acerca de los rasgos y características de la nueva política hacia Centroamérica y el Caribe y de la forma en que se articulan los enfoques diplomáticos con los intereses de seguridad es el factor que más ha postergado la definición y aplicación de una respuesta política norteamericana.

e) Un elemento fuertemente presente en el actual debate de Washington ha sido la idea de una "cogestión" de los casos críticos, compartiendo esfuerzos para encauzar una línea apropiada con aquellos países latinoamericanos que tienen indiscutible influencia en la subregión y que desempeñaron un papel mucho más positivo que Estados Unidos en el apoyo y en la lucha contra Somoza. Sectores muy amplios entre los especialistas y los funcionarios de Washington estiman que la mejor alternativa de Estados Unidos es unirse al bloque que puede formar países como México, Venezuela, Costa Rica, Panamá y otras naciones con regímenes democráticos que, a partir de 1977, dieron apoyo a los combatientes sandinistas y que se supone tendrían una mayor capacidad negociadora para "supervisar un curso democrático del proceso".

Estas opiniones tienen su lógica. El conflicto de Nicaragua vino a marcar la culminación de una internacionalización ideológico-política de la región latinoamericana en lo que aparece como uno de los rasgos más característicos de la década de los 70's. En el contexto de la crisis de la hegemonía internacional norteamericana, nuevas fuerzas políticas europeas, como la Democracia Cristiana o la Socialdemocracia, han pasado a jugar un papel cada vez más determinantemente en la definición del cuadro político de nuestros países, para lo cual han establecido alianzas o vinculaciones compartidos y fuerzas que, en el pasado, tuvieron un carácter fundamentalmente nacional. Los sectores más lúcidos del gobierno norteamericano consideran que Estados Unidos debe reconocer esta tendencia e insertar sus esfuerzos dentro de ella. En este sentido, una primera experiencia de coordinación de fuerzas con las organizaciones europeas de la Internacional Socialista fueron las presiones conjuntas para impedir el golpe de Estado militar en la República Dominicana, luego de las elecciones de mayo de 1978, en que resultó triunfante el candidato del Partido Revolucionario Dominicano, José Antonio Guzmán. En esa oportunidad el Departamento de Estado se apresuró a anunciar que suprimiría toda ayuda a cualquier sector que desconociera el resultado electoral, lo que fue un factor decisivo para desactivar la tentativa golpista. En fecha más reciente acciones de esta índole han sido coordinadas en Ecuador, y sobre todo, en Bolivia; el secretario de Estado, Vance, asistió brevemente a las sesiones de la Asamblea Anual de la OEA, realizadas en La Paz en octubre pasado y previno que Washington tendría un comportamiento desalentador para cualquier intento de desconocimiento del gobierno constitucional de ese país. Pocos días después, al materializarse el golpe del Coronel Alberto Natusch, el Departamento de Estado se negó a dar reconocimiento diplomático al gobierno que éste trató de organizar.

En un contexto semejante influyentes formuladores de la política exterior norteamericana piensan que tendría mucho más fuerza y una mejor imagen internacional una administración "compartida" de las situaciones cruciales de Centroamérica (fundamentalmente Nicaragua y El Salvador) con aquellas potencias emergentes del área que tienen sus propios intereses en expandirse hacia la subregión y que comparten una perspectiva favorable a la instauración de democracias liberales, a la vez que no desean regímenes "de corte castrista".[20]

[20] Un punto que deja muy claramente de manifiesto la nueva importancia que Centroamérica ha adquirido para Estados Unidos a partir de la guerra civil nicaragüense, es el conjunto de recomendaciones presentada por la gran prensa de Washington y Nueva York en la época del desenlace del conflicto. En estos análisis, el tema de la "coadministración", está muy presente. Recomendamos revisar los editoriales: "Hands-Off Intervention in Nicaragua", "Saving Nicaragua From Somoza" y "What Nicaragua Doesn't Need", del *New York Times,* del 26 y 30 de junio y el 11 de julio de 1979; "Nicaraguan End Game" y "Somoza's Resignation", del *Washington Post,* del 5 y 8 de julio de 1979; y "The Nicaraguan Gamble", del *Wall Street Journal,* del 10 de octubre de 1979.

Allí podremos leer juicios tan reveladores como los siguientes:
"Una opción está abierta para Estados Unidos: unirse con México, Venezuela, Costa Rica y los otros países más o menos democráticos de América Latina para aceptar a los sandinistas como los probables vencedores y utilizar este acercamiento para llevarlos a los patrones democráticos que estos países profesan. Hay un riesgo en esta opción, para un país como Estados Unidos, cuyas políticas domésticas y responsabilidades internacionales no le conceden la libertad displicente que países como México asumen para desatender la posibilida de una segunda Cuba..." (*Washington Post,* 5 de julio de 1979, p. 18).

Pero hay una alternativa también "Como fue cierto desde temprano, la mejor dirección para Estados Unidos se encuentra en trabajar con los otros Estados democráticos del hemisferio que se involucraron en el conflicto de Nicaragua. Esta es la forma de disminuir las sospechas de una intervención norteamericana unilateral. Esos Estados particularmente aquellos próximos como Costa Rica, Venezuela y México, más Panamá, tienen un interés todavía más fuerte que el interés norteamericano en ver al régimen de Somoza reemplazado por un gobierno representativo y estable. Su política los inhibe de propagar las ansiedades que sus líderes incuestionablemente sienten en relación a la posible llegada al poder en Managua de un régimen marxista de base estrecha y probablemente orientado hacia La Habana. Pero estas ansiedades son reales y proporcionan a los Estados Unidos un discreta plataforma para concertar una política de democracia en las Américas. Más aún, aquellos esta-

Los partidarios de esta línea subrayan que Estados Unidos debe tener en cuenta (a partir de las lecciones recibidas en junio de 1979) la existencia de un eventual bloque latinoamericano estable, contrario a las dictaduras militares y a los regímenes de ultraderecha. El que puede constituir una mayoría al interior de los órganos de la Organización de Estados Americanos. Si se suma a los países andinos, que en la reunión de Cartagena de mayo de 1979 decidieron coordinar una política exterior común basada en la defensa de los derechos humanos, los valores democráticos y los principios originales del no alineamiento,[21] a los países resultantes de la descolonización del Caribe inglés y a República Dominicana, El Salvador, Nicaragua y México, se puede imaginar una mayoría relativamente permanente en la OEA que sea capaz de hacer resurgir algunos de los principios del nacionalismo norteamericano, levantado a finales de la década pasada y dejar a Estados Unidos en una posición comprometida si adopta un camino equivocado.

Los partidarios de la política de encauzamiento compartido de los riesgos consideran que en una acción conjunta con los países líderes de ese eventual bloque, Estados Unidos podría conseguir importantes ventajas, a la vez que asegurar el predominio de sus intereses estratégicos en el curso de la próxima década. De ahí que intenten que la resolución de las situaciones planteadas en Nicaragua y El Salvador constituya un experimento de signo positivo dentro de esta tendencia.

f) Finalmente se puede anotar que, como nunca, parece existir en Washington la convicción de que los enfoques generales de política subregional no anulan la necesidad de recoger la especificidad de las situaciones de cada país y de conocer más profundamente a las fuerzas y sectores sociales que tienen un peso decisivo en cada uno de ellos.

El manejo manifiestante cauteloso de los pasos a seguir en Nicaragua y El Salvador en los últimos meses, pone de manifiesto la convicción de los especialistas del Departamento de Estado de que, ante todo, ambas crisis deben ser tratadas como casos distintos.

En verdad lo son.

Mientras en Nicaragua Estados Unidos hace frente a la necesidad de recomponer una política fracasada que lo ligó, más allá de todo límite acep-

---

dos latinoamericanos, tienen capacidad negociadora frente a los sandinistas: ellos suministraron las armas sandinistas..." (*Washington Post*, 8 de julio de 1979, p. 6).

[21] Particularmente reveladora de la línea internacional que piensan seguir los países andinos, es la Declaración Conjunta de los Ministros de Relaciones Exteriores de Venezuela, Colombia, Ecuador, Perú y Bolivia, emitida en septiembre de 1979 en La Habana, Cuba, durante la realización de la Sexta Conferencia Cumbre de Países No Alineados.

table, a un régimen que fue derrotado política y militarmente por su propio pueblo, en El Salvador enfrenta la necesidad de estabilizar y consolidar a un régimen que emergió como la manifestación preventiva de un segundo cambio "catastrófico".

Así, en tanto en Nicaragua se trata de impedir que las tendencias radicales predominen dentro del gobierno de Reconstrucción Nacional, en El Salvador la operación consiste en impedir que un gobierno de centro que sólo tiene el apoyo dubitativo de una parte de la izquierda, se vea impedido de dar dirección al país y resulte finalmente desplazado por grupos de extrema izquierda con los cuales Washington sabe de antemano que no existiría ninguna posibilidad de diálogo y para el cual no habría otra línea recomendable que las políticas duras de enfrentamiento y desarticulación directa que proponen importantes sectores de la comunidad nacional y la inteligencia.

Dar forma a una política coherente, en medio de todos estos problemas es, para decir lo menos, un desafío difícil. Ello explica que, a seis meses de su principal derrota en América Latina en los últimos 20 años, el aparato estatal norteamericano no logre todavía entregar una respuesta articulada.

CENTROAMÉRICA EN LOS AÑOS OCHENTA

Román Mayorga Quirós

Hasta finales de la década de los años 70 Centroamérica era una región que despertaba poco interés internacionalmente. De pronto y como consecuencia, en gran medida, de la revolución sandinista en Nicaragua, de los tratados del Canal de Panamá y de la persecución religiosa en El Salvador, Centroamérica irrumpe con gran fuerza en la conciencia pública internacional, como una región problemática y convulsa cuyo futuro parece sumamente incierto. En atención al incrementado interés general por conocer lo que ahora ocurre en dicha región la revista *Foro Internacional* publicó un número monográfico (abril-junio, 1980) dedicado a exponer diversos aspectos de la historia reciente, de la estructura y procesos de estos seis pequeños países que, al sur de México y al norte de Colombia, configuran una especie de puente entre las dos grandes masas continentales de nuestra América .

Una vez escritos los artículos de *Foro* y en preparación el presente volumen, surgió la idea de agregar, a manera de epílogo, un breve análisis de aspectos no tratados en el conjunto. Se señaló, en particular, la conveniencia de incluir una especulación más o menos informada sobre las perspectivas de estos países para la década de los años 80, en lo referente a sus sistemas políticos y a sus modelos de desarrollo.

A ese propósito responden estas líneas, no sin antes presentar un esbozo muy esquemático del tipo del crecimiento experimentado por la región en la segunda mitad del presente siglo, porque éste tiene una hilación causal con las turbulencias que ahora se observan y cuya evolución se pretende aquí vislumbrar.

El crecimiento económico de Centroamérica desde 1950 [1]

Los países centroamericanos experimentaron todos una notable expansión económica y demográfica entre 1950 y 1980. En ese lapso la población del

---

[1] La fuente de todos los datos presentados en esta sección es un extenso estudio

área creció dos veces y media (de 8 millones aproximadamente a más de 20 millones) y el Producto Interno Bruto, medido a precios constantes, se multiplicó por cinco, lo cual dio lugar a que el ingreso real por habitante, prescindiendo de consideraciones sobre su distribución, casi se duplicara durante el mismo periodo. La región en conjunto[2] creció a tasas anuales promedio que superaron el 3% para la población y el 5% para la actividad económica. El crecimiento del producto registró, sin embargo, importantes fluctuaciones cíclicas generalmente asociadas a los cambios en los precios de los principales productos de exportación de estas economías tradicionalmente agroexportadoras. También hubo ciertas diferencias de magnitud en el crecimiento económico entre países: Costa Rica, a la cabeza, creció al 6.7% anual promedio; Honduras, el que menos, al 4.2 por ciento.

Un crecimiento de tal magnitud estuvo naturalmente acompañado de una serie de modificaciones en la sociedad, que no lograron, sin embargo, alterar la naturaleza fundamentalmente agroexportadora y dependiente de estas economías ni la forma agudamente desigual con que se distribuyen los frutos de su crecimiento.

Así, por ejemplo, a finales de la década de los años setenta el valor de las exportaciones se había multiplicado por más de 16 veces con respecto a 1950, reflejo en parte de los incrementos en los precios de los productos que se venden en el exterior, pero reflejo también de una considerable diversificación del sector exportador que incluyó el tránsito de economías de monocultivo (café o banano) hacia otras mucho más complejas. En este periodo crecieron espectacularmente las exportaciones de algodón, azúcar, carne, productos del mar y el comercio intracentroamericano de manufacturas. Mientras en 1950 la obtención de divisas dependía, como promedio para los países centroamericanos, en 70% de un solo producto (90% para el Salvador; 50% para Nicaragua), en 1970 dicho promedio se había reducido a poco más de un tercio. Entre 1950 y 1977 el valor de las exportaciones intrarregionales, principalmente industriales, había crecido en 100 veces y su participación relativa en la exportación total de los países se había aumentado del 3% al 20%. La participación del algodón centroamericano en el total de las exportaciones latinoamericanas de ese producto, creció del 1% en 1950 al 41% en 1975; y la de la carne, de practicamente cero al 30 por ciento.

Sin embargo, a pesar de tales cambios, cerca del 80% de las exportaciones de la región en conjunto al resto del mundo estaba todavía concentrado en 5

elaborado por la Comisión Económica para América Latina de Naciones Unidas (CEPAL), aún inédito, sobre "Centroamérica: evolución económica desde la posguerra".

[2] Los datos de esta sección incluyen a Guatemala, El Salvador, Honduras, Nicaragua y Costa Rica. Excluyen a Panamá.

productos agrícolas al final del periodo y las economías centroamericanas se habían hecho más dependientes en, al menos, tres sentidos.

En primer lugar, el grado de apertura hacia el exterior, o participación del sector externo en el producto bruto, se habría incrementado notablemente; los coeficientes de exportación e importación de bienes y servicios habían crecido respectivamente de 18.6% y 16.3% en 1950, a 30.4% y 33.6% en 1977.

En segundo lugar, durante todo ese lapso se produjo un cambio en la estructura de las importaciones en el sentido de aumentar cada vez más la importancia de los bienes vinculados con el funcionamiento del aparato productivo. Ello significa que, en el presente, resulta más difícil contener las importaciones que en años anteriores, puesto que el funcionamiento mismo de la economía depende ahora mucho más de las mismas (la participación de bienes intermedios y combustibles en el total de las importaciones extrarregionales creció de 32.8% en 1950 a 45.4% en 1977 y la de bienes de capital de 17.4% a 23.7%).

En tercer lugar, la región experimentó una tendencia ascendente en el saldo negativo de la cuenta corriente de la balanza de pagos que fue cubierta mediante un creciente nivel de financiamiento externo, particular desde 1960. La deuda pública externa se multiplicó por 35 entre 1960 y 1977 y el valor en libros de la inversión privada directa, casi toda de grandes empresas transnacionales, se triplicó, al menos, en ese periodo. Aunque el monto total de la deuda externa y los correspondientes pagos por servicio como porcentaje del total de las exportaciones, no son tan alarmantes en Centroamérica como para otros países de América Latina, la tendencia observada generó, sin duda, nuevos lazos de dependencia con los países exportadores de capital.

Otro fenómeno de considerable importancia en el desarrollo de Centroamérica en los tres últimos decenios ha sido el proceso de industrialización y urbanización del área. Durante ese lapso el grado de urbanización ascendió del 16% al 43%; la población de las ciudades capitales, que apenas superaba el 10% del total en 1950, creció a casi el 20% en 1978, lo cual representa un incremento de casi cinco veces en su magnitud absoluta. La urbanización estuvo acompañada de un notable desarrollo de la infraestructura física, particularmente en energía, transportes y comunicaciones, y de un creciente suministro de algunos servicios básicos como la educación y la salubridad. (Entre 1950 y 1977 la generación de energía eléctrica creció de 390.2 Gwh a 5 692.9 Gwh; el número de teléfonos para cada millar de habitantes de 4.6 a 11.6, la capacidad portuaria de 3 754 T. M. a 10 811 T. M., las carreteras pavimentadas de 3 391 Km. en 1958 a 8 900 Km. en 1975. El grado de analfabetismo descendió de 62.3% a 42.9%, el porcentaje de población con acceso a agua potable subió de 21.0% a 46.4% y crecieron las expectativas de vida al nacer de 49 a 59 años).

Paralelamente a la urbanización —a la vez causa y efecto de la misma— se dio un incipiente, pero muy dinámico, proceso de industrialización. Entre 1950 y 1978 la participación de la producción industrial en el Producto Interno Bruto (P.I.B.) creció de menos de 15% a cerca del 25%, mientras que la producción de actividades primarias (habiendo crecido a tasas generalmente superiores a las de otros países de América Latina) descendió relativamente en el PIB del 38% al 27%, manteniéndose más o menos constante la participación relativa de la actividad terciaria.

Este proceso de industrialización, centrado principalmente en actividades de industria liviana como procesamiento de alimentos y bebidas, textiles, vestuario, materiales de construcción y productos químicos, que emplea generalmente tecnología intensiva de capital y absorbe relativamente poca mano de obra, estuvo indiscutiblemente estimulado por el ensanchamiento del mercado que generó el programa de integración económica. Entre 1960, año de la suscripción del Tratado General de Integración Económica Centroamericana y 1970, el comercio intrarregional se elevó de 33 millones de dólares aproximadamente, a 300 millones, casi todo en artículos manufacturados. En ese periodo se estableció el libre comercio para los productos originarios en la región y un arancel común para los artículos importados de terceros países, se crearon múltiples instituciones para promover y administrar la integración, se expandieron notablemente la red vial y el sistema centroamericano de telecomunicaciones, se establecieron mecanismos monetarios y cambiarios para facilitar los pagos en monedas locales y se adoptó un conjunto, más o menos armonizado, de instrumentos de fomento industrial (incentivos fiscales, financiamiento, etc.).

El Mercado Común Centroamericano llegó a ser considerado en numerosas publicaciones académicas como modelo de su género entre países en vías de desarrollo. Sin embargo, a partir de finales de la década de los años 60, y muy particularmente después del conflicto bélico entre Honduras y El Salvador en 1969, el movimiento integrador perdió impulso y se ha visto plagado de innumerables tensiones y problemas.

El proceso de crecimiento dio también lugar al surgimiento de nuevos grupos y clases en la sociedad y a una creciente diversificación de la estratificación social. Asociados a la urbanización y a la expansión del aparato estatal y del sistema educativo, crecieron en términos absolutos, y probablemente también relativos, los sectores o capas medias: toda una gama de personas que se insertan de diferentes maneras en la actividad económica, que satisfacen razonablemente bien sus necesidades básicas materiales y no sufren carencias fundamentales en sus patrones de consumo, pero que no poseen, por otra parte, recursos productivos tales que les permitan mantener sus niveles de vida sin trabajar (técnicos y profesionales, pequeños empresarios, gerentes administrativos, funcionarios de Estado, burócratas gubernamentales, religiosos, militares, gran parte del magisterio, etc.). Ese estrato es ahora mucho más significativo que antaño; es posible que alcance hasta un cuarto de la población total, ha incrementado y diversificado su consumo, posee un nivel de educación muy superior a la media, participa en diversos procesos sociales de importancia y es políticamente influyente.

Asociado a la industrialización ha crecido también, en número y en importancia, el proletariado de base urbana; pero, debido al crecimiento de las ciudades a tasas mayores que la capacidad del sistema para ofrecer empleo, han crecido a ritmos aún más rápidos los sectores populares urbanos no obreros, hipertrofiando el sector terciario de la economía con una serie de actividades de muy escasa o nula productividad (a estos sectores urbanos llaman algunos autores el "lumpen-proletariado" de las ciudades).

En las zonas rurales se ha mantenido la típica dicotomía latifundio-minifundio de las economías agrarias centroamericanas; el latifundio dedicado generalmente a cultivos comerciales de exportación, con gran concentración de activos productivos, financiamiento, técnica y canales adecuados de distribución; y el minifundio produciendo, en condiciones generalmente precarias, granos básicos para la alimentación de la población centroamericana. Sin embargo, debido al crecimiento más rápido de la actividad agroexportadora que de la agricultura de alimentación; a la conversión del empleo de tierras en ese sentido; a la creciente monetización de la economía rural y al rápido crecimiento demográfico, se ha registrado una tendencia a la proletarización del campesino centroamericano, particularmente en zonas de alta densidad poblacional como El Salvador.

Como consecuencia de la diversificación del aparato productivo, se han diversificado también las viejas oligarquías centroamericanas. Es común, ahora, ver cómo sus intereses son a la vez agrarios, industriales, comerciales y financieros, al mismo tiempo que han surgido nuevos grupos burgueses de orientación, esencialmente, industrial-financiera.

Todo lo anterior parecería ser parte normal de una economía capitalista en expansión; pero el tipo de crecimiento económico experimentado por Centroamérica ha estado caracterizado en sus aspectos distributivos por dos rasgos que contribuyen de manera especial a la agitación social y política que ahora se observa en la región.

a) *Ha sido un crecimiento altamente concentrador* en el sentido de haber aumentado mucho (y continuamente hasta 1978), la brecha entre los niveles de vida de ricos y pobres. Este incremento en diferencias absolutas es extraordinariamente agudo si se toma como referencia el 5% más rico de la población, por un lado, y 50% más pobre por otro; pero es también muy notable si se comparan los niveles del 20% más afluente con el 80% restante; o el 10% y el 90 por ciento.

Lamentablemente, los datos que existen sobre distribución de ingresos en Centroamérica no son suficientemente confiables para presentar cuantificaciones precisas; pero no dejan ninguna duda acerca de la *tendencia* apuntada de aumentos en la desigualdad económica real; excepto, probablemente, para Costa Rica; país que por sus distintas estructuras económicas, sociales y políticas, constituye en muchos sentidos la notable excepción centroamericana.

b) *El crecimiento ha sido también altamente excluyente* en el sentido de no haber permitido a las grandes y crecientes masas una adecuada satisfacción de sus necesidades materiales básicas. No menos de la mitad de los centroamericanos sufren en la actualidad de importantes deficiencias nutricionales y se encuentran, por tanto, en un estado que se puede legítimamente calificar de "indigencia" o pobreza absoluta. Si se considera que la población total de Centroamérica era del orden de 8 millones de habitantes en 1950, no hay duda que el número de "indigentes" (más de 10 millones) en 1980 ha crecido notablemente en el lapso considerado.

Probablemente más de las dos terceras partes de la población centroamericana de ahora sea "muy pobre" en el sentido de sufrir *alguna* carencia fundamental, como no saber leer y escribir, no disponer de agua potable, habitar una vivienda insalubre, no poder acudir a servicios médicos y hospitalarios adecuados en caso de quebrantos importantes a la salud, o no encontrar empleo estable.

Al considerar la magnitud de la población que en la actualidad sufre una o varias de tales carencias básicas (no menos de 14 millones), no queda duda de que el problema de pobreza masiva se ha duplicado en dimensiones, por lo menos, en lo que va de la segunda mitad del presente siglo.

Estas circunstancias se han visto agravadas en la última década (1970-1979) por fenómenos inflacionarios importados, que habían sido prácticamente inexistentes en Centroamérica en los decenios anteriores, y por el extraordinario número de desastres naturales que ocurrieron en la región en un periodo muy corto (cuatro años de sequía entre 1970 y 1977; terremotos en Nicaragua, 1972, y Guatemala, 1974; Huracán "Fifí" en Honduras, 1974).

Al combinar los rasgos anteriormente descritos tenemos un tipo de desarrollo capitalista dependiente, basado en la agroexportación pero con un creciente grado de diversificación del aparato productivo, que ha generado un incremento sostenido del producto real per-cápita en circunstancias de rápido crecimiento demográfico. En sus aspectos distributivos este desarrollo ha sido altamente concentrador y excluyente, lo cual quiere decir que ha funcionado por un lado, como una máquina de producir pobreza —ha incrementado el número absoluto de pobres y el nivel global de insatisfacción de necesidades materiales básicas— a la vez que, por otro lado, ha permitido y fomentado, por los medios de comunicación de masas, la tendencia hacia formas cada vez más sofisticadas de consumo en los estratos superiores de ingresos. No hay duda que este tipo de desarrollo está causalmente vinculado a las estructuras socio-económicas básicas de los países centroamericanos y, en particular, al alto grado de concentración de la propiedad privada de los medios de producción.

Haciendo un juicio de valor sobre este tipo de crecimiento, no sólo configura una situación social de grave inequidad, sino que la ha venido haciendo progresivamente más inequitativa. La situación objetiva de extrema desigualdad, aunada al conjunto de circunstancias que la hacen subjetiva en la población; es decir, que le dan conciencia de grave injusticia en la estructuración y dinámica de la sociedad, son factores causales y explicativos (aunque no necesariamente los únicos) del panorama agitado y convulso que ahora se observa en la región.

¿Qué es lo que pasa ahora en Centroamérica?

La sociedad centroamericana ha hecho crisis. Unos más, otros menos, todos los países presentan un cierto grado de turbulencia y convulsión. Nicaragua acaba de pasar por una guerra civil que dejó más de 30 000 cadáveres y el aparato productivo semidestruido. El Salvador se debate en otra guerra, menos abierta todavía que la de Nicaragua, pero no menos sangrienta y dolorosa. Continúa y se incrementa ahora la violencia política que por bastante tiempo ha azotado a Guatemala. Después de una década de inestabilidad y efervescencia social en la que un golpe de Estado sucedía a otro, Honduras acaba de tener elecciones constituyentes, plagadas de acusaciones de fraude, para evitar que le ocurra lo mismo que a sus vecinos geográficos más inmediatos. Panamá consiguió por fin la firma de los tratados del Canal; pero ello mismo agotó al aglutinante propósito nacionalista que impedía el fraccionamiento social y la adopción de otras formas de lucha de clases. Costa Rica sigue tranquila y democrática. Pero hay indicios de que sus dirigentes se sienten cada vez más intranquilos por la posibilidad de que el agitado escenario de la región acabe por arrastrar en su dinámica a todos los componentes del Istmo.

¿Cómo es que la plácida y bucólica complacencia subdesarrollada que otrora se suponía para Centroamérica, se ha convertido en semejante caos? Ello no ha ocurrido por generación espontánea. El conjunto de análisis presentados en este volumen explica diversos factores que han involucrado en una situación cambiante y compleja. En esta sección se ofrecen algunas pinceladas adicionales, referentes a los 4 países ubicados en la parte noroeste de Centroamérica (Guatemala, El Salvador, Honduras y Nicaragua).

El agudo conflicto de intereses inherentes al tipo de sociedad y de crecimiento que hemos descrito anteriormente, tarde o temprano termina por generar desconcierto popular masivo. Una serie de factores ha estado contribuyendo aceleradamente a que las masas centroamericanas adquieran conciencia de la injusticia de su propia condición: la concentración urbana y el desarrollo de los transportes y de las comunicaciones, así como todo aquello que aumenta la vida de relación entre las personas y grupos de la sociedad; el conocimiento de las experiencias de otros pueblos; el cambio de actitud de la Iglesia Católica en materia social; entre otros.

Ante una situación de creciente conciencia, organización y lucha política y social, las oligarquías dominantes en Centroamérica, ya sea que ejercieran el poder político directamente como en el caso de Somoza en Nicaragua, o de manera vicaria como en El Salvador, respondieron simple y llanamente con represión. No fueron, en absoluto, capaces de plantear un proyecto de nación, un modelo de sociedad, o marco general de la misma, que fuese aceptable a las mayorías y diferentes al que dichas oligarquías habían mantenido tradicionalmente. Siguieron aferradas a la ideología dominante que las estructuras engendraron, a valores abstractos de supuesta validez universal, a modelos implícitos de sociedad abstraídos de realidades completamente distintas, sin caer en la cuenta de la falta de historicidad de sus concepciones y de manera que, prácticamente, resultaba indiscutible el principio de inviolabilidad de sus privilegios.

Al no ser capaces las oligarquías dominantes de plantear un proyecto de nación aceptable a las mayorías, que condujese a la realización del programa que habrían alterado fundamentalmente el carácter del crecimiento antes descrito, comenzaron a surgir con vigor, a la par del proyecto dominante y objetivamente represivo de la oligarquía, otros dos proyectos, más o menos consistentes con valores e intereses de las capas medias y de las grandes masas respectivamente.

En las capas medias generalmente, nacieron proyectos que podríamos denominar democrático-reformistas, asociados con frecuencia a partidos y organizaciones de orientación demócrata-cristiana, social demócrata y socialista, incluyendo a veces a los tradicionales partidos comunistas.

En lo político esos proyectos han propugnado por una amplia participación popular, en una democracia representativa con auténtico respeto a los derechos humanos y a las libertades fundamentales, incluyendo la de organizarse y elegir libremente a los gobernantes; es decir, han postulado la participación ciudadana y la vía pacífica electoral, para el acceso al poder político. A nivel socio-económico, han abogado por importantes reformas anti-oligárquicas de beneficio popular, tales como reforma agraria, reformas financiera, tributaria y del comercio exterior.

Si bien el proyecto democrático-reformista ha tenido sustancial seguimiento popular en Centroamérica, en el seno de las grandes mayorías surgieron también los proyectos revolucionarios. Los propiciaban inicialmente pequeños grupos armados de ideología marxista-leninista, que postulaban la vía de la lucha armada para la toma del poder a efectos de establecer un gobierno popular revolucionario con hegemonía proletaria, realizar una revolución radical y construir así una sociedad socialista. Poco a poco los pequeños grupos se han ido convirtiendo en complejas organizaciones político-militares con sus brazos armados y sus frentes de masas, los cuales incluyen principalmente a obreros, campesinos, maestros y estudiantes. Dichos frentes se dedican a labores de agitación política, organización de clase y luchas reivindicativas, agudizando las contradicciones del sistema y generando así más conciencia de clase, organización y lucha. Los más aptos para las acciones armadas pasan a formar parte de la organización militar, orgánicamente vinculada al frente de masas y juntos van generando una espiral de acciones político-militares con el propósito de desgastar y eventualmente derrumbar al Estado burgués.

En la medida que los proyectos democrático-reformistas se han estrellado frente a una poderosa barrera de oposición de los sectores dominantes, manifestada en acusaciones de "comunismo", en represión y fraudes electorales, ha crecido la violencia política y han tomado auge los proyectos revolucionarios. Se va gestando así una situación caótica y convulsa, caracterizada por la violencia sangrienta y la incoherencia del todo social, en una crisis completa de hegemonía. En esa crisis coexisten los tres proyectos, cada uno tratando de superar a los otros dos, pero a manera de *impasse,* sin que ninguna de las organizaciones o partidos que los propugnan logre imponerse en la dirección política del Estado.

Es interesante destacar que la crisis de hegemonía puede ser tan aguda que ni siquiera existe aceptación generalizada de una dirección central dentro de las fuerzas que impulsan determinado proyecto.

Así, por ejemplo, durante la década de los setentas existieron en cada una de las Repúblicas de Nicaragua, El Salvador y Guatemala, por lo menos tres fracciones distintas político-militares revolucionarias, frecuentemente enemistadas y con graves rencillas entre ellas. Algo similar puede afirmarse de los otros dos proyectos, mientras crecía la violencia y la destrucción, en una situación cada vez más cercana a la guerra civil.

Esa crisis de la sociedad solamente ha sido superada en Nicaragua mediante una cruenta guerra civil librada entre los partidarios del proyecto represivo, y una alianza de fuerzas revolucionarias y democrático-reformistas. La Dirección del Frente Sandinista de Liberación Nacional logró unificar a las tres tendencias revolucionarias del Sandinismo y a éstas con una amplia gama de fuerzas opositoras al régimen de Somoza que se inscribían dentro de lo que antes denominábamos proyecto democrático-reformista. Dicha unificación fue facilitada por el hecho de que gobernaba a Nicaragua un dictador, heredero de una de las más largas y odiadas dinastías de América Latina, con gran capacidad para aglutinar en su contra a una muy variada gama de fuerzas heterogéneas. Sin embargo, subyacentemente a lo llamativo del fenómeno somocista las estructuras socio-económicas básicas de los países centroamericanos (con excepción de Costa Rica) y la dinámica de los mismos, (como hemos explicado) no difieren mucho del caso nicaragüense. Por ello, no es de extrañar que Nicaragua esté sirviendo de ejemplo de demostración y ejerciendo una poderosa influencia en tal sentido en toda Centroamérica.

Observando lo sucedido en Nicaragua, lo que aceleradamente ocurre en El Salvador y Guatemala, y de manera más incipiente en Honduras, llegamos a las siguientes generalizaciones de esta explicación:

a) Partimos de una situación objetiva de extrema desigualdad y de un tipo de crecimiento que la agrava.

b) Los factores que permiten la percepción y que influyen sobre la valoración, han contribuido recientemente a que grandes segmentos de la población centroamericana caigan en la cuenta o tomen conciencia de esa situación objetiva y a que la elaboren como algo gravemente injusto.

c) De la convicción ética las masas han pasado crecientemente a la organización combativa, en torno a proyectos que postulaban reformas sociales de mayor o menor radicalidad y diferentes vías para lograrlas.

d) Los proyectos o iniciativas más moderados se han visto frustrados frente a sistemas políticos autoritarios, heredados del pasado y generalmente dominado por militares, que protegían a los grandes intereses económicos e impedían coercitivamente la participación política organizada de las masas. Solamente cuando la conflictividad social parece haber alcanzado extremos irreversibles, la rigidez de los sistemas políticos ha comenzado a ceder a intenciones reformistas, y ello ha ocurido por el temor de los ejércitos tradicionales por su supervivencia institucional.

e) Pese a las mecanismos severamente represivos —y quizás, en parte, por ellos mismos— han tomado auge las iniciativas y proyectos más radicales, generando así una situación de gran violencia política y polarización social.

f) La situación deviene en una crisis total de hegemonía, en la que por algún tiempo, que puede ser prolongado, ningún grupo o fuerza social logra imponer al Estado una dirección estable y coherente. Esta especie de empate tiene, sin embargo, costos crecientes en términos de vidas humanas y destrucción del aparato productivo; con beneficios, mientras perdure, para nadie.

Proyección especulativa hacia el futuro

Como acaba de ser indicado, la crisis implica enormes costos para todas las fuerzas sociales: muertes, asesinatos, prisión, torturas, inestabilidad, paros, desempleo, inflación, fuga de capitales, desinversión, destrucción de fábricas y cultivos, etc. Cuando dichos costos se están haciendo demasiado elevados y las fuerzas en juego advierten la imposibilidad para cada una de ellas de imponerse a las demás, buscan alianzas y la ampliación de su base social de apoyo, a fin de alterar el equilibrio global de fuerzas, ganar la batalla y asumir establemente la dirección política del Estado. Se sugiere, por tanto, que la enorme y creciente disparidad entre costos y beneficios de la situación impulsa a la cohesión de fuerzas afines, y que ello ha sido y será un elemento crucial de la solución de crisis.

Quienes tradicionalmente se han beneficiado en Centroamérica del proyecto represivo constituyen una parte porcentual muy reducida de la población. Por ello, los proyectos revolucionarios y democrático-reformistas, tienen más capacidad de aglutinamiento y más afinidad entre ellos, que cualquiera combinación o alianza con las fuerzas del proyecto represivo. Para entrar en alianza diversas fuerzas es normal que hagan concesiones mutuas. En Centroamérica, concretamente, ello significa una tendencia a la modernización ideológica de las fuerzas revolucionarias y a la radicalización de las democráticas.

Cuando las fuerzas revolucionarias, en particular, advierten la posibilidad real del triunfo mediante la unidad, descubren en la praxis insurreccional la forma de operar conjunta o coordinadamente. Al buscar apoyo internacional y la ampliación interna de su base social se acercan a las fuerzas democráticas e intentan tranquilizar temores y desvirtuar reservas de las capas medias, para lo cual deben moderar su propia posición ideológica. Este hecho tiene una importancia fundamental en la determinación del modelo de desarrollo que se adopta inicialmente, cuando la alianza asume, si lo hace, la dirección del Estado.

La cuestión de si un conjunto unificado de fuerzas revolucionarias y democráticas tiene capacidad o no para imponerse a las demás fuerzas que pugnan en la sociedad depende, obviamente, del grado de desarrollo, envergadura, cohesión y firmeza de propósito que tengan relativamente las unas frente a las otras. En todo ello influye también el contexto internacional; particularmente, en el caso de Centroamérica, el comportamiento de Estados Unidos,[3] lo cual constituye quizás el punto de mayor incertidumbre sobre lo que habrá de ocurrir en la región en los años ochentas. Pues, internamente, cuando se coaligan fuerzas mayoritarias, éstas alteran fundamentalmente el anterior equilibrio de poder y eventualmente encuentran la manera operativa de convertir en hegemónica la alianza, aunque ello puede involucrar largos años de cruenta y muy dolorosa guerra civil. Pero, si una potencia como Estados Unidos decidiera intervenir directamente, el problema se complicaría sin duda, convirtiendo probablemente a la región, durante toda la década de los ochentas, en campo de batalla al estilo de Vietnam.

Decíamos que existe en Centroamérica una tendencia al aglutamiento de fuerzas afines, las "revolucionarias" por un lado, las "democráticas" por otro. La cuestión de si ambos tipos de fuerzas establecen una alianza dependerá de la magnitud de los costos de no hacerlo para los diferentes grupos o, para ser más precisos, de la apreciación que hagan sobre los beneficios de mantenerse separados frente a los costos que ello implica. Esa evaluación dependerá, a su vez, de la intensidad de las crisis. Algunos países, como Nicaragua y El Salvador, ya cruzaron "el Rubicón" y, de hecho, la alianza democrático revolucionaria se ha dado en la práctica. Es muy probable que la situación crítica de Guatemala haya también alcanzado un nivel tal de irreversibilidad que en pocos años veamos formarse el mismo tipo de alianzas.

La respuesta para Honduras es menos clara; ahí no se han desarrollado fuerzas revolucionarias armadas y quizá ello no ocurriría si la apertura democrática que se inició en abril de 1980 (con elecciones para Asamblea Constituyente) fuera auténtica y consecuente; es decir, si los militares y demás grupos dominantes estuviesen en verdad dispuestos a permitir gobiernos con legitimidad y consenso popular que efectuaran profundos cambios de estructura en la sociedad, a manera de ajustarla pacíficamente al modelo que

---

[3] Ver, en este mismo volumen, *Fracaso y reacomodo de la política de Estados Unidos hacia Centroamérica*, de Luis Maira.

surgirá en los países colindantes. Pero si los militares de Honduras continúan en la misma tradición golpista de los años setentas (López Arellano, Melgar Castro, Paz García) y con su misma ideología, sin duda que verán gestarse una situación violenta muy similar a la de sus vecinos: surgirán grupos armados, crecerán en número y apoyo popular, adquirirán capacidad para desestabilizar a cualquier gobierno que no los incluya y se llegará al empate sangriento y destructivo que desemboca en la alianza democrático-revolucionaria.

Panamá, y muy especialmente Costa Rica,[4] son los países del Istmo que mayores probabilidades tienen de superar pacíficamente la crisis de los años ochentas. Con todo, el peso conjunto de las experiencias de los otros países ejercerá tal influencia sobre la parte sur-este de Centroamérica que inevitablemente se incrementarán las tensiones sociales internas de esas dos naciones, las cuales se verán presionadas a acelerar sus propias transformaciones estructurales de manera congruente con el modelo de desarrollo seguido (con algunas variantes de lugar a lugar) por los otros países del área.

Ese modelo es inicialmente de economía mixta, por cuanto no pretende inmediatamente la abolición de la propiedad privada de los medios de producción; el sector privado representa una parte muy sustancial de la actividad económica y se espera que desempeñe una función importante en la reactivación y desarrollo del aparato productivo. Esto es así por varias razones adicionales a la ya mencionada de la necesidad política del nuevo régimen de contar con suficiente base social, aceptación y legitimidad, incluyendo el apoyo de sectores democráticos y de las capas medias.

En primer lugar, la crisis de hegemonía, ya sea que incluya o no un periodo de intensa guerra civil, desquicia o destruye gran parte de la actividad económica. La situación de las grandes masas es auténticamente desesperada. Por ello, una vez superada la crisis, la reconstrucción o rearticulación de la economía se vuelve una tarea de primordial importancia, con prioridad mucho mayor que la colectivización de pequeños y medianos medios de producción. Los dirigentes del proceso deben asegurar la colaboración de todos aquellos que puedan contribuir con algo útil a esa tarea; de gerentes, técnicos, profesionales y empresarios pequeños y medianos. Se necesitan también recursos financieros y ayuda internacional que, en el contexto de los países centroamericanos, significa cooperación de países capitalistas occidentales.

En segundo lugar la construcción y desarrollo de una economía socialista es una tarea de enorme complejidad que desborda por bastante tiempo las po-

---

[4] Ver los artículos incluidos en este volumen, *Democracia y dominación en Costa Rica* por José Luis Vega Carballo; y *Panamá ante la década de 1980* por Guillermo Castro Herrera.

sibilidades del nuevo régimen. Antes de que ello ocurra plenamente deben resolverse muchos otros problemas, construir nuevas instituciones, cambiar ideologías y actitudes, preparar programas, formar nuevos cuadros técnicos, profesionales y gerenciales, etcétera.

En tercer lugar las economías centroamericanas son sumamente dependientes y difícilmente se puede superar de manera voluntarística ese dato de la realidad. En el contexto geopolítico y económico en que Centroamérica está inserta, seguirá requiriendo de mercados, recursos financieros, tecnología, insumos, repuestos, etc., de países capitalistas.

El hecho de que, inicialmente, el nuevo régimen adopte un modelo de economía mixta no significa que ésta seguirá como antes. Por el contrario, los esfuerzos del régimen se dirigirán inmediatamente a eliminar el carácter extraordinariamente concentrado y oligárquico que tiene la distribución del poder, la riqueza y el ingreso en los países centroamericanos. Ni siquiera se adoptará un modelo de desarrollo de economía mixta "de inclinación capitalista", refiriéndonos a economías en donde el papel rector del desarrollo económico corresponde más bien al sector privado que al Estado, la actividad económica privada se mantiene mayoritaria en el total y la sociedad pretende un desarrollo hacia el capitalismo maduro. El modelo de economía mixta que adoptarán los países centroamericanos será, entonces, "de inclinación socialista" en cuanto que el Estado asumirá firmemente desde el principio la dirección y el impulso fundamental del desarrollo económico y social, la actividad privada perderá importancia relativa con el tiempo y el todo social pretenderá convertir su economía, gradual pero deliberadamente, en una de tipo socialista.

Si bien el modelo de desarrollo evolucionará hacia el socialismo, pensamos que existen razones para asegurar una fuerte presión en favor del respeto a la persona individual y a las libertades fundamentales que son propias de las democracias occidentales. Esta afirmación se basa en la importancia que tendrán en la alianza hegemónica lo que antes denominamos fuerzas democráticas y capas medias, en la insistencia con que todas las fuerzas que presumiblemente integrarán la alianza favorecen la participación real y efectiva, en el papel primordial que está jugando la iglesia católica en todo el proceso, mucho más importante y favorable al cambio que lo conocido en cualquier otra revolución realizada fuera de Centroamérica, y en el contexto geopolítico específico en que la región deberá desarrollarse. Todo ello justifica el término de socialismo "democrático" como tendencia de evolución de los países centroamericanos, aun cuando los elementos de democracia que incluirá ese socialismo no necesariamente revistan las mismas características, en cuanto a formas y mecanismos operativos, que son usuales en las democracias capitalistas de la actualidad.

Finalmente, desearíamos sistematizar un poco las pautas generales del modelo de desarrollo que creemos adoptarán los países centroamericanos, una vez que la alianza democrático-revolucionaria hubiese asumido el control y la dirección del Estado, o hubiese ocurrido (en algunos países) un proceso político pacífico que fuera más o menos equivalente en cuanto al poder y orientación del Estado resultantes.

El desarrollo será concebido como un proceso social global, para lo cual deberá satisfacer ciertos requisitos, resumidos aquí en cinco palabras que representan los valores fundamentales que orientarán el proceso: justicia, eficiencia, autonomía, participación y centramericanismo.

Al primero de los requisitos se le llama de *justicia*. Prácticamente todas las fuerzas sociales que integrarían la alianza hegemónica juzgan a su respectiva sociedad como radicalmente injusta y consideran que la injusticia es el peor y más generalizado mal de las estructuras centroamericanas. Es indudable, por tanto, que ocurrirá una enfática exaltación del valor que corregiría dichos males: la justicia. El objeto entero del desarrollo será visto como hacer acordes a la dignidad humana las condiciones de vida de todas las personas, eliminar y sustituir por otras las estructuras que oprimen a las grandes mayorías y les impiden una plena y libre autorrealización. Cualquier cosa que fortalezca estructuras de explotación será considerada como injusta y contraria al proceso. Tampoco será indiferente el espíritu o motivación que anime la actividad; se repudiará el egoísmo, aunque aumente el producto per-cápita; se buscarán estructuras que fomenten la solidaridad entre los hombres, aunque transitoriamente sean ineficientes. Tal cosa implicaría:

a) Marcha gradual hacia formas colectivas de propiedad. Ya hemos afirmado que los esfuerzos iniciales del nuevo régimen se dirigirán a eliminar el contenido de dominio oligárquico que existe en los países centroamericanos. El poder de la oligarquía se basa en gran medida en la propiedad del latifundio agrario, de empresas financieras y de comercio exterior, por lo que es muy probable que inmediatamente ocurran expropiaciones masivas en esos sectores. Es posible también que se nacionalicen en las etapas iniciales empresas de gran envergadura y propiedad oligárquica de medios de comunicación, transporte mayor, energía eléctrica y algunas industriales.

Posteriormente ocurriría un proceso gradual en el que cobrarían cada vez más importancia las formas colectivas de propiedad y cada vez menos, proporcionalmente, las privadas. Este proceso se lograría mediante un aumento masivo de la inversión pública, combinándolo con la reforma agraria y la estatización de empresas de gran tamaño.

El tipo de economía al que se tendería en el proceso es el siguiente:

propiedad estatal en las grandes unidades económicas y en todos los sectores de importancia estratégica para la seguridad y autonomía nacional, propiedad social o cooperativa en la mediana empresa y propiedad privada en la pequeña unidad de producción o distribución.

b) Reforma agraria, que atienda simultáneamente a criterios de justicia y productividad, aunque el segundo subordinado al primero. Con base en razones ideológicas y pragmáticas se adversará la parcelación de grandes unidades de explotación agropecuaria en pequeños lotes individuales y se tenderá el largo plazo a la primacía de la propiedad cooperativa o social en este sector.

c) Reforma tributaria, que incremente sustancialmente las recaudaciones fiscales, elimine la evasión ilegal y aumente la participación porcentual de los impuestos directos y progresivos en el conjunto de los ingresos fiscales. No importarán los efectos deprimentes sobre la inversión privada porque en el contexto del modelo de desarrollo que prevalecerá, lo que importa es la inversión pública, la cual se puede aumentar precisamente, con el incremento de las recaudaciones.

d) Mejoramiento de la infraestructura social, mediante grandes dosis de inversión pública en salud, vivienda y educación y la correspondiente ampliación de los servicios, lo cual es clave, además, para resolver el problema ocupacional.

Al segundo de los requisitos se le llama de *eficiencia*. Consiste esencialmente en que debe aumentarse, masiva y sostenidamente el producto real per-cápita de los países centroamericanos porque con los actuales no se pueden satisfacer adecuadamente las necesidades elementales de toda la población. Este requisito implica dos tipos de exigencias: utilizar plenamente la capacidad productiva ya instalada en el respectivo país y aumentar masivamente la inversión productiva. Como antes se indicó, dicha inversión masiva la realizará el Estado y para ello deberá utilizar audazmente instrumentos de política monetaria y fiscal; entre ellos, la reforma tributaria y el déficit fiscal con financiamiento del Banco Central. Se tenderá a la utilización de este último instrumento, en las etapas iniciales, porque no obstante sus peligros inflacionarios, tendría efectos saludables sobre el empleo de la capacidad instalada del aparato productivo. El enfoque, sin embargo variará mucho del keynesiano, porque enfatizará la ampliación directa de la oferta por el Estado, en lugar de la demanda.

Si bien este requisito deberá enfatizarse en algún momento, es enteramente concebible que durante la década de los ochentas, las economías centroamericanas no sean tan "eficientes", y que el producto per-cápita global no aumente mucho o incluso se reduzca. Ello porque en las etapas iniciales el énfasis estará puesto en los aspectos redistributivos y en cambios estructurales que implican, siempre, cierto grado de desorden, ajuste e improvisación.

El tercer requisito es el de *autonomía*. Se manifestará gran preocupación por el alto grado de dependencia externa de la respectiva sociedad (entendida dicha dependencia como subordinación y no como interdependencia, la cual es inevitable) y se atribuirá gran importancia a la tarea de adquirir capacidad endógena de crecimiento y auto-determinación. Existirá mucho celo por defender la soberanía nacional de cualquier cosa que la lesione real o aparentemente y se insistirá continuamente en la liberación del coloniaje que se ejerce mediante la introyección de prototipos extranjeros.

En vista de la imposibilidad de eliminar completamente la dependencia económica externa, se tenderá a diversificarla geográficamente en la mayor medida posible, de manera que se reduzca el poder relativo de determinado centro mundial. En términos económicos más específicos ello implicaría la mayor diversificación posible de mercados internacionales para los productos de exportación y de fuentes de importación de insumos, tecnología y bienes de capital. La inversión extranjera directa, si se permitiera en algunos sectores por razones de necesidad tecnológica o de mercados, será rigurosamente regulada y controlada por el Estado. Se expresarán notas de cautela respecto al endeudamiento externo, el cual se utilizará solamente cuando, al cuantificar metas, sea la única manera de llenar un vacío crucial dentro del contexto de la política de desarrollo del respectivo país. El principal vacío crucial que surgirá a este efecto será la escasez de divisas, las cuales son necesarias para un masivo aumento de la inversión pública.

El cuarto requisito es el de *participación*. Es evidente que las grandes masas centroamericanas han estado marginadas de los procesos sociales importantes y que las fuerzas que integrarían la alianza hegemónica enfatizan todas la necesidad de que se organicen y participen masivamente en el proceso. Dichas fuerzas postulan que sólo el pueblo organizado es garante real de un proceso que sea expresión de una auténtica auto-realización colectiva. Ya expresamos también razones por las cuales creemos que existirá mucha presión a favor del respeto a la persona individual y a las libertades fundamentales que son propias de la democracia. No todas las participaciones serán del mismo signo; habrá ocasiones en que la activa participación popular se contraponga al requisito de eficiencia o a los derechos de las minorías. Encontrar fórmulas que combinen el diálogo social con la productividad, la participación masiva con el respeto al individuo, que eviten a la vez el caos anárquico y la automatización deshumanizante, será, en efecto, una tarea tan difícil como crucial.

Sólo podemos ahora afirmar que la organización de las masas y su participación activa en el proceso será un rasgo dominante del modelo de desarrollo que prevalecerá en Centroamérica y que dicho requisito tiene pertinencia para la legislación laboral, el fortalecimiento de la base financiera de los gobiernos locales, la regionalización del planeamiento, la centralización de la dirección económica estatal y la descentralización de los procesos burocráticos, la activa participación de los beneficiarios de la reforma agraria y, desde luego, para el ejercicio de todas las libertades humanas fundamentales, incluyendo las de participación política.

El quinto requisito es el de *centroamericanismo*. La historia de Centroamérica después de la Colonia ha incluido una constante y afanosa búsqueda de su unidad perdida, en juego y contraposición con los factores que lamentablemente la adversan. Es tan fuerte el destino de unión que le señalan su común bagaje histórico y cultural, su evidente unidad geográfica y la imperiosa necesidad económica de la integración que, a pesar de tantos esfuerzos fracasados, la reunificación de la patria común sigue siendo un valor utópico que permea fuerte y constantemente las esperanzas centroamericanas.

Al unificar los modelos de desarrollo de los países centroamericanos en uno de beneficio popular es posible que se revitalice y recobre un nuevo impulso de ideal centroamericanista, hasta llegar eventualmente a la completa reunificación. En todo caso, la búsqueda de unidad continuará siendo indudablemente un rasgo dominante del modelo de desarrollo centroamericano.

Centroamérica en crisis se terminó de imprimir el mes de julio de 1980 en Imprenta Madero, S. A., Avena 102, México 13, D. F. Se tiraron 3 000 ejemplares más sobrantes para reposición. Cuidó de la edición el Departamento de Publicaciones de El Colegio de México.

Nº   2524